Principles of Emergency Management and Emergency Operations Centers（EOC）

应急管理原理和应急运行中心（EOC）

[美] 迈克尔·法格尔（Michael J. Fagel） 编著

于航 译

中国工人出版社

Principles of Emergency Management and Emergency Operations Centers（EOC）/ by Michael J.Fagel / ISBN: 978-1-4398-3851-8

图书在版编目（CIP）数据

应急管理原理和应急运行中心（EOC）/（美）迈克尔·法格尔编著；于航译.
—北京：中国工人出版社，2020.9
书名原文: Principles of Emergency Management
and Emergency Operations Centers（EOC）
ISBN 978-7-5008-7457-7

Ⅰ.①应… Ⅱ.①迈… ②于… Ⅲ.①突发事件—公共管理—研究
②突发事件—应急对策—研究 Ⅳ.①D523。29

中国版本图书馆CIP数据核字（2020）第159546号

著作权合同登记号：京权图字01-2018-2135

应急管理原理和应急运行中心（EOC）

出 版 人	王娇萍
责任编辑	安 静 许小凡
责任印制	栾征宇
出版发行	中国工人出版社
地 址	北京市东城区鼓楼外大街45号 邮编：100120
网 址	http://www.wp-china.com
电 话	（010）62005043（总编室） （010）62005039（印制管理中心） （010）82075935（工会与劳动关系分社）
发行热线	（010）62005996 82029051
经 销	各地书店
印 刷	三河市国英印务有限公司
开 本	710毫米×1000毫米 1/16
印 张	23.25
字 数	370千字
版 次	2020年10月第1版 2020年10月第1次印刷
定 价	65.00元

写在前面的话

距离 2001 年 9 月发生在世界贸易中心和五角大楼上那些破坏性的袭击以及发生在宾夕法尼亚州的尚克斯维尔的可怕的事故已经有 10 年的时间了。在过去的 10 年里，我们走了多远?

本书要献给我的家人、我的父母和我的孩子。随着我在应急管理领域的职业发展，我在公共安全和工作上的投入是以牺牲我的家庭为代价的。对我的妻子帕特里夏（Patricia）来说，她支持我在全球进行应急管理探险，我必须向她和我所有的家人表示诚挚的谢意。

我真诚地希望，当你阅读本书时，能记住那些每天受到人为和自然灾害事件影响的人们和家庭，包括救援人员。恐怖主义有许多形式和许多面孔。我的愿望是你从这本书中得到的内容将帮助你更好地做好应对准备。照顾好自己、你的家人和我们所服务的公众。

最简单的话语表达我的感谢：谢谢你们!

译者序

在安全领域，人们通常用发生的可能性以及后果的严重性两个维度来衡量某一危险源的风险。在确定了风险等级之后，人们会制定相应的控制措施，使得风险变得可接受。然而，任何控制措施都会因为各种各样的原因变得没那么有效，这就使得风险不可控，甚至会产生难以想象和接受的严重后果。为了控制事态发展，降低影响程度和严重性，应急管理成为了安全管理的有力补充。那么由此可能会引发学界经久不衰的讨论——安全管理包含应急管理还是应急管理包含安全管理。译者认为，无论最终争论的结果如何，有一点毋庸置疑，那就是应急管理本身在现代的生产和生活中发挥着越来越重要的作用，这也促进了应急管理专业的迅速发展。

应急管理是一门复杂且综合性的学科。全面的应急管理策略包含了缓解、准备、响应和恢复四个阶段。每个阶段都涉及了相当多的注意事项和利益相关方。为了能够提高应急管理效能，我们需要一本专业的工具书来指导应急管理工作。幸运的是，译者找到了《应急管理原理和应急运行中心（EOC）》这本书。

虽然这本书的很多内容都是与美国本土的应急管理实践相关，但是书中所提到的内容，可以说是涵盖了应急管理所涉及的大部分内容。本书提到了风险管理和脆弱性评估，应急预案制订团队的组建，应急响应人员的健康与个人防护，相关的法律法规，压力管理与心理创伤，应急预案的制订，应急演练类型与实施，EOC 管理和业务连续性管理以及企业恢复力等内容。这些内容支撑起了应急管理的全过程，并且多次在相关内容中提到了不同层级政府之间的协调配合，以及政府与私营企业之间的联动。这些内容，对于政府或是对于企业建立应急管理体系都有着不同程度的参考和借鉴意义。

本书的题目提到了应急运行中心（EOC）这一概念，这个概念困惑了译者和译者的朋友相当长的一段时间。我们都认为 EOC 就是国内通常所指的

“应急指挥中心”（ECC）。通过对全书内容的理解，译者认为EOC与ECC功能上基本一致，它们不仅仅是突发事件期间的指挥和控制中心，更是一个复杂的通信枢纽，以便在应急管理的缓解、准备、响应和恢复周期的各个阶段都发挥作用的物理场所，是实现“平战结合”的硬件支持系统。二者的区别在于EOC是公共安全领域的说法，由各级政府来主导建立和运行，而ECC是针对私营部门和企业的，由私营部门和企业来主导建立和运行。

全书由中国民航管理干部学院的于航博士翻译并校对。由于译者水平有限，如有不妥之处，欢迎广大读者批评指正。

CONTENTS

目　录

序言

《应急管理原理和应急运行中心（EOC）》是非常重要的工具书，它应该存在于每一个应急管理新手的工具包中和每一个资深的应急管理人员的参考书目中。迈克尔·法格尔已经更新并改进了第一版的内容，加入了迅速发展的国土安全和应急管理专业领域的内容。自1979年成立联邦应急事务管理局（FEMA）以来，应急管理得以持续迅速发展，涵盖了应急准备、响应和恢复等方面的变化，以帮助国家应对任何威胁或疾病。一路走来，除了应对经常发生的自然和人为事件之外，应急管理行业还不得不学会应对恐怖主义行为。2002年，美国国土安全部的成立，标志着应急管理专业领域最重大的变化。多年以来，各州和地方也建立了国土安全相关的机构，或者为已经足够繁忙的应急管理部门增加了额外的责任。

随着应急管理不断发展，应急管理专业本身也发生了诸多变化。除此之外，应急管理专业人员不仅要处理国内的一些重大事件，还需要在全球范围内帮助友邻应对那些重大事件。回顾国家对9·11和卡特里娜飓风这两起重大事件的应对，9·11委员会和卡特里娜飓风后应急管理改革法案的建议均推动了应急管理专业的进一步发展。当然，在许多重大事件发生后的事后行动评估（AARs）中，重要发现之一就是需要确保在所有层级的响应和恢复机构实现有效地指挥、控制和协调。多年来，应急运行中心（EOC）已成为有效和高效的应急管理的象征。EOC是一个相当简单的概念，但实践证明应急运行绝不简单，特别是在较长的应急周期中。在不同联邦和国家预案［例如，国家突发事件管理系统（NIMS）、国家应急响应框架（NRF）等］的指导下，彻底了解EOC的运作模式是建立良好EOC的基础。但是，要达到精益求精，应急管理工作人员的工作必须超越其基本要求和任务。他们必须寻求最佳实践，并且必须从其他应急管理人员（这些工作人员通常是那些在危急时刻启动过EOC的人员）那里学习经验教训。应急管理人员已经了解到不是所有

EOC启动都发生在“宇宙大爆炸”类型的事件当中，他们也可以从诸如公共卫生事件（如流感）中启动EOC获益。幸运的是，地方政府不必经常应对国家级别的具有严重后果的事件。当他们需要应对时，应急管理人员需要通过详细的AARs来学习评估“事情如何进展”。缺乏定期启动EOC的机会确实会使得应急管理人员不会定期评估他们的职责履行情况，进而不知道如何有效应对危机。因此，经过合理策划、执行和评估的应急演练对于如今的应急管理人员来说是非常重要的，它们可以确保EOC和应急管理指挥总是能够提前准备好，以备随时启动。

迈克尔·法格尔的新版书，应该在每个应急管理人员的书架上，并且应该发展成为必用的资源。它应该变得有点破旧，也许有点磨损；它应该开始有高亮标记和翻页的痕迹——所有被伟大的专业人士使用的好工具的迹象。

里克·马修
主任
国家安全与应急准备中心
洛克菲勒公共事务与政策学院
纽约州立大学奥尔巴尼分校

前言

当我开始接触应急管理时，它被称作所谓的“民防”。今天，我们称之为“国土安全”。无论你的辖区或组织管该过程叫什么，从根本上讲，它是一个应对“从全风险到全灾害”的规划、准备、恢复和响应的方法。

在本书中，我与这个领域的一些最值得信赖的同人合作，与你们分享以下内容。

我本人过去40多年在应急管理和公共安全（应急服务部门）方面的经历，帮助我重塑了关注点，那就是从过去学习经验教训，以帮助培养21世纪所需的应急管理人员和规划人员。我已经（并将继续）促成并参与了许多地方、州、国家和国际层面的桌面演练、综合性演练和研讨会，以帮助辖区做好应急准备来更好地应对任何紧急情况。

我与凯迪拉克救护车和携带重达五磅对讲机的漫步者巡逻车为伍，从事了多年的消防、救援、执法、紧急医疗服务和民防（应急管理）事务。然后，我参与了1995年俄克拉何马市爆炸事件和2001年世界贸易中心遇袭事件，还参与了许多联邦应急事务管理局（FEMA）部署的应对洪水、飓风、冰雹和龙卷风事件。我曾从太平洋的海军基地到阿拉斯加的陆军基地，出任美军位于阿伯丁试验场生物化学司令部的指挥。在国土安全部成立的4年前，我也是联邦调查局（FBI）国家国内应急准备办公室的一员。我还在中东的远东地区培养其他人员建立类似FEMA的组织和应急运行中心。

我从1976年开始在佤邦斯特社区学院教书。那时，我几乎没有意识到我的未来将会在何方。目前，我还在阿贡国家实验室基础设施保障中心从事重要基础设施和关键资源的工作，同时，也在西北大学、路易斯安那州立大学、东肯塔基大学和本笃会大学任教。

所有这些都塑造了我的生活、事业和激情。很重要的是，如果没有家人的支持，我不会成为现场的从业者、老师或者今天的我。这本书是献给你们所有人的。

俄克拉何马市爆炸事件，1995 年 4 月 19 日

世界贸易中心遇袭事件，2001 年 9 月 11 日

卡特里娜飓风事件，2005 年 8 月 29 日

我们永远不会忘记！

为了将来，让我们都吸取教训，让世界变得更安全。

致谢

在应急服务领域工作的几十年中，我的专业经验得到了提升，也得到过很多人的帮助。我一定是有着独特的荣幸和机会才能与他们一起工作。这本书是与其中一些人合作的成果，如果没有他们的帮助，今天就不会把本书呈现给你们。对于所有那些我在这里提到和没有提到的朋友，我从你们那里学到了很多东西，感谢你们。

本书的撰稿人是我值得信赖的同人，他们都是非常专业的人员，与我一起合作完成了应急预案、应急运行、应急准备、应急响应和应急恢复等方面的内容。诚恳感谢他们的意见、建议和友谊。

作者

迈克尔·法格尔（Michael J. Fagel），博士，CEM，在应急管理、消防和紧急医疗服务、公共卫生、执法、生物恐怖主义意识和预防、企业生产安全以及安保和威胁风险管理方面拥有 40 多年的经验。

他在北奥罗拉消防部门担任过 28 年的军官。他是 FEMA 的预备役军官，并参与处置了联邦宣布的许多紧急情况，包括 1995 年俄克拉何马市爆炸事件和 2001 年世界贸易中心遇袭事件。他为美国陆军提供了针对联邦设施的大规模杀伤性武器（WMD）应对的指导，并在 CDC（疾病防治中心）的 SNS 预案制订中向州和县机构提供技术支持。他曾担任国家警卫局的专项事务专家（SME），为包括盐湖城奥运会在内的美国和中东地区提供国家 EOC 计划和 CONOPS（作战概念）。

他曾在芝加哥西北大学、本尼迪克特大学、东肯塔基大学任教，参与了路易斯安那州立大学国家生物医学研究和培训中心（NCBRT）针对农业恐怖主义响应的培训项目，并在纽约州立大学奥尔巴尼分校的国家安全和准备中心（NCSP）出任 SME。法格尔是一名技术顾问，并在芝加哥大学威胁响应项目课程中任教。法格尔目前也是阿贡国家实验室的国土安全分析师，从事保护重要基础设施工作。

他还是北伊利诺伊州重大事件压力疏导小组的成员、国际消防队长委员会安全卫生分会成员。他发表了数百篇文章，并撰写和出版了多本关于应急管理和安全主题的书。

可以通过邮箱 mjfagel@ aol. com 与他联系。

合著者

卢西恩·坎顿（Lucien G. Canton），是一名专门从事危机战略规划的独立管理顾问。在创办自己的公司之前，坎顿曾担任旧金山市和下辖县的应急服务主管，并担任 FEMA 第九区的应急管理项目专家和减灾部门的负责人。作为一名受欢迎的演说家和讲师，他是畅销书《应急管理：有效程序的概念和策略》的作者，该书是许多高等教育课程的教科书。可以通过邮箱 LCanton@Lucien Canton. com 与他联系。

罗伯特·古拉汗（Robert J. Coullahan），是内华达州拉斯维加斯资源准备公司总裁兼首席执行官。古拉汗在政府和商业机构的应急管理与重要基础设施保护方面拥有超过 35 年的专业经验。他拥有应急管理、安全管理、业务连续性管理和国土安全方面的专业认证证书。他创建了资源准备公司（www. readiness resource. net），其业务主要是支持国家应急准备和公共安全项目。他曾在科学应用国际公司工作了 20 年，包括担任高级副总裁。基于美国国家研究委员会的同行评议，他曾在一个大学联盟（该联盟名为世界人类环境交互数据中心）担任政府和国际项目的副总裁，任期 5 年。他服务于 ANSI 和 ASIS 业务连续性管理标准委员会。他拥有电信科学硕士学位和安全管理与法医科学硕士学位，毕业于加州大学和乔治华盛顿大学。可以通过邮箱 coullahan@readinessresource. net 与他联系。

兰德尔·邓肯（Randall C. Duncan），自 1986 年以来一直担任地方政府应急管理人员，在堪萨斯州和俄克拉何马州不同层级的政府工作。邓肯参与管理了十几个总统宣布的灾难，从洪水到龙卷风到冰雹。此外，他于 2001 年 9 月 18 日至 28 日在世界贸易中心突发事件现场指挥中心为纽约市消防局提供支持。他还参与了其他项目，包括生物战改进响应计划（BWIRP），在 Topoff II 中担任西雅图市应急指挥中心评估员。他是国际应急管理人员协会（IAEM）美国理事会的前任主席，目前担任其政府事务委员会主席。邓肯还担任位于马里兰州埃米特堡的应急管理学院和位于密苏里州帕克维尔的帕克大学的兼职教员。可以通过邮箱 rduncan21@ cox. net 与他联系。

罗恩·费舍尔（Ron Fisher），是阿贡国家实验室基础设施保障中心（IAC）的副主任。他的职责包括在多个领域向国土安全部（DHS）、能源部和国防部提供重要基础设施保障的技术支持。费舍尔担任过国家石油委员会和总统委员会的高级顾问，分别致力于石油和天然气基础设施薄弱性和重要基础设施保护领域的工作。他目前担任国土安全部基础设施保护办公室的协调员，其工作包括开展实地评估、开发脆弱性评估方法、执行风险分析以及确保与“国家基础设施保护预案”保持一致。费舍尔先生是几个相关性较强的论文和研究的作者。可以通过邮箱 refisher@ anl. gov 与他联系。

朱文（K. R. Juzwin），是一位临床心理学家，同时也是绍姆堡康特大学临床心理学副教授。她专长于精神健康急救、高风险人员评估、重大事件应对、灾难心理健康和创伤。朱文是伊利诺伊州医疗应急响应小组（IMERT）的心理健康响应领域协调员，是伊利诺伊州灾难援助小组的一名响应人员，是现任教育协调员，也是伊利诺伊州重大事件压力管理团队的协调员。在 IMERT 团队中，她为精神卫生响应人员编写了培训课程，对参与危机和灾难响应的人员进行精神健康方面的培训。朱文专注于创伤、法医创伤、自我伤害、饮食失调和高危患者。她积极从事这方面的教育、咨询、写作和研究工作。她是伊利诺伊州霍夫曼特斯的阿莱森兄弟行为健康医院的自我伤害恢复服务中心主任，这是整个国家唯一通过 JCAHO – DSC 项目认证的自我伤害机构。朱文是 COPS 和 FIRE 测试服务中心的首席心理学家，从事结果研究、评估、协议制定和培训，并监督管理在执法、消防、EMS 和应急派遣人员的高风险招聘领域进行测试和评估研究。在康特大学，朱文博士教授测试和评估、道德、职业发展、警察心理学、法医创伤、饮食失调、自我伤害和自杀评估课程。可以通过邮箱 kjuzwin@ argosy. edu 与她联系。

史蒂芬·科尔（Stephen J. Krill），是弗吉尼亚州麦克莱恩的汉密尔顿博思艾伦咨询公司的资深合伙人。科尔在应急管理方面拥有 22 年的专业经验，为政府、行业和非政府组织提供减灾、预防、响应和恢复服务。他参与了 Y2K、9·11、卡特里娜飓风和丽塔飓风的响应，并且是国家级演练的主要策划者。科尔正在攻读工程管理博士学位，重点研究危机、灾难和风险管理。他是应急管理标准制定组织的成员。科尔曾担任西北大学的兼职讲师，讲授运输恐怖主义准备课程，并在美国和欧洲举行的应急管理会议上发表演讲。他主持制定了3份向国会提交的报告——关于重要基础设施保护的国家指南，并发表了多篇同行评议的期刊文章。科尔持有应急管理、业务连续性管理和项目管理方面的专业认证证书。可以通过邮箱krill_ stephen@ bah. com 与他联系。

里克·马修（Rick C. Mathews），是国家安全与准备中心（NCSP）的主任，该中心是纽约州立大学奥尔巴尼分校洛克菲勒公共事务与政策学院的附属机构。在加入NCSP之前，马修曾担任路易斯安那州立大学反恐教育学院国家生物医学研究与培训中心（NCBRT）的研究与发展方向的副主任。1995年4月19日，他参加了俄克拉何马市阿尔弗雷德·莫拉联邦大楼爆炸事件的救援工作。在卡特里娜飓风的应对和恢复阶段，他曾担任路易斯安那州卫生部应急准备计划的技术顾问，主要处理场外医院的建立和运营方面的问题。2008年9月，在古斯塔夫飓风之后，他担任路易斯安那州长办公室的国土安全和应急准备工作的技术顾问。他拥有30多年的专业经验，在紧急医疗服务、医院管理、应急准备、反恐和国土安全领域有着丰富的经验。他是国际应急管理人员协会、国际医疗救援协会、保护纽约、国家情报基金会、Infra-Gard和纽约SESHA环境安全与健康协会的成员。可以通过邮箱 rmathews@ ua-mail. albany. edu 与他联系。

詹姆斯·皮文布姆（James Peerenboom），是阿贡国家实验室基础设施保障中心主任。他从事系统分析、决策和风险分析以及高级建模和仿真活动超过25年。在过去的15年中，他一直专注于重要基础设施保护和国土安全问题，向国土安全部、能源部和国防部提供技术支持。他是多部基础设施相关出版物的作者，并获得了威斯康星大学麦迪逊分校的博士学位。他还担任阿贡国家实验室决策和信息科学部门的副主任。可以通过邮箱 jpeerenboom@ anl. gov 与他联系。

托马斯·施耐德（Thomas D. Schneid），是东肯塔基大学安全、安保与应急管理系（原损失预防与安全系）的终身教授，是安全、安保和应急管理本科专业远程教育项目的主任，同时也是该专业全日制硕士项目的主任。他曾在安全和人力资源领域工作了30多年，包括曾经出任企业安全总监和产业关系总监。在美国，施耐德曾担任过多家公司的职业安全与健康管理局（OSHA）和劳工诉讼的代表。他获得了教育学士学位，安全硕士学位和国际商业硕士学位以及圣地亚哥大学法学硕士学位，环境工程博士学位和西弗吉尼亚大学法学博士学位。他是美国最高法院、第六巡回上诉法院、一些联邦地区法院以及肯塔基州和西弗吉尼亚州律师协会的成员。他独著、合著了15部著作，包括《企业安全合规》《美国残疾人法案手册》《安全与防损专业人员法律责任法》和《消防法》以及100多篇关于安全、消防、EMS、法律和相关主题的文章。可以通过邮箱Tom. Schneid@ eku. edu与他联系。

尼古拉斯·斯泰科斯（Nicholas Staikos），是斯泰科斯联合建筑事务所的负责人，在技术复杂的设计项目方面拥有30多年的经验，其中包括为政府和行业服务设计应急管理方面的关键任务设施。在他的领导下，斯泰科斯联合建筑事务所为各级政府完成了许多关键任务设施开发项目。该公司指导EOC设计项目的开发，从需求评估、标准评估、建筑规划、设计到技术部署和使用。由于他们的设施拥有良好效能，斯泰科斯联合建筑事务所的项目得到了业界的认可，并获得了地区和国家设计奖以及国际认可。此外，公司在蒙哥马利的应急通信中心和特拉华州的应急运行中心是具有开创性的，即使不是首创，这些中心也是率先将应急管理、运输管理和公共安全整合起来，共同纳入物理以及功能级别。该公司市场部门业务包括公共安全和交通管理方面项目，如9·11呼叫中心、融合中心和运输管理中心。斯泰科斯撰写了一些将安全性融入计算机设施设计和现场规划的文章。可以通过邮箱NStaikos@ Staikos. com与他联系。

迈克尔·斯坦尼尔（Michael Steinle），是Tetra Tech EMI的高级项目经理。斯坦尼尔在项目管理、安全、应急响应、环境、健康和安全管理工作等方面拥有超过20年的经验。他负责了许多项目，旨在协助减轻公共和私营部门的生物、化学、物理和放射性危害。他还曾在陆军部队的一个多学科小组工作，负责评估部署在阿富汗和伊拉克的平民和士兵的训练效能。斯坦尼尔担任多个大型国家生物恐怖主义和公共卫生规划项目的项目经理。斯坦尼尔在波士顿和纽约担任阳光城市倡议项目（Solar City Initiative）的技术负责人。启动该项目的目的是通过利用太阳能为应急和国土安全运营提供可恢复性。他还负责机场、海港和其他运输基础设施的安全与应急准备工作。他曾在联邦调查局的国际反恐怖主义研讨会（ISA）的规划委员会任职3年，并在2008年的ISA中，为一个开发越南流感大流行视频的小组制作脚本。2006年至2008年，斯坦尼尔还曾担任ASIS国际农业和食品安全委员会主席，是西密苏里州和堪萨斯州安全与健康委员会董事会的积极成员。可以通过邮箱msteinle@ gmail. com与他联系。

审稿人

查尔斯·布莱希（Charles R. Blaich），为 FDNY 服务了 30 年。作为纽约市消防局副局长，他于2001 年9 月至2002 年2 月担任世贸中心特别工作组的后勤主任，负责支持恢复、消防、地理信息系统测绘、丧葬活动、应急工作人员和公民的关怀与食品供给以及向现场的工作人员提供紧急医疗支持。他负责所有的后勤规划和活动，为包括警察、EMS、联邦和州在内的所有应急和支持组织提供支持。他是公认的、为了成功应对灾难及恐怖事件所必需的各级政府和机构间协调与管理方面的专家。他在许多专业刊物上发表了关于建筑施工和倒塌以及应急行动的文章。他曾在世界各地的许多会议和研讨会上进行过灾难行动的主题演讲。

退休后，他接受了美国雷神公司应急准备和响应经理这一职位。在该公司成立之初，他在雷神的国土安全战略业务领域（SBA）部门工作（2003 年至2009 年）。2009 年，他接受了 BAE 系统有限公司的业务发展综合安全系统经理这一职位，该职位主要负责探索增大 BAE 系统能力，并将该系统应用到国土安全的公共安全领域当中。他目前担任私人顾问。

从 1968 年到 1998 年，查尔斯·布莱希在美国海军陆战队服役。他的任务包括在越南执勤，指挥两个营以支持沙漠风暴行动的第二十五海军陆战队步兵营。奖项包括：功勋奖章、两枚战斗“V”海军表彰奖章、战斗行动绶带、国防服役勋章以及多项比赛和单位奖励。可以通过 crblaich@ gmail. com 与他联系。

乍得·鲍尔斯（Chad Bowers），是位于田纳西州纳什维尔的博尔德规划方案公司的副总裁，这是一家专注于连续性计划的技术公司。鲍尔斯自 2001 年以来一直积极参与应急管理行业，并且是联邦、州和地方政府机构运行计划连续性（COOP）领域的专家。鲍尔斯曾担任数十个 COOP 项目的高级项目经理，其中涉及的项目有佛蒙特州、南达科他州和加利福尼亚州高等法院的合作项目。目前，鲍尔斯担任博尔德规划方案公司的高级技术经理，负责开发和发展该公司受到高度赞誉的基于网络的 COOP 系统（EMPlans. com）。可以通过邮箱 Chad@ BoldPlanning. com 与他联系。

大卫·布莱尼根（David K. Brannegan），是阿贡国家实验室基础设施保障中心（IAC）特别作业和专家组的副主任。他在非营利性、营利性和政府部门均有相当丰富的工作经验。他目前为国土安全部（DHS）下辖部门的办公室在保护措施衡量和报告以及混合中心功能扩展发面提供了广泛的支持。他曾担任国土安全部分局局长，负责设计、开发和执行了 20 多项个人技术援助项目，这些项目可以在全国范围内提高国家和地方应急准备能力。可以通过邮箱 dbrannegan@ anl. gov 与他联系。

霍华德·墨菲（J. Howard Murphy），是一名资深的应急经理、应急响应人员以及国家安全项目经理和高级分析师。他已经参与了许多灾难的应急响应，并且指挥了美军的第一个 CBRNE 突发事件应急响应部队。他的主要专注领域是国家安全、大规模杀伤性武器反扩散和复杂的应急管理行动。墨菲曾担任公民应急服务和应急管理机构的首席官员、应急经理和专员，指挥国防部具有高优先级别的专业小组，并共同组建和参与多个非政府组织，致力于全球救灾和恢复行动。可以通过邮箱 jhmurphy@ charter. net 与他联系。

第一章 概述

迈克尔·法格尔和史蒂芬·克里尔

灾害发生，任何人或任何规模的社区都不能免受灾害带来的破坏影响。灾害可以是各种各样的事件，每个事件都有着不同的强度和不同的性质。联邦应急事务管理局（FEMA）将灾害定义为：通常会导致人员伤亡和财产损失，并且不能通过政府的日常程序和资源进行管理的事件。由于灾害的不可预测性，所以预先对此类事件进行计划至关重要。只有通过计划，才能有效应对灾害和减轻灾害的潜在影响。

灾害类型

灾害通常分为四类：自然的、人为的、蓄意的、意外的。在美国，最为频繁的灾害是自然灾害。因为自然灾害不是人类行为造成的，所以，是最难预防的。然而，由于大部分（尽管不是全部）自然灾害（例如，与天气相关的）是可预测的，所以，它们应该是最容易预防的。

由于不可能阻止自然灾害的发生，因此，应急预案制订人员和应急响应人员必须提高对自然灾害发生的方式和原因方面的认识。同时，他们必须分析社区内的风险，使他们能够专注于最高风险或影响最大的危害。例如，佛罗里达州居民不需要为令人崩溃的暴风雪做准备，但是，他们必须为飓风做好准备；新英格兰居民需要同时为暴风雪和飓风做好准备，以及为其他许多危害做好准备。

找出任何单一的人为灾害原因几乎是不可能的。对于现有的各种人为灾害，导致其发生的原因成百上千。自然灾害是自然力量造成的，只能预测，不能阻止，而人为灾害是可预防的，它的发生有时是蓄意策划的，并且是恶意行为。

然而，并不是所有的灾害都是蓄意策划的，许多可以被归类为是意外发生的、意想不到的。随着我们进入信息技术时代，越来越多的尖端技术事件将不断发生。社区防灾预案必须考虑到越来越多涉及有毒物质泄漏的事件、放射性物质释放的事件和其他类似事件。这些事件在人口密集的地区可能是灾难性的。而且随着社区的不断发展，这些事件的后果可能会超越当今社会所能想象的范围。

表 1.1　灾害类型

自然的	人为的	蓄意的	意外的
飓风	核事故	恐怖主义	高速事故
龙卷风	危险品事故	暴力袭击	铁路事故
地震	爆炸	蓄意破坏	飞机事故
暴风雪		炸弹	工业事故
冰暴		暴乱和国民骚乱	
洪水			

表 1.1 列出了上述介绍的灾害类型。该表并没有将所有的类型全部列举出来，当然还可能存在会袭击社区的其他的灾害。因此，当制订或修改社区灾害预案的时候，至关重要的是，无论是否有预警，预案制订人员都应该准备好以保护自己的社区免受可能发生的灾害和其他潜在灾害的危害。

每一种情况都对社区构成威胁，也给应急响应人员带来了挑战。有些灾害比较容易预测，而另一些则几乎没有任何预警。有些灾害对一个社区的毁坏会持续几个星期或几个月，而其他灾害可能会给社区带来致命的打击，结束之后，伴随而来的是人们极度震惊与悲伤。

可以预见的是，大部分的灾害，无论其类型或原因如何，都会造成一定程度的死亡、伤害和财产损失。根据不同的情况，通讯系统、电力和水供应会受到干扰；空气、食物和水会受到污染；还可能会出现许多其他问题。

灾害阶段

每种灾害及其后续的响应工作，无论其发生方式、时间或原因如何，都可以由若干相当一致的阶段组成。社区响应预案的成功在很大程度上取决于应急预案制订者对这些阶段的理解以及如何将其纳入整个灾害预案。

灾害第一阶段是预警阶段。正是在这个阶段，应急官员有最好的机会向公众提供与灾情有关的信息。如果有必要的话，也正是在这一阶段，开始启动疏散或避难。

灾害第二阶段是威胁和影响的阶段。这一阶段之后是准备、救援、修复和恢复阶段。

严重等级

根据严重程度的不同，每种灾害都需要进行响应分级，每个等级都有自己的响应要求。灾害有三个响应等级，即使是最低等级也可能需要州和联邦机构的参与。

Ⅰ级灾害——地方性的多伤亡事件，其中，当地的医疗资源是可用的，足以提供现场医疗和维持稳定，包括检伤分类。病人将被运送到适当的医疗机构进行进一步的诊断和治疗。

Ⅱ级灾害——伤亡人数众多，缺乏医疗保健设施，需要多地区医疗互助的紧急情况。

Ⅲ级灾害——超过当地和地区医疗资源的大规模伤亡事故。医疗补给和人员不足，需要州或联邦机构的援助。

预案为什么会失败

尽管许多辖区采取了正式的应急预案，但是在发生重大灾害之后，地方政府往往也未能完善预案。地方政府也没有充分有效地编制应急预案。这些失败往往可以归因于缺乏相关的灾害响应经验、没有吸取经验教训、没有致力于实施灾害预案制订程序或者执行了错误的预案。

预案的一个障碍是，许多社区缺乏灾害响应的经验，因为他们的公职人员没有参与足够多的灾害响应以获得个人经验。人们常常错误地认为，应对灾害与应对其他紧急情况是一样的，不同的只是前者的范围更大罢了。

预案的另一个障碍是，虽然个人可能参与了灾害响应，但是从组织的角度来应对这个灾害是很难的。灾后评论经常是证明辖区采取了行动，而不是对存在的问题和错误进行客观公正的评估。

如果要取得成功，灾害预案必须得到全社区的支持。缺乏公众意识常常会削弱社区预案的效能。主要官员常常忽视阅读应急预案，即使在写了一个预案后，也往往没有进行适宜的演练，往往导致预案在真正的灾害中没有发挥作用。

计划蓝图

灾害应急预案应该为社区蓝图的启动、管理和执行服务，这很可能会超出正常的功能范围。灾害预案应该有助于协调灾害响应活动、后勤保障和资源。预案通常设法规定在发生灾害时各个部门需要实施的工作。

全面的应急管理战略包括四个阶段：缓解、准备、响应和恢复。这些阶段本质上不是线性的，而是周期性的，如图 1.1 所示。

预防的目的是避免事故和突发事件。然而，这并不总是可以实现的，因此，需要应急准备和预案的组成部分（其中包含所采取的步骤），这些都是为了保证参与灾害响应的所有个人和实体能够为应急响应做好准备。

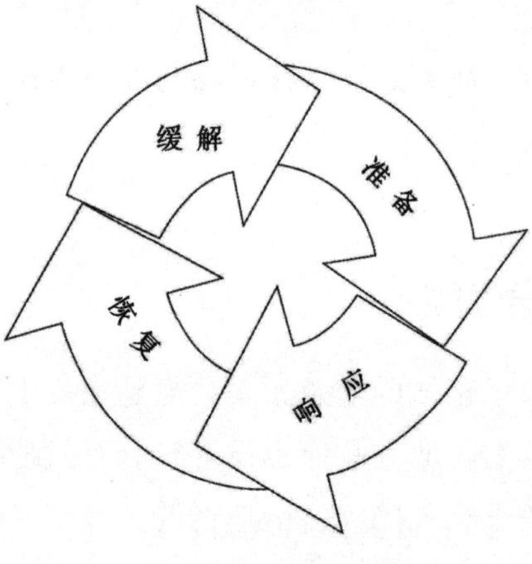

图 1.1　全面的应急管理战略四个阶段

应急准备的关键是确保有足够的资源用于挽救生命和减少财产损失。

下一个阶段是响应，这是开展拯救生命和保护财产活动的阶段。最后一步是恢复，在这个阶段，居民和政府试图恢复正常的工作和生活。

再次强调，这些阶段在本质上是周期性的而不是线性的，这是因为该过程总是持续不断、循环往复的。

灾害周期与预案

如果没有预案，应急行动会遇到许多问题，这些问题可能会导致严重的后果甚至死亡。因此，有必要建立一个能够让所有参与应急行动的人员共同工作的系统。一个综合全面的应急管理系统就是这么做的。

综合全面的应急管理系统是一个概念框架，通过结构化的方法来规划和响应，从而提高应急管理能力。为了提高能力，在突发事件发生之前，在预案制订的过程中建立应急网络、应急协调、互操作性、伙伴关系以及关于资源短缺的创造性思考是非常重要的。

综合全面的应急管理系统应该能够：

- 处理威胁社区的所有危害
- 在应急管理的各个阶段都有用
- 寻找任何适当的资源
- 把所有合作伙伴和参与者联系起来，以实现共同目标

应急管理的目标是拯救生命、预防伤害、保护财产和环境。应急管理的参与者应包括地方、州和联邦政府，私营部门（例如，非营利性组织、企业和行业）以及公民个人。

地方政府在应急管理中的作用不仅仅局限于响应。地方政府必须确保公民的安全，并了解社区所面临的威胁以及应对这些威胁所需的资源。地方政府应对突发事件应采取的一些准备措施包括：

- 确保制订应急行动预案（EOP），并进行相应的培训、演练和维护
- 制定互助协议、谅解备忘录（MOU）和关键应急资源的备用合同
- 向公众传达潜在的危害，以及如何做好应对它们的准备

州政府拥有法律赋予的响应和恢复的权力，并成为地方政府和联邦政府的联络点。此外，州政府可以要求当地司法机构制订和提交应急预案，目的是对该预案进行审查，以及将其纳入州应急预案中。州政府也有权启动国民警卫队的资源以应对突发事件，并与其他州签订紧急互助协议（EMAC）。

为了帮助州和地方政府从突发事件中恢复过来，联邦政府拥有法律权力、财政资源、研究能力、技术信息和服务以及专业人员。

尽管政府机构负责保护公众，但是他们需要公民的全面帮助以取得应急管理的成功。非营利性组织，如美国红十字会，会在突发事件中提供关键资源。

公民可以通过减少社区内部和周围的危害、准备灾害补给包和认真监控应急通讯来进行自助。公民还可以自发建立志愿者组织，并在应急准备和响应方面进行培训。

综合全面的应急管理系统资源包括设备资源和人员资源。人员资源包括：

- 应急官员
- 应急预案管理人员
- 紧急行动人员
- 警察和消防部门人员
- 其他本地服务提供者，如公共工程、交通和公共卫生部门人员
- 自愿者组织（如美国红十字会、救世军）

综合全面的应急管理系统将通过如下途径把所有这些人力资源整合在一起：

计划——在计划过程中涉及所有这些关键角色，确保所有角色和职责都被清晰界定；

方向——必须在 EOP 中明确界定所有参与者的行动方向，以确保所有应对活动都按照既定政策和程序进行；

协调——在计划过程中一起工作可以帮助发展关系以及促进应急响应过程中的团队协作；

明确界定角色和职责——在计划过程中明确界定角色和职责，并就上述两个问题达成一致，可以帮助减少冗余，并确保在紧急情况下最有效地利用资源。

此外，综合全面的应急管理项目能够：

- 根据可能的危害所带来的风险来检查潜在的紧急情况和灾难
- 制订和实施旨在减少这些事件对社区影响的方案
- 对无法消除的危害进行准备
- 实施有后果的实际事件所需的行动

如前所述，全面的应急管理战略分为四个阶段：

缓解——采取持续的行动来减少或消除危害人员和财产的长期风险；

准备——建立应急管理功能，以有效应对任何危险并从中恢复；

响应——采取行动减少危害，实施应急行动以挽救生命和财产；疏散潜在的受害者；为有需要的人提供食物、水和医疗服务；完成紧急维修以恢复重要的公共服务；

恢复——重建社区，使个人恢复正常生活，企业和政府能够恢复功能，防范未来危害。

在突发事件发生后，吸取的经验教训将被用于缓解、准备和做出更好的响应。由于应急预案是根据经验教训修订的，所以，周期是不断重复的。接下来将分别介绍每个阶段。

缓解

随着灾害成本的不断上升，有必要采取持续的行动以减少或消除危害人类和财产的长期风险及其影响。这些持续的行动被称为缓解。

缓解应该是一个持续的活动，与应急管理的其他各个阶段相结合，目的是采用长期的、基于社区的方式来应对灾害。缓解活动的目标是保护人员和建筑物，降低响应和恢复成本。

缓解是通过危害分析来实现的，这有助于确定可能在社区内部和周围会发生的事件；确定事件发生的可能性；确定事件造成的后果，如伤亡、破坏、关键服务中断和恢复的成本。为了获得成功，缓解措施必须发展成为一个全面的缓解策略，后者能够考虑减少危害损失的方式，同时，还能兼顾特定危害所带来的全部风险以及其他的社区目标。

由于不可能完全减缓各种危害，因此，在发生突发事件之前采取特定的缓解措施，可以帮助减少这些危害的影响。

准备

准备工作涉及整个应急管理系统中的所有参与者，包括以下活动：

- 开发、培训和演练应急行动预案（EOP）
- 招聘、分配和培训可以在关键领域中协助响应的工作人员
- 确定紧急情况下可能需要的资源和供给
- 指定应急设施

响应

应急响应启动通常发生在紧急事件迫在眉睫时或事件发生之后。响应措施包括为挽救生命和减少损失而采取的所有活动，包括向受害者提供紧急援助、完成重要基础设施的紧急维修并确保关键服务的连续性。

先期应急响应活动中的一项工作是进行情景评估。为了完成这个任务，现场处置人员必须立即对情况进行快速评估。快速评估涉及所有现场响应活动，包括直接确定与初始救生相关的活动、与生命维持需求相关的活动以及确定即将发生的危害。协调和及时评估使地方政府能够优先处理响应活动，分配稀缺资源，并要求互助合作伙伴提供其他的援助。

恢复

应急管理周期的最后阶段是恢复，其目标是使社区的系统和活动恢复正常。一些恢复操作可能与响应工作同时进行。

从灾害中恢复对每个社区及其所面临的灾害来说都是独一无二的。短期恢复是响应阶段的延伸，其中，主要是恢复基本功能和服务。短期恢复后，社区必须重建。

长期恢复的考虑因素包括：

- 申请联邦援助
- 向公众通报重建过程
- 采取减缓措施，以防止未来的灾害损害
- 收集和分发捐款
- 与企业和行业建立合作伙伴关系，以获取所需的资源
- 考虑环境问题
- 满足受害者的需求
- 采取公共卫生措施，防止疾病和污染
- 重建社区的桥梁、道路和其他的社区基础设施

恢复还包括采取必要措施重新开放受损企业、重新雇佣工作人员以及其他使社区恢复到突发事件发生之前状态的所需措施。

应急管理简史

纵观历史，美国曾经面临许多灾害——从自然灾害到有害物质释放再到

恐怖主义袭击。虽然所有的灾害都是地方性的，但是，当应急响应所需超出地方政府能力范围的时候，联邦政府将提供包括人员、设备、资源和资金等方面的支持。

20 世纪 70 年代以前，不同的联邦机构和项目都提供救灾服务，一度有超过 100 个联邦机构处理灾害和紧急情况。然而，直到 20 世纪 70 年代发生的四场破坏性飓风灾害，联邦一级的灾害协调需求才得以实现。

以下是四场飓风的具体信息：

飓风艾格尼丝（1972 年）——这场飓风造成了东海岸的重大洪水灾害和 20 亿美元的经济损失。

飓风爱罗伊（1975 年）——这场飓风造成了 2 亿美元的经济损失和 76 人死亡。

飓风大卫和飓风弗雷德里克（1979 年）——这两场飓风是加勒比地区有史以来较为惨烈的飓风，飓风弗雷德里克造成了 22 亿美元的经济损失。

这些已发生的灾害和全国范围对灾难准备的需求推动了卡特政府成立联邦应急事务管理局（FEMA），以在联邦层面协调所有的灾难援助。

当局和指令

在创建 FEMA 之后，联邦政府通过制定若干法案和指令，不断完善灾害响应程序。某些法案，如罗伯特·斯塔福德法案，它是一个通用的法案，可以作为所有危害应对的指导，而其他法案，如卡特里娜飓风后应急管理改革法案，是由特定的事件产生的。

罗伯特·斯塔福德法案

为了给州和地方政府提供一个更加有序和系统的联邦自然灾害援助手段来履行其援助公民的责任，1988 年通过了“罗伯特·斯塔福德法案”（公法 93－288）。这个法案描述了联邦政府为受到严重灾害或紧急情况影响的州和地方政府、部落、合格的非政府组织（NGO）以及个人提供协调与支持的计划和程序。斯塔福德法案涵盖所有危害，包括自然灾害和恐怖主义事件。

罗伯特·斯塔福德法案经过了多次修订，最近一次修订是根据 2006 年的“卡特里娜飓风后应急管理改革法案”（PKEMRA）（公法 109－295）进行的，以解决在应对卡特里娜飓风时所出现的问题和挑战（参见“卡特里娜飓风后应急管理改革法案”部分，了解更多关于PKEMRA的信息）。

2002年国土安全法案

2002年国土安全法案的第一部分设立了国土安全部（DHS），其任务是：

- 预防美国境内的恐怖主义袭击
- 减轻美国应对恐怖主义的脆弱性
- 最大限度地减少美国境内发生的恐怖袭击所造成的损害并协助恢复
- 履行所有转移到该部门的组织职能，包括作为自然灾害、人为灾害和应急预案的联络点

该法案将FEMA并到DHS中，FEMA的局长和DHS的部长建立直接的联系，但是，它也将FEMA与新的应急准备理事会独立开来。应急准备理事会整合了整个部门的应急准备资产。该部门促进财政拨款，并监督全国范围内的应急准备工作，包括支持现场处置人员的培训、公民意识教育、公共健康完善、基础设施建设和网络安全。

卡特里娜飓风后应急管理改革法案

2006年“卡特里娜飓风后应急管理改革法案”声明并修改了2002年国土安全法案，修改的内容涉及FEMA的组织机构、权限和职责以及FEMA局长的职责。

在其他变化中，PKEMRA将DHS应急准备理事会的重要组成部分转移到FEMA，主要是：

- 美国消防局
- 基金和培训办公室
- 化学品储备应急准备部门
- 辐射应急准备程序
- 国家首都区域协调办公室

总统决定指令

1995年，克林顿政府签发了39号总统决定指令（PDD－39），即“美国反恐怖主义政策”，以应对美国领土上最严重的恐怖主义行为——俄克拉何马市爆炸事件。PDD－39建立在先前的指令基础之上，概述了国家反恐战略的三个关键要素：

1. 减轻恐怖主义袭击的脆弱性，预防和制止恐怖主义行为（威胁和脆弱性管理）。

2. 应对发生的恐怖主义行为，结束危机或抹除恐怖分子的目标，缉拿和惩罚恐怖分子（危机管理）。

3. 管理恐怖主义行为的后果，包括恢复必要的政府服务和提供紧急救济，以保护公共健康和安全（后果管理）。

该指令详细阐述了几个联邦机构在战略各个方面的具体作用和责任。例如，PDD－39规定联邦调查局（FBI）是危机管理的牵头机构，类似地，FEMA则主要负责后果管理。

为了反映加强机构间协调的需要，PDD－39还指示国家安全委员会协调机构间的恐怖主义政策问题，以确保联邦反恐政策和战略的实施。

国土安全总统指令

2001年9月11日的恐怖袭击事件发生后，布什政府签发了几项国土安全总统指令（HSPD），补充或取代了克林顿政府签发的PDD－39。其中，最著名的与应急准备和应急响应相关的HSPD是HSPD－5和HSPD－8。

HSPD－5，国内突发事件管理

HSPD－5于2003年2月28日由白宫发布，它建立了唯一一个全面的国家突发事件管理系统。它还指定国土安全部部长为国内突发事件管理的主要联邦官员，并承认司法部部长、国防部部长和国务卿的法定职权。此外，为了保护国家安全，HSPD－5还指示所有联邦部门和机构负责人根据自己的职责，在国土安全部部长、司法部部长、国防部部长和国务卿行使其领导职责时，酌情向他们提供全面和快速的协助、资源和支持。

HSPD－8，国家应急准备

HSPD－8于2003年12月17日由白宫发布，它制定了一些加强美国应急准备的政策，包括要求建立国内全灾害应急准备的目标，建立完善联邦政府为州、地方和部落提供应急准备协助的机制，以及提出加强联邦、州、地方和部落的应急准备能力的活动，从而达到预防和应对潜在的威胁或已经发生的恐怖主义袭击、重大灾害和其他紧急事件的目的。2009年1月出版的名为“综合应急计划”的附件1，为国家应急计划制订了一套标准和全面的方法。

其他参考政策

HSPD－5和HSPD－8也为国土安全和应急管理建立了几个重要的政策参考，包括：

国家突发事件管理系统（NIMS），发布于2008年12月，提供了一个系统的、主动的方法来指导各级政府、非政府组织和私营部门紧密地联系在一起开展工作。无论事件发生的原因、规模、发生的位置或复杂的程度如何，均要达到预防、免受、应对、恢复和缓解事故影响的目的，进而达到减少生命财产损失和环境危害的目的。

国家基础设施保护计划（NIPP），发布于2009年1月，为国家重要基础设施和关键资源保护建立了风险管理框架。

国家应急准备指南，发布于2007年9月，完成了HSPD－8规定的国家应急准备目标及相关应急准备工具的制定工作。该指南由四个要素组成：国家应急准备愿景、国家应急预案情景、目标能力清单和全面任务清单。

响应预案

近10年来，有关部门编写了一系列的应急响应预案——包括联邦应急响应预案、国家应急响应预案以及国家应急响应框架等。这些预案的编制都是从实际和潜在灾害中吸取经验教训的结果，同时，也反映了法律和政策指令方面的变化，目的是提高国家应急准备和应急响应协调的能力。

联邦应急响应预案（FRP）的制订是由PDD－39驱动的，PDD－39本身也是在俄克拉何马市爆炸事件之后制订的。在2001年9月11日的恐怖袭击之后，国家应急响应预案（NRP）取代了FRP。最后，在卡特里娜飓风灾难之后，国家应急响应框架（NRF）取代了 NRP。NRP 和 NRF 的创建都是由 HSPD－5 驱动的。

这些联邦应急响应预案由紧急支持功能（ESF）附件提供支持，这些附件描述了联邦机构在协调资源和计划支持方面的任务、政策、结构和责任。ESF 提供了在应对联邦层级突发事件时各联邦机构之间的协调架构，它们展示了最常用的、能够提供联邦层面支持的功能分组机制。

这些应急响应预案是指导方针，在最开始的时候并没有要求各州遵照执行，但是建议各州遵循联邦应急响应预案以获得资金支持。目前，有些州遵循这些预案，有些州则没有。这些预案的制订基于几个前提：

1. 州是 FEMA 的主要服务对象。响应原则要植根于美国的联邦制和《宪法》赋予联邦政府和州政府的责任。

2. 突发事件尽可能在最低层级的司法管辖范围内进行处理。在绝大多数突发事件中，州和地方资源以及州际互助将为应急响应和突发事件管理提供第一线支持。当州资源和能力不堪重负时，州长可能会向联邦寻求援助。在国内突发事件管理范畴内，该战略是联邦政府与地方、部落、州、领地、联盟、私营部门和非政府实体进行互动的框架。

3. 群体关怀是对传统社区的响应。诸如美国红十字会和救世军等非政府组织，以及其他宗教组织和社区组织会在灾害期间向社区提供传统的群体关怀服务。

所有这些预案都聚焦在全灾害的突发事件上：自然灾害、技术类突发事件（如有害物质释放）和恐怖主义行为。

联邦应急响应预案

为了应对斯塔福德法案规定的任何重大灾害或突发事件，FRP 为联邦政府能够提供系统的、协调的和有效的援助建立了一个新的过程和结构。该应急响应预案给出了一个州在 12 种 ESF 下最可能需要的联邦援助的类型。它还介绍了联邦恢复和缓解项目的实施与管理，以及相关的支持和技术服务的过程与方法。

FRP 专注于机构间和政府间的应急准备、预案、培训、演练、协调和信息交流，为制订详细的补充预案和程序奠定了基础，以快速有效地实施联邦应急响应和恢复活动。

FRP 适用于斯塔福德法案定义的重大灾害或突发事件，它们是总统认定的需要联邦提供援助以补充州和地方政府工作和能力的灾害或事件。FRP 涵盖了灾害发生后所有复杂且不断变化的要求：挽救生命，保护财产，满足人类的基本需求（响应）；恢复受灾地区（恢复）；减轻未来灾害的脆弱性（缓解）。FRP 并没有提供有关于长期重建和再发展的具体做法。

FRP 纳入了 22 个联邦机构和美国红十字会，以协助各州做好灾难准备和响应工作。FRP 还增加了对其他突发事件的应对，如石油和有害物质泄漏的国家应急预案（NCP）和联邦辐射应急响应预案（FRERP）等。

在 FRP 框架下，联邦政府和美国红十字会共同承担如下责任，包括为受害者提供庇护场所、组织食物供给、在指定地点提供急救、收集受害者信息并向受害者家属提供相关信息以及协调紧急救援物资的大量分配。作为 ESF 附件中规定的提供群体关怀的主要机构，美国红十字会负责协调联邦层面的群体关怀，以支持州和地方的群体关怀工作。美国红十字会是 FRP 唯一的非政府组织缔约方。其他非政府组织则正式参与了后来的预案。

虽然，为了应对 2001 年 9 月 11 日的恐怖主义袭击事件，FRP 曾在 2003 年进行了修订，但是需要承认的是，在未来的修订版本中，需要进一步增加包括长期的恢复活动（例如住房）以及应急响应服务等方面的内容。

国家应急响应预案

2003 年，乔治·布什总统通过 HSPD－5，命令国土安全部制订新的国家应急响应预案，调整联邦协调机构、能力和资源，以形成统一的、全方位的、涵盖所有灾害的国内突发事件管理方式。这种方式消除了严重的缝隙，并将预防、准备、响应和恢复等突发事件管理活动紧密联系在一起，以应对恐怖主义、重大自然灾害和其他重大突发事件。

2004 年 12 月，汤姆·里奇部长签发了 NRP，其中描述了如何通过提高突发事件管理的速度、有效性和效率来改善联邦、州、地方和部落组织之间的协调能力，最终达到挽救生命和保护美国社会的目的。

正如前言所述，里奇部长宣称：该预案及其配套协议的实施，需要不同的辖区之间以及各级政府和私人机构之间的广泛合作、协作与信息共享。

NRP 建立在 NIMS 的模板之上，它为所有层级的辖区提供了一个统一的概念性的突发事件管理框架，无论所涉及的突发事件的原因、规模或复杂程度如何。它取代了其他的应急响应预案，它们是：

- 联邦应急响应预案
- 美国政府跨部门间的国内恐怖主义行动预案
- 联邦辐射应急响应预案

NRP 及其协调结构和协议为协调、实施各种突发事件管理与应急响应活动提供了机制（见图 1.2）。NRP 整合了州、地方和联邦的资产和支持，包括在这些协调活动中的联邦对地方、部落和州政府的支持；州政府与非政府组织、私人捐助者和私营部门组织的互动；酌情协调，直接行使联邦当局的职责。

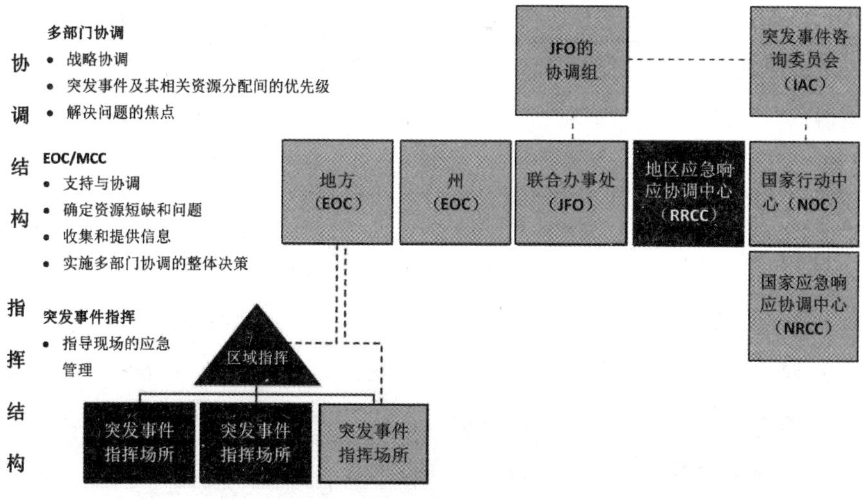

图 1.2　NRP 中的协调和指挥结构

FRP 只强调了应急响应活动，但 NRP 不仅包括了应急响应和恢复，还包括了在卡特里娜飓风之后认识到的对灾后长期恢复活动的需要。NRP 并未被应急管理界视为一个预案，而是为分层级的应急预案框架设定界限。

NRP 还为灾难事件确定了一个新的参考术语——具有国家意义的突发事件——以解决潜在的恐怖行为。在国土安全部部长的授权下，联邦对具有国家意义的突发事件的响应可以包括：

- 联邦部门或机构在其职权范围内进行响应，要求国土安全部提供援助
- 州和地方政府的资源不堪重负
    - 斯塔福德法案所规定的重大灾害或突发事件
    - 其他灾难性事件
- 涉及多个联邦部门或机构
    - 可信的威胁或即将发生恐怖袭击的迹象
    - 与引人注目的大型活动相关的威胁或事件

考虑到其彻底的变化，NRP 包括了自己的实施计划（见图 1.3）。

该计划涵盖了国内突发事件管理的所有活动，包括预防、准备、响应和恢复行动。NRP 侧重于那些与已发生的突发事件或潜在的突发事件直接相关的活动，而不涉及在缺乏特定威胁或危害情况下的应急准备活动。此外，由于具有国家意义的突发事件所造成的影响往往远远超出了事件直接影响区域或初始事件区域范围，因此，NRP 提供了一个能够管理级联效应、多重事件以及后续事件预防和准备的框架。从国家角度来看，突发事件管理行动的例子包括：

- 提高全国公众意识
- 评估潜在恐怖主义活动的趋势
- 提高国家国土安全咨询系统的警告条件，以及协调跨辖区的防护措施
- 提升诸如检查、监管、安全、反间谍和基础设施保护等方面应对措施
- 执行公共健康监管和评估过程，以及在适宜的情况下执行广泛的保护措施，包括但不限于免疫方面
- 提供及时且长期的公共健康和医疗响应资源
- 在突发事件之后，协调联邦向州、地方和部落提供支持
- 为了解决后续事件，提供协调所需的联邦资源的策略
- 在恐怖主义袭击之后，恢复公众信心
- 能够立即开展恢复活动，以及解决受影响区域的长期影响后果

- 第一阶段——过渡期（1 天至 60 天）：这个 60 天的时间框架旨在为部门和机构以及其他组织提供一个过渡期，以便修改培训，指定 NRP 组织要素的人员，并熟悉 NRP 结构、流程和协议。
- 第二阶段——预案修改期（60 天至 120 天）：第二个 60 天的时间框架旨在为联邦各部门和机构提供修改现有的跨机构间预案的机会，以便与 NRP 保持一致并进行必要的培训。
- 第三阶段——初始实施和测试期（120 天至 1 年）：发布 4 个月后，NRP 将全面实施，同时，INRP、FRP、CONPLAN 和 FRERP 将被取代。其他现存的预案仍然有效，但需要修改，与 NRP 保持一致。在此期间，国土安全部（DHS）将根据具有国家重大意义的实际事件（定义见 NRP 第 4 页）、国家级的国土安全演练以及国家特殊安全事件，对 NRP 协调结构、流程和协议实施进行系统评估。这些评估会衡量预案的有效性，以达到国土安全总统指令 5 号令（HSPD－5）中所述的具体目标。在该阶段的最后，DHS 将进行为期 1 年的审查，以评估过程的实施情况，并向部长提出必要的 NRP 修订建议。在初步审查之后，NRP 将开始一个经过深思熟虑的为期 4 年的审查和重新审议周期。

图 1.3 “国家应急响应预案”的三个阶段

2005 年 8 月 30 日，迈克尔·切尔托夫部长在卡特里娜飓风袭击墨西哥湾沿岸的第二天启动了 NRP。通过这样做，切尔托夫部长充当了由法律赋予的领导角色来承担管理这一危机的主要责任。差不多一个月后，在飓风丽塔登陆之前，切尔托夫部长就宣布这场飓风是具有国家意义的突发事件，并在得克萨斯州的海湾地区进行了准备工作。

由于漫长的实施周期，高级别的协调并没有充分实现。当卡特里娜飓风咆哮进入墨西哥湾，然后在路易斯安那州登陆时，这种情况就变得严重了。卡特里娜飓风在墨西哥湾沿岸造成严重破坏。在风暴移至内陆后的许多小时内，由于大堤系统灾难性地损坏而发生洪水，对路易斯安那州的新奥尔良造成了最严重的生命财产损失。

在卡特里娜飓风之后，该预案于 2006 年 5 月 25 日更新。同时指出，这一更新源于 DHS 内部的组织变化以及 2005 年应对卡特里娜飓风、威尔玛飓风和丽塔飓风的响应经验。

国家应急响应框架

发布于 2008 年 1 月，NRF 旨在解决 PKEMRA 需求。它是一个框架，用于指导地方、州和联邦实体，能够让所有的应急响应合作方都做好准备，并且为应对灾难和突发事件提供一个统一的国家级响应。该框架为国内突发事件应对建立了一个全面的、全国性和全危害的方法。正如 DHS 所规定的那样，NRF 提供了指导原则，使所有的应急响应合作方都做好准备，并且为应对灾难和突发事件提供一个统一的国家级响应——从最小的事件到最大的灾难（巨灾）。这个重要的文件为国内突发事件应急响应建立了全面的、全国性和全危害的处理办法。该框架定义了关键原则、作用和结构，这些构成了一个国家在组织应急响应时的方式。它描述了社区、部落、国家、联邦政府、私营部门和非政府组织参与者如何应用这些原则，以实现协调有效的国家应急响应。它还指出了联邦政府发挥更大作用的特殊情况，包括涉及联邦利益的事件以及州需要大量支持的灾难性事件。该框架使现场响应人员、应急决策者和支持实体能够提供统一的国家应急响应。

NRF 的基础是一套关键原则：

合作伙伴——各级领导人必须通过发展共同目标和采取协调一致的方式来进行沟通并积极支持合作伙伴，以便在危机时期不会出现问题。

分级响应——突发事件必须在尽可能低的辖区内进行管理，并在需要时可以得到额外的支援。

可扩展的、灵活的和适应的运作能力——随着突发事件的规模、范围和复杂性的变化，应急响应必须能够适应调整以满足实际要求。

通过统一的指令进行统一指挥——对于应急响应活动来说，有效统一的指挥是必不可少的，同时，它还要求对每个参与应急响应的组织的定位和职责有清晰的认识。

准备采取行动——有效的应急响应需要在准备采取行动与理解相关风险之间进行平衡。从个人、家庭与社区到地方、部落、州和联邦政府，国家应急响应取决于事件属性和行动能力。

由于“具有国家意义的突发事件”这个参考术语通常会带来混淆，所以，NRF 取消了这个术语。

NRF 提出了一个重要概念即准备生命周期，它代表了一个系统的方法来帮助国家建立应对全灾害的能力。准备生命周期（见图 1.4）：

· 介绍国家预案体系

· 确定响应组织

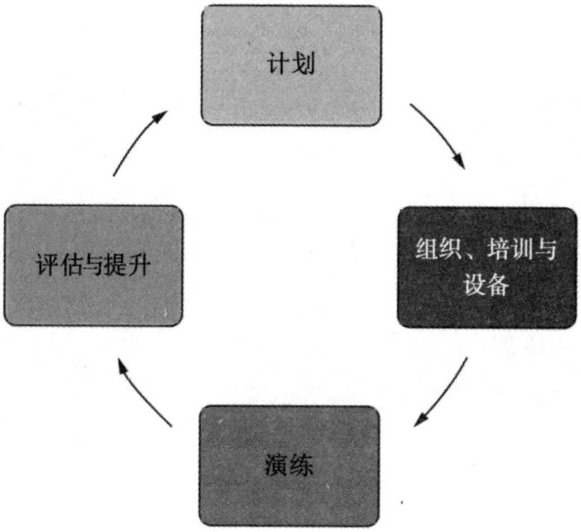

图 1. 4　NRF 的准备生命周期

- 需要培训
- 倡导设备的互通性和分型
- 强调广泛参与演练
- 描述持续评估和改进的过程

NRF 建立了 15 个应急支持功能模块：

- ESF#1——交通
- ESF#2——沟通
- ESF#3——公共工程
- ESF#4——消防
- ESF#5——应急管理
- ESF#6——群体关怀、紧急援助、住房供给和人性化服务
- ESF#7——后勤管理和资源支持
- ESF#8——公共健康和医疗服务
- ESF#9——搜寻和救援
- ESF#10——油和危险物质响应
- ESF#11——农业和自然资源
- ESF#12——能量
- ESF#13——公共安全和保护

· ESF#14——长期的社区恢复
· ESF#15——外部事务

它还包括几个支持附件和突发事件附件，以帮助改善协调：

· 支持附件
    - 重要基础设施和关键资源
    - 财务管理
    - 国际协调
    - 私营部门协调
    - 公共事务
    - 部落关系
    - 志愿者和捐赠管理
    - 工人安全与健康
· 突发事件附件
    - 生物事件
    - 灾难性事件
    - 网络事件
    - 食品和农业事件
    - 大量疏散撤离事件
    - 核辐射事件
    - 恐怖主义执法和调查事件

为了促进对NRF的认识和教育普及，FEMA开发了一个独立学习的免费培训课程IS－800，即NRF简介。FEMA将通过其应急管理学院的在线学习计划，继续开发通用定向的ESF课程以及支持附件和突发事件附件课程。

紧急支持功能

FRP、NRP和NRF将紧急支持功能（ESF）作为一种手段提供给跨部门的员工，以支持国家应急响应协调中心（NRCC）、地区应急响应协调中心（RRCC）和联合办事处（JFO）开展联邦应急响应行动。根据事件性质，ESF的资产部署也可以作为突发事件指挥场所的人员配置的参考。根据NRP，每个ESF的结构都被设计成可以为不断变化的突发事件管理要求提供最佳支持。

在实施 NRP 时，ESF 可能被斯塔福德法案和其他法案所启动（尽管一些具有国家意义的突发事件可能不需要启动 ESF）。ESF 对其他法案情况的支持将通过 NRP 对联邦的支持机制完成，并将根据事件性质不同而有所区别。

在 NRP 内部，每个 ESF 附件确定了 ESF 协调员及其相关的主要支持机构。一些 ESF 包含多个组成部分，为每个组成部分指定主要机构，以确保准备、预防、响应、恢复和缓解活动之间的无缝连接和过渡。具有多个主要机构的 ESF 会指定一个 ESF 协调员，以便进行前期规划和协调。

被指定为 ESF 主要机构的联邦机构会担任联邦协调官员领导下的联邦执行代理人（FCO 或其他法案突发事件的联邦资源协调员），以完成 ESF 任务。当 ESF 被启动以响应具有国家意义的突发事件时，主要机构负责：

- 在其功能范围内为受影响的州统筹安排联邦支持
- 为固定和现场设施提供操作人员
- 通知支持机构并请求协助
- 管理任务分配，与支持机构以及适当的国家机构进行协调
- 与适当的私营部门组织合作，最大限度地利用所有可用的资源
- 支持和协调其他 ESF 并了解 ESF 的业务重点和活动
- 计划短期和长期的突发事件管理和恢复作业

ESF 支持机构

当 ESF 被启动以应对具有国家意义的突发事件时，支持机构负责：

- 当被 DHS 或其他指定的 ESF 主要机构要求支援时，利用他们自己的权力、专家、能力或资源进行应急操作
- 参与短期与长期的突发事件管理和恢复作业的规划，制订操作预案、程序、检查单或其他辅助工作程序，与现有的现场处置人员标准一致
- 协助执行情景评估
- 按照 DHS 或 ESF 主要机构的要求，提供可用的人员、装备或其他资源支持
- 提供周期性的应急准备评估
- 确认所需的新设备或能力，以预防或应对新出现的威胁和危害，或提高解决现有威胁的能力
- 为 DHS 提名新的技术以备其审查和评估，这些技术均具有提高功能领

域效能的潜力

- 提供有关于他们机构所在区域专家的信息或情报

结论

所有级别的政府都具有保护其公民的基本职责。在面临自然灾害、技术或人为危害的时候，保护公众最好的做法是采用一套整体的应急管理系统，该系统通过应急管理的所有阶段，将所有潜在的应急响应参与者集结在一起。

因为技术的持续进步，人为灾害可能会达到一个难以想象的高度。灾害规划的基本过程只是应急过程的一小部分，同样重要的是，要确定谁负责制订或完善社区灾害预案，这些都是本书要讨论的话题。

第二章　脆弱性评估

詹姆斯·皮文布姆和罗恩·费舍尔

2002 年的国土安全法案为整个国土安全使命提供主要的权力。这项法案要求国土安全部（DHS）主要负责制订综合国家应急预案以保护重要基础设施和关键资源（CIKR），并建议“采取必要的措施保护美国的关键资源和重要基础设施”。这个综合预案是国家基础设施保护预案（NIPP），由 DHS 于 2006 年 6 月首次发布。正如 2009 年的 NIPP 中定义的那样，重要基础设施是一些系统和资产，无论是实际的还是虚拟的，它们都是如此重要，一旦失效或遭到破坏都有可能会对联邦、州、地区的安全、经济、公共健康与安全、环境或任何这几个方面造成削弱性影响。关键资源是公共或私人控制的资源，对经济和政府的最低运作至关重要。为了将保护 CIKR 的多方努力纳入国家项目中，NIPP 提供了统一的结构。

国土安全总统 7 号令（HSPD－7）当中的“重要基础设施识别，优先级和保护”条款，为联邦部门和机构识别以及优先考虑美国 CIKR 建立了国家政策，目的是保护其免受恐怖主义袭击。NIPP 提供了执行 HSPD－7 的后续计划。NIPP 呼吁有必要进行风险评估，以遏制威胁、减轻脆弱性，并最大限度地减少影响。

脆弱性评估

脆弱性评估方法通常用来识别那些可以被攻击者利用的任何弱点。攻击者可能会利用这些弱点来获得未经授权的访问或进行资产、设施以及系统破坏。恐怖主义往往是主要的关注点，然而，脆弱性评估可以采取“全危害”的方法。脆弱性可以由如下原因（但不限于）造成：

· 资产、建筑物、场地或系统特征

- 设备属性
- 个人行为
- 运行实践和人员实践
- 安全弱点（实体和网络）

脆弱性评估方法可以用四个评估要素来表征：物理安全、网络安全、运行安全和基础设施的相互依赖关系。接下来，将对每一个要素进行简要介绍。

物理安全评估通常评估已经安装的或计划安装的物理安全系统，包括访问控制、屏障、锁和钥匙、门禁和通行证、入侵检测设备与相关的警报报告和显示、闭路电视（评估和监视）、通信设备（电话、双向无线电、对讲机、手机）、照明（内部和外部）、电源（线路、电池、发电机）、库存控制、张贴标志、安全系统线路和保全人员。通常，这些系统的设计、安装、操作、维护和测试要经过反复的检查。物理安全评估也可能包括对网站装备地点的关键设备或信息资产进行评估，或者对专门用于物理系统运行的网络进行评估。

网络安全评估通常对与组织关键信息系统相关的信息网络安全特性进行评估。这个评估要素可能包括对网络拓扑和连通性的检查、主要信息资产的检查、接口和通信协议的检查、主要软件和硬件组件（特别是那些与信息安全相关的组件，如入侵检测器）的功能和连接的检查以及管理网络安全特性的政策与程序的检查。它还可能包括漏洞的内外部扫描（渗透测试）。

运行安全（OPSEC）是一种系统化的过程，可以阻止潜在的入侵者获取被入侵组织能力和意图的信息。这是通过识别、控制和保护与敏感活动计划以及执行有关的一般性非敏感活动来实现的。OPSEC 通常会审查用于拒绝入侵者获取敏感与不敏感信息的过程和做法，这些信息可能会不恰当地帮助或唆使任何个人或组织对系统运行产生过度影响。OPSEC 应包括对安全培训和意识方案的审查、对人事政策和程序的审查、与主要工作人员的讨论以及对主要设施进行适当的参观。该评估要素还应包括对公众可获取的信息的审查。

基础设施的相互依赖关系是指我们国家重要基础设施内部和重要基础设施之间的物理与电子（网络）的连接（即在十三个重要基础设施行业和五种关键资产内部与之间）。基础设施的相互依赖关系通常识别某一地点内部基础设施之间的连接，以及识别该地点基础设施与外部基础设施之间的连接。识别和分析这些联系的过程需要详细了解每个基础设施的组成部分及其相关的功能或活动是如何依赖于其他基础设施或由其支持的。例如，天然气管道运行的监督控制和数据采集（SCADA）系统依赖于当地电力与电信基础设施才能运行。单独的外部基础设施的失败可能会妨碍 SCADA 系统的运行，从而影响系统内外部的天然气输送。基础设施的相互依赖关系可以创建微妙的交互和反馈机制，这往往会导致意想不到的行为和后果，包括对重要基础设施的潜在破坏。

重要基础设施和关键资源（CIKR）

对 CIKR 的攻击可能会严重破坏政府和企业的运行，并产生远远超出事件目标部门和事件发生地的级联效应（见图 2.1）。直接的恐怖主义袭击和自然、人为的或技术性的危害可能会造成灾难性的损失，包括人员伤亡、财产损失、经济影响以及公众士气和信心的严重破坏。最后，将国家 CIKR 的组成部分本身作为大规模杀伤性武器的袭击目标可能会产生更加具有破坏性的身体和心理的影响。下面将介绍 CIKR 的每个行业。

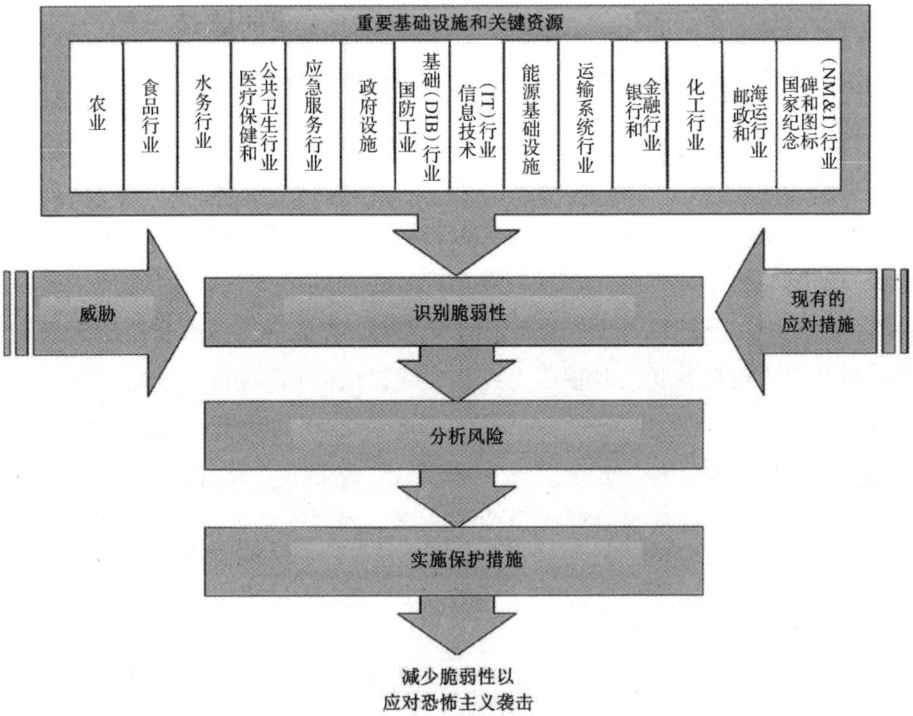

图 2.1 CIKR 的安全保护流程

农业和食品行业

农业和食品行业有能力为公民提供食物与衣服。该行业几乎完全属于私人所有，由约 210 万个农场、880500 家企业和 100 多万个设施组成。该行业活动约占全国经济活动的五分之一，由美国农业部（USDA）、卫生和福利部（HHS）以及食品和药物管理局（FDA）进行监管。

银行和金融行业

银行和金融行业是世界经济的支柱，是由私营实体拥有和运营的大型多元化的产业。在 2007 年，该行业产值占美国国内生产总值的 8% 以上。

化工行业

化工行业是美国经济的一个组成部分，从业人员近 100 万人，每年的收入超过 6370 亿美元。根据生产的最终产品，这个行业产品可以分为五个主要部分：基础化学品、特种化学品、农业化学品、药品和消费品。

商业

与商业设施部门相关的设施按照公众开放的原则运作，这意味着普通公众可以自由通过这些设施，而不会受到非常明显的安全屏障的限制。这个行业的大部分设施都是私人拥有和经营的，与联邦政府和其他监管机构的交互是最低的。

通信行业

通信行业是所有企业、公共安全组织和政府运作的基础，是美国经济不可或缺的组成部分。25 年来，该行业已经从主要的语音服务提供商发展成为一个使用地面、卫星和无线传输系统的多元化、有竞争力和相互关联的行业。这些服务传输相互关联：卫星、无线和有线提供商相互依赖来输送与终止他们的流量，并且公司之间经常共享设施和技术以确保互操作性。大部分通信行业实体都是私人所有，要求国土安全部与私营部门及其行业协会密切合作以确定基础设施，评估风险并确定优先次序，制订保护计划并衡量计划的有效性。

关键制造业

关键制造业对美国的经济繁荣和延续至关重要。美国制造商设计、生产和销售的产品价值超过美国国民生产总值（GDP）的 12.5%，有超过 10% 的国家劳动力从事该行业。直接攻击或破坏制造业的某些要素可能会破坏国家与其他重要基础设施和关键资源行业的基本功能。

水坝行业

水坝行业包括与大坝项目、通航闸门、堤坝、飓风屏障或其他类似的与水有关的资产、系统、网络和功能。水坝行业是国家基础设施的重要和有益的组成部分，并不断创造广泛的经济、环境和社会效益，包括水利发电、水运、供水、野生动物栖息地、废物管理、洪水控制和娱乐活动等。

国防工业基础（DIB）行业

国防工业基础（DIB）行业包括国防部（DoD）、政府和具有军事武器系统、子系统、部件或零件研发、设计能力的能够满足军事需求的全球私营部门工业联合体。DIB 行业包括成千上万的与 DoD 签订合同的公司及其分包商、向国防部提供附加材料和服务的公司以及政府所有的承包商经营的设施。DIB 公司包括国内和国外实体，生产资产位于许多国家。DIB 行业提供动员、部署和维持军事行动至关重要的产品和服务。

应急服务行业

应急服务行业（ESS）是一个具有响应和恢复功能的系统，该系统构成了国家的第一道防线，以预防和减少任何恐怖袭击带来的影响。该系统包含经过培训和测试的人员、预案、冗余系统、与现场处置人员实体签订的在全国范围内提供生命安全及安全服务的条约和协定。现场处置人员实体包括联邦、州、地方、部落和私营合作团体。ESS 集合了如下不同专业的现场处置人员：应急管理、应急医疗服务、消防、有害物质、执法、拆弹小组、战术行动或特种武器突击队和搜救。

能源基础设施

美国的能源基础设施推动了 21 世纪的经济发展。没有稳定的能源供应，健康和福利将受到威胁，美国经济也不能运作。该国 80% 以上的能源基础设施由私营部门所有。能源基础设施分为三个相互关联的部分：电力、石油和天然气。能源行业对管道的依赖突出了与运输行业的相互依赖关系，因为动力对能源行业的依赖意味着几乎所有行业都依赖这个行业。

政府设施

政府设施包括各种各样的位于国内外的建筑物，由联邦、州、地区、地方或部落政府拥有或租用。许多政府设施向公众开放，用于商业活动、商业交易或娱乐活动。其他不公开的设施均包含了高度敏感的信息、材料、程序和设备。这包括一般用途的办公大楼和特殊用途的军事设施、大使馆、法院、国家实验室以及可能容纳重要设备和系统、网络与功能的建筑。

医疗保健和公共卫生行业

医疗保健和公共卫生行业产值约占国民生产总值的 15%，其 85% 左右的资产为私人所有和运营。在发生自然或人为灾害时，美国所有州、地区和部落运营的医疗保健和公共卫生行业在其他行业的应急响应和恢复方面发挥着重要作用。

信息技术（IT）行业

信息技术（IT）行业是国家安全、经济和公共健康与安全的核心。企业、政府、学界和公民越来越依赖 IT 行业的功能。这些虚拟和分布式的功能创造并提供硬件、软件、IT 系统与服务，并与通信行业协作。IT 行业由多个实体——通常指所有者和运营商以及各自的联盟——联合运营，负责维护和重建网络，包括维护和重建互联网。互联网包含了使用通用协议的分组网络和数据库的全球性的基础设施。网络通过各种传输协议连接。这些网络和服务的可用性是 IT 和通信行业的共同责任。国土安全部是 IT 行业的指定监管部门。

国家纪念碑和图标（NM&I）行业

国家纪念碑和图标（NM&I）行业包括遍布美国及其领土的各种各样的资产。虽然这些资产中的许多资产都被列入“国家历史遗迹名录”或“国家历史地标列表”，但它们都具有三个共同的特征：它们是纪念碑、是物理结构、是物体或地理场所；它们被广泛地认为能够代表国家的遗产、传统或价值观，或被广泛地认为能够代表重要的民族文化、宗教、历史或政治意义；其主要目的是纪念或代表国家遗产、传统或价值观的某些重要方面，并为爱好历史的参观者和教育活动服务。NM&I 行业的资产都是物理结构，是物体或地理场所。作为每种资产的一部分，运营资产和参观资产的人均有可能在资产遭到攻击时受到影响。由于资产的性质，这个行业的网络和电信问题最少。

核反应堆、材料和废料行业

核电占全国用电量的大约 20%，由全美境内 104 个拥有许可的商业核反应堆供应。核反应堆、材料和废料行业包括：核电站；非动力的核反应堆研究、测试和培训机构；用于医疗、工业和学术研究的核材料；核燃料制造设备；反应堆拆除以及核材料和废料的运输、储存与处置。

邮政和海运行业

邮政和海运行业是美国经济不可分割的组成部分，从业者超过 180 万人，每年的直接收入超过了 2130 亿美元。邮政和海运行业每天传递超过 7.2 亿条信息。邮政和海运业务与一般货运业务有所不同，因为它的业务对象主要是中小型包裹，由数百万寄件人寄送到近 1.5 亿个目的地。该行业高度集中，少数供应商占有约 94% 的市场份额。

运输系统行业

国内运输系统迅速、安全、有保障地将人员和货物运送到国内外。运输系统行业有六个关键的部分或模式：航空、公路、海运、公共交通、管道系统和铁路。

水务行业

国土安全总统 7 号令（HSPD－7）指定环境保护局（EPA）作为水务行业重要基础设施保护活动的联邦牵头机构。所有的活动都是在 DHS 和 EPA 水务部门协商下进行的。

脆弱性评估方法

威胁分析方法作为脆弱性评估方法的一部分，有不同的种类。这些威胁分析方法可以归纳为两大类：基于资产的方法和基于情景的方法。如果遭到袭击，基于资产的方法用来检查袭击对个人资产（例如，装货码头、大厅）的影响，而基于情景的方法则考虑了多个潜在的特定事件序列（例如，损坏或破坏建筑物）。

脆弱性评估方法可以使用如下一种或多种方法：检查单、简单评级、风险矩阵或风险方程。在某些情况下，一种方法可能是整合了多种方法要素的混合方法，或者存在多种可用的方法供评审员使用。接下来将分别介绍每种方法。

检查单

基于检查单的脆弱性评估方法是最简单的方法。它们由一个问题清单或标准清单构成，评审委员会根据这些清单比较所评估的设备或资产的特性。检查单可以根据不同的评估元素进行分组（例如，物理安全、网络安全、运行安全和基础设施的相互依赖关系）。问题的答案可能是简单的“是”或“否”。通常，如果问题的答案是“否”或不符合标准，那么将会提出建议措施。检查单方法的一个例子是小型饮用水系统安全脆弱性自我评估指南。根据该方法，可通过回答针对每个关注点的问题来对饮用水系统进行评估：安全保护、水资源保护、污水净化厂保护、有害物质防护、分配站保护、员工控制保护、信息或网络控制保护以及公共关系信息控制保护。表 2.1 给出防护了自我评估指南中的检查单示例。

表 2.1 小型饮用水系统安全脆弱性自我评估指南的检查单示例

类别	问题举例
一般安全	设施是否装有围栏，包括井室和泵坑，并在适当的地方锁上大门？
水源	水井的通风孔和盖子是否已经被屏蔽并牢固连接？
污水处理厂和供应商	能将储水塔与系统的其他部分隔离开来吗？
分配站	能控制消防栓和阀门的使用吗？
员工	你的员工是否发放了带照片的身份识别卡？
信息存储/计算机/控制/地图	计算机访问“密码保护”或地图、记录和其他信息是否被存储在安全的地点？
公共关系	你的水系统是否有处理公众信息和限制敏感信息扩散的程序？

一个方法通常是以文件形式呈现的系统过程，被专业小组或普通员工所使用以实施风险评估，或资产和设施的脆弱性评估。基于这样的理解，某些其他形式的工具或指南文件并未包含在本书之中。指南文件可能会介绍脆弱性评估的目标和范围、风险或安全评估的一般性讨论；可能会为各类设施或资产提供典型的安全措施或标准；可能会为各类脆弱性资产概述潜在的缓解措施。然而，它们不会提供逐步的系统化的程序文件以实施脆弱性评估；不会包括必要的具体评估技术（例如，检查单、比例范围、矩阵分类或定量方程）。还有一些评估工具，它们可以用来支持脆弱性评估，但是，它们本身并不属于评估方法范畴。这些工具可能是用来存储和处理数据或预测影响严重性的软件平台。

简单评级

为了确定资产脆弱性的潜在整改措施的优先次序，许多脆弱性评估方法会采用如下方式来实现，即定义一系列可测量的标准，并根据每个标准对每种资产进行评级，再采用定性或定量的方法将单个评级联合起来。一个简单的、被广泛采用的评级方法的例子就是由特种部队开发并使用的目标分析过程。这个被称为 CARVER 的分析过程已经被改编，并作为许多脆弱性评估方法的一部分被采用。CARVER 是一个首字母缩略词，它代表了关键性（criticality）、可达性（accessibility）、可恢复性（recoverability）、脆弱性（vulnerability）、有效性（effect）和可识别性（recognizability）。该缩略词当中的每个要素都有一个相关的数值范围，并且在每个要素上对每种资产（即潜在的目标）进行评分。关键资产的等级次序是根据整个 CARVER 分数（该分数是每个要素分数的总和）来建立的。为了确定脆弱性的重要或潜在整改措施的优先顺序，其他“评级和权重”方法也被用来提供一个合理的和一致的基本原则。

风险矩阵

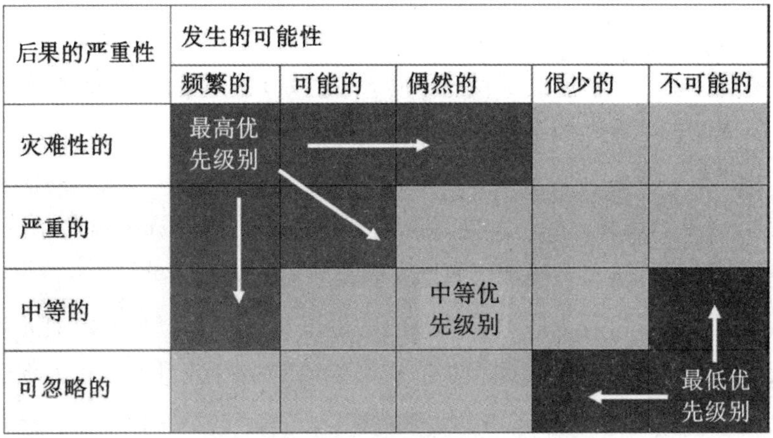

图 2.2　风险矩阵示意图

风险矩阵通常用来处理脆弱性评估结果，对资产、网站进行分类，或对所评估的系统进行风险评级。据此，适当的保护和缓解措施可以被实施。图 2.2 展示了典型的风险矩阵，它表达了风险是事件严重性（即后果的严重性）

和事件发生可能性的函数的概念。可能性通常由目标资产的吸引力、威胁程度和脆弱性程度来确定。

如图2.2所示，为了缓解风险，具有最大发生可能性（即频繁的）并且会导致最严重后果（即灾难性的）的资产脆弱性，其降低措施和资产保护措施的实施具有最高的优先级别。类似地，具有最小发生可能性（即不可能的）并且会导致最轻微后果（即可忽略的）的资产脆弱性，其缓解措施的优先级最低。许多该方法的变体（即具有不同的严重性和可能性等级以及对这些等级的相关定义）被用来帮助解决最高优先级的风险。

风险方程

有些方法寻找一种能够对可供选择的措施进行比较的量度。这样的量度能够用来对措施进行等级排序。一种用来计算风险值的方法就是令风险为受攻击可能性、系统有效性和后果的函数。简单的风险表达式定义如下：

$$Risk = R = P_A \times (1 - P_E) \times C$$

其中，

P_A = 发生的可能性（攻击）

P_E = 系统有效性［则 $(1 - P_E)$ = 系统无效性］

C = 后果值

在某些方法中，后果值是直接赋值的，例如，一个低值、中等值或高值。类似地，发生的可能性和系统有效性也可以联合起来赋值，例如，一个低值、中等值或高值。最后，为了计算风险值，可以将低值、中等值和高值分别赋值为0.1、0.5和0.9，并将这些值带入方程中，从而计算出风险值。或者，通过建立可能性和后果值的数学模型来获得它们的数值结果。

其他变量要求将若干后果及其相应的量度具体化（例如，以美元计的经济损失、以小时计的持续时间损失、受影响的消费者数量、死亡人数和患病人数）。这些必须以某种形式组合起来形成一个单一的后果值量度。这可以通过如下方式来达到，即考虑所有的变量，并简单地为每个变量赋予一个单一的量度来最终表示这些变量的组合量度（例如，“高”经济损失、“中等”损失持续时间以及受“低”影响旅客数量，那么最终的组合量度可能为“中等”）。

某些人倡导用一种更全面的方法，即仔细考虑每个量度的范围，并对它们赋“权重”值，这些权重用来构建计算每个措施的组合量度（或措施集量度）的函数。有时，该函数又被称作“效用函数”。在该方法中，风险的量度是一个“效用值”，并且“高值”结果好于“低值”结果。因此，根据定义，产生最大期望效用的措施组合是最理想的（最好的）。

所需专家

为了进行脆弱性评估，通常需要一个专家小组对评估设施进行实地参观，以确定关键资产的脆弱性，这样做的原因是预期的结果可能会由它们的物理破坏或损坏所决定。根据评估的目标和范围，VA（脆弱性评估）小组可能会包括如下类型的专家（这些是 DHS 在审查或执行脆弱性评估过程当中在设施现场参观时所启用的典型专家）：

物理安全专家，他们致力于设施的物理安全，包括访问控制、屏障、锁和钥匙、门禁和通行证、入侵检测设备与相关的警报报告和显示、闭路电视（评估和监测）、通信设备（电话、双向无线电、对讲机、手机）、照明（内部和外部）、登记、安全系统线路以及保全人员的评估。

爆炸性军械处理（EOD）专家，他们负责检查和评估各种涉及爆炸性设备的关键资产的脆弱性评估，包括车载爆炸物和小负荷爆炸物的脆弱性评估。

特别行动部队或攻击策划专家，他们致力于研究最可能的攻击方法中所采用的恐怖主义策略，包括物理安全脆弱性（例如，围墙或闭路电视缺陷）和外围的监测或定位脆弱性（例如，采取秘密行动的掩护区域和使用远射程武器的位置）。

基础设施系统专家，他们计算与设施有关的资产损失，以及与特定基础设施相关的设施损失。

相互依赖关系专家，他们评估设施对外部基础设施的依赖性，如电力、水（饮用和处理）和废水、天然气、蒸汽、石油产品、通信、运输（例如，公路、铁路和海运）以及银行和金融。

运行安全专家，他们评估人力资源安全流程、设施工程、设施运行、组织管理、通信和信息技术、公开发布信息以及垃圾和废物处理。

情报业务专家，他们与地方执法部门和情报或安全人员合作，以确定在当地是否存在对设施攻击感兴趣的潜在的恐怖主义分子或犯罪元素。

风险管理步骤概要

本小节介绍了能源部、国土安全部和私营部门所采用的风险管理流程。表2.2提供了在一个综合的、基于资产的脆弱性评估方法中所采用的典型步骤的概览。这包括了应对措施（为了减少或消除脆弱性所采取的行动）和风险管理。本概要中所介绍的方法或多或少都涉及了这些步骤的部分或全部。

以下各小节将详细介绍风险管理流程的步骤。在适当的情况下，这些步骤会包括用于指导实施风险管理项目的问题检查单。

表2.2　通用脆弱性评估流程

步骤	描述	注意事项
1	确定关键资产及其损失的影响	· 确定设施的关键功能 · 确定哪些资产执行或支持关键功能 · 评估每个关键资产遭到破坏或遭受损失后对设施关键功能的影响
2	确定由什么来保护和支持关键资产	· 确定保护每种资产的物理安全系统的组件（例如，建筑物围界、入侵检测） · 识别支持每种资产运行关键的内外部基础设施（例如，电力、石油燃料、天然气、电信、交通运输、水、应急服务、计算机系统、空气处理系统、消防系统和SCADA系统） · 识别必须接受保护的设施及其运行的敏感信息
3	识别和描述威胁	· 收集威胁信息并确定威胁类别和潜在的对手 · 确定可能由威胁或对手所造成的与威胁相关的不利事件的类型 · 根据历史信息，评估每个威胁相关的不利事件发生的频率或可能性 · 评估每个威胁相关的不利事件对每个关键资产的威胁程度
4	确定和分析脆弱性	· 确定每个威胁或对手可能会暴露出的每种资产的潜在脆弱性 · 确定现有的旨在保护关键资产的措施，并评估其在降低脆弱性方面的有效性（步骤2是该活动的起点） · 评估每个威胁或对手对每种资产造成的脆弱性程度
5	评估风险并确定资产保护的优先顺序	· 通过考虑现有的保护措施及相关的有效程度来评估每个威胁或对手对每个关键资产的影响 · 根据对每种资产的预期影响，确定设施的相关风险程度（正如步骤1所评估的那样：由于关键资产的中断或损失对设施的关键功能所造成的影响）和成功攻击的可能性（正如步骤3所评估的那样：威胁或对手所造成的威胁，以及正如步骤4所评估的那样：资产的脆弱性程度） · 根据相关的风险程度和成功攻击的可能性的整体评估来对风险进行优先排序

续表

步骤	描述	注意事项
6	确定缓解措施、成本和取舍	· 确定潜在的缓解方案，以进一步降低脆弱性，从而降低风险 · 确定这些缓解措施的功能和有效性 · 确定缓解措施的成本 · 对各种措施进行成本效益分析和取舍分析 · 为了实施各种措施，需要对替代办法进行优先排序，并为决策者提出建议

第 1 步：确定关键资产及其损失的影响

为有效地应用风险管理方法来评估缓解措施和安全建议措施，对已识别出的脆弱性的潜在影响（包括经济影响）进行评估以及提出相关的安全考虑是非常必要的。由于安全失效造成的停电可能会降低能源设施的信誉，并且可能会置社区于经济损失甚至是生命财产损失的风险之中。

另外，现代能源设施的通信和计算机网络已经与公共网络和私人网络建立了许多外部连接。这些连接用来与消费者进行沟通并提供新的电子服务，例如网上账单和支付。网络安全应该成为主要关注的问题，特别是在互联网环境下使用的网络。在这种情况下，可能需要开发 IT 安全构架。

可能的关键资产包括人、设备、材料、信息、装备和对组织或设施有积极意义的活动。人包括能源设施的执行官和经理、保全人员、承包商和供应商以及现场人员。设备包括车辆和其他交通设备、维修设备、运行设备、安全设备以及 IT 设备（计算机和服务器）。材料包括工具、备用零件和专门供应的材料。信息包括员工记录、安全计划、资产列表、知识产权、专利、工程制图和规范、财务数据以及运行、能量和应急流程。除了构成能源基础设施本身运行的设备之外，运行设备还包括总部办公室、现场办公室、培训中心、承包商装备以及测试、研发实验室。活动包括人和财产的调动、培训项目、通信和网络、谈判以及技术研究和发展。

能源设施行业、地方政府和能源行业协会对识别资产、资产损失的影响、脆弱性、威胁和风险缓解措施负有责任。能源设施行业与地方、州和联邦机构以及与能源行业协会之间的协作对该过程的实施是至关重要的。

能源设施行业需要识别出设施的关键功能，并确定哪些物理和网络资产执行或支持这些关键功能。识别出的关键资产应该与每个设施的整体运行相关。潜在的资产包括变电所、输电线路、管道、关键阀门、发电厂、泵站、城市门站、压缩机站、存储装备、互联网、能源控制中心、能源管理系统（EMS）、SCADA 系统、远程监测和控制装置（远程终端装置 RTU）、连接 RTU 和能源控制中心的通信系统、特定的备份系统以及电子商务功能。他们应该评估能源设施的关键功能遭到破坏或遭受损失后的后果和影响，并在此基础上对关键资产进行优先级排序。

并不是所有的资产都会获得相同水平的保护措施。降低资产风险的成本相对于总体价值来说必须是合理的。然而，价值并不总是需要用美元来衡量。潜在的损失可以用人员生命损失或者对地方或州的经济影响来衡量。

设计出来的第一组问题用来指导识别能源设施关键功能，识别出执行或支持该功能的资产，以及评估这些关键资产遭到破坏或遭受损失的潜在后果。

临界标准（功能和资产）

- 在能源设施或它的远程端有哪些任务活动？
- 在能源设施或它的远程端有哪些关键或有价值的设备？
- 关键资产处于什么地方？
- 在评估资产时，是否考虑了人员、装备和运行？
- 互联网和系统架构（例如，SCADA 系统、商务邮件系统和电子商务系统）是否有完整的证明文件材料？

临界标准（损失的影响）

- 如果对手取得了某种资产的控制权，那么能源设施将会损失什么？
- 如果某种资产遭到破坏，那么预期的影响是什么？
- 一旦对手拥有了某种资产，那么该资产对能源设施是否还有价值？
- 资产损失对地方的直接和重要的影响有哪些？
- 资产损失对人的生命以及国家或地方安全有哪些影响？
- 资产损失对能源设施和地方社区的财务影响有哪些？

临界标准（资产价值）

- 有没有能力来减少资产损失？
- 由于资产损失，可能出现的级联效应（例如，针对其他相互关联的基础设施或行业）是什么？
- 是否需要考虑任何与资产损失有关的特殊情景，例如，医院的等级、生命支持系统或依靠资产支持的能源基础设施所提供的应急服务？

· 可能的灾难性（例如，大规模杀伤性武器的影响）是什么？
· 开发资产的成本是多少？
· 能源设施需要延长修复资产的周期吗？
· 与其他关键资产相比，资产保护的需要是怎样的？

与能源设施运行相关的关键资产一经识别和定性，就必须开展影响评估以描述发生不良事件时的损失后果。影响的程度应该通过采用相对影响或具有一致评级量表的临界评级的方式来进行定量（评级标准量表的例子见步骤5）。然后，这些资产可以按照关键程度来排序。

第2步：确定由什么来保护和支持关键资产

为了评估威胁或对手对资产所造成的脆弱性，必须弄清楚由物理安全系统所提供的现行的关键资产保护措施和关键资产对内外部基础设施的依赖程度。另外，必须识别出运行过程和其他的敏感信息（一旦为对手所获得，可能会危害关键资产），这是因为可获得性也会影响资产的脆弱性。

物理安全系统。物理安全系统用来保护能源设施及其资产免受未授权的个人或外部力量的攻击。这类系统通常包括建筑物围界、入侵检测。

基础设施的相互依赖关系。现今的能源设施依赖于多种基础设施来支持它们的关键功能和资产。这些基础设施的相互依赖关系必须被确定下来，同时，为了保护和备份这些基础设施，已采取的安全措施的充分性也必须经过评估。一般来说，这些支持性的基础设施包括：

· 电力供应和分配
· 石油燃料供应和存储
· 天然气供应
· 通信
· 交通运输（公路、铁路、航空和水路）
· 水和废水
· 应急服务（消防、警察以及医疗急救）
· 计算机和服务器
· 加热、通风和空调（HVAC）系统
· 灭火和消防系统

- SCADA 系统

电力供应和分配基础设施包括地方电力配电设施、发电设备、由天然气或石油燃料驱动的备用发电机、不间断电源（UPS）以及相关的开关和配电硬件。石油燃料供应和存储包括现场存储与地方供应商、存储终端以及整个石油工业。通信基础设施包括商业电话、光纤、卫星网络和无线电设备、电话、微波以及光纤通道。计算机和服务器、HVAC 系统、灭火和消防系统以及 SCADA 系统由能源设施操作，依赖其他基础设施，如通信、电力供应和分配、石油燃料供应和存储、天然气供应、水和废水以及应急服务。

敏感信息。运行程序和其他敏感信息泄露之后可能会危害能源设施及其资产，所以，保护运行程序和其他敏感信息是 OPSEC 项目的目标。OPSEC 项目采用诸如雇员背景调查、废物处理程序、电话政策和计算机安全等工具来进行保护，以防止工业间谍和对资产与功能的蓄意破坏。

第二组问题设计的初衷是为了指导识别过程，包括对现有的保护关键资产的物理安全系统组件的识别、支持关键资产的重要基础设施系统的识别以及必须受到保护的以避免对关键资产造成伤害的运行程序和敏感信息的识别。

能源设施和关键资产保护（物理资产）

- 哪个部门或个人对安全负有全部责任，或者是多个部门或人员在承担各自的其他责任的同时共同承担安全责任？
- 用什么围界（例如，栅栏、门、车辆拦障）来保护能源设施的完整性和个人的关键资产，以及它们能提供什么等级的保护？
- 用什么建筑物围界（例如，围墙、屋顶或天花板、窗户、门、锁）来保护每个关键资产，以及它们能提供什么等级的保护？
- 用来保护每个关键资产的入侵检测系统状态如何（例如，入侵传感器、报警部署、报警评估、报警维护），以及它们能提供什么等级的保护？
- 用来保护每个关键资产的访问控制状态如何（例如，人员访问、车辆访问、违禁物检测、访问点照明），以及它们能提供什么等级的保护？
- 用来保护每个关键资产（例如，数量、培训、军备、通信）的安全人员（保护部队和适当的地方执法机构均包括在内）的性质如何，以及它们能提供什么等级的保护？

- 需要预防何种类型的不良事件（例如，秘密强行进入、技术植入、窃取敏感信息或材料）？
- 在一天当中的什么时段以及在什么条件下，物理安全系统的各个部分是有效的？
- 物理安全系统的各个部分在哪些领域提供保护？
- 物理安全系统的各个部分的报告故障历史是怎样的？
- 物理安全系统各个部分的有效性与可能表明系统受到攻击的安全事件报告之间的关联是什么？
- 是否与地方政府及其部门（例如，警察、消防、紧急医疗服务以及市政工程）建立了联系和工作关系？

能源设施和关键资产保护（基础设施的相互依赖性）

- 哪种基础设施（内外部）对于某个关键资产能够执行其关键功能是必要的？
- 对于每项关键资产来说，什么样外部实体或内部部门和设备是必要基础设施的常规的供应商，以及每个基础设施与每种资产是如何联系的（例如，电线的类型和电路、管道和电缆）？
- 如果常规的必要基础设施供应商遭到破坏，还有什么可用的替代品（例如，冗余系统、其他可供选择的供应商、备份系统和变通措施计划），以及替代品能够为资产的关键功能提供多久的支持？
- 对存在相互依赖关系的外部基础设施的可能影响是什么（即对能源、通信、交通运输、水和废水、银行和金融、应急服务以及政府服务基础设施的影响）？

能源设施和关键资产保护（敏感信息）

- 什么类型的与能源设施及其资产和运行相关的信息应该被认为是关键或敏感信息？
- 敏感信息可能通过什么途径和方法落入敌人之手，如通过不满的员工、设施的公共入口、外部施工、维修和维护的承包商、媒体接触、简报和报告、公共证词、互联网信息、废弃的纸张和材料、通信系统窃听以及网络（计算机）攻击？

- 现有的用来保护敏感信息的政策和流程是什么，如员工背景调查、惩戒程序、安全培训、废物处理流程、纸质废物处理流程、回收材料处理流程、垃圾站控制、电话政策以及计算机安全？

一旦能源设施确定了现有的物理保护措施，就应该与相关的地方政府和执法机构合作，以确保所期望的保护和响应水平会实现。同时，也应该同重要的外部基础设施供应商进行合作以保证所依赖的系统稳健性和冗余性能够持续下去。这些协作的目标就是确保响应和恢复的作用能够被所有人理解，以便当出现问题的时候，快速和有效的措施能够被实施和执行。

另外，地方和州政府能够帮助能源设施开展基础设施修复活动。潜在的支持可来自多个领域，如维护关键备件、协助特种设备、与应急通信频率合作、确保维修人员和所需设备能够容易进入遭破坏的地点、与其他能源设施供应商制订互助计划以及提供临时的工作人员。

能源设施行业也应该能够与地方和州政府一致，以保证未来在公共网站、新闻发布或听证会中与设施及其资产和运行相关的关键信息不会泄露给公众。

第 3 步：识别和描述威胁

为了能够在定量风险评估中应用与能源设施关键资产相关的信息，必须对潜在的威胁和对手进行识别与定量。该部分提供的一组问题可以作为评估能源设施可能会面对的威胁环境的指导，以及作为对每个关键资产建立定性或定量威胁评级的指导。威胁评级的目的是从对手的角度理解对手的能力和收集关键信息的意图。

联邦机构（例如，能源部和联邦调查局）、州政府和能源行业协会都在收集威胁信息。为了尽可能地获取最全面和最新的威胁信息，该类信息应该在这些团体当中共享，并且与地方的能源设施之间进行分享。另外，对能源设施的威胁可能会影响州和地方的资产。州和地方政府已经接入了执法和情报部门的数据。连同能源行业协会和能源设施行业收集到的信息一起，该类信息应该被整合起来并共享。

第三组问题用来识别和评估能源设施可能会面对的威胁环境。

对手的意图和能力：

- 预计会有什么样的对手？
- 谁是特定的预期对手？

- 每个对手的目的和目标是什么？
- 每个特定的对手了解的关键资产有哪些？
- 为了策划一起攻击，是否每个特定的对手都对资产有足够的了解？
- 可以被对手采用的可能的攻击模式（例如，由汽车、卡车、船、铁路、邮件、个人或远程武器携带的炸弹或燃烧弹；破坏设备或操作；由轻装或全副武装的个人攻击者或团队攻击者发动的攻击；信息、材料或设备的窃取、修改或泄露；化学、生物或核材料污染物；网络攻击）有哪些？
- 是否还有其他低风险的办法可供特定的对手所使用来实现其目的？
- 对手选择某种方法进行攻击的可能性有多大？
- 有什么特定的事件可能激起某个特定的对手采取行动？

与潜在的威胁和对手相关的信息能够通过如下途径收集起来：

- 参加威胁分析工作组，该工作组包括地方政府、县级政府、州政府、联邦机构、军队和其他的行业合作伙伴
- 获得来自国家基础设施保护中心（NIPC）、分析服务有限公司（ANSER）、卡内基梅隆大学 CERT 或其他信息系统的安全警告通知
- 启动获取来自现场的实时信息的程序（例如，值班办公室、公民邻里守望互助计划、本地商业、其他在该区域的工作组）
- 地方政府和联邦机构安排的威胁简报
- 执行历史安全事件（计划内的和实际发生的均包含在内）的趋势分析
- 根据威胁分析工作组的数据来创造可能的威胁情景，并执行相关的安全演练

第 4 步：确定和分析脆弱性

除了识别能源设施的关键资产、它们遭到破坏后的影响、现有提供保护的措施和潜在的威胁外，在面临潜在威胁时资产的脆弱性必须被定量，至少在某种程度上，要确定资产的所有风险。

有不同类型的脆弱性，如物理的、技术的或网络的以及运行的脆弱性。一个能源设施，包括围界（栅栏、围墙、大门、地形、排水沟、隧道、停车场、警报），复合区域监控（闭路电视、运动检测器、灯光），建筑物围界（围墙、屋顶、窗户、门、装卸码头、屏蔽室、访问控制、报警）以及建筑物

内部（门、锁、保险箱、通风孔、入侵传感器、运动检测器），会受到物理脆弱性的影响。电子设备，如声学设备、安全电话、计算机和计算机网络以及无线电设备，会受到技术或网络脆弱性的影响。保卫力量、人员程序以及运行程序均会受到运行脆弱性的影响。

包括任何在步骤 2 中识别出来的现有保护措施，资产的各种特性都可能会影响它们对攻击的敏感性。因此，当识别出敏感性时，必须考虑资产的各种特性。这些资产特性包括：建筑设计；设备性质；人员行为；人员、设备和建筑位置；以及运行和人员实践。

能源设施和地方政府都应该进行脆弱性识别和分析。能源设施必须分析其物理和网络系统的脆弱性。地方政府应该协调能源基础设施（用来支持政府和团体的运行和资产）的脆弱性管理，包括个人的能源设施。

第四套问题用来评估关键能源基础设施资产在面对潜在威胁时的脆弱性，为每种资产建立定性或定量的脆弱性评级。

能源设施和关键资产脆弱性：

- 如果面对使用了现成的武器（枪、常规弹药、简单炸药）的物理攻击，每个关键资产的敏感度如何？
- 如果面对使用了难以获取的武器（突击步枪、爆炸弹药、火箭发射器、飞机、复杂爆炸物）的物理攻击，每个关键资产的敏感度如何？
- 面对从内部的物理攻击，每个关键资产的敏感度如何？
- 是否有任何未被保护的关键资产？如果有，描述这些资产
- 是否有任何接受了最低限度保护的关键资产？如果有，描述这些资产
- 面对网络攻击，每个关键资产的敏感度如何？

第 5 步：评估风险并确定资产保护的优先顺序

对于前四个步骤中识别出来的评级标准（用损失或破坏影响来表征的资产临界性、威胁描述以及资产脆弱性），必须开发相应的评级标准量表。标准开发的概念将用下面通用的例子来表述。那些实际执行的评估应该定义合适的评级量表。

使用分配给每种资产组合特性（指的是资产危险度、威胁性和脆弱性的组合特性）的单独评级值，可以在一起或多起由已经识别出的对手发起的攻

击而引发的不良事件或影响中为每项资产建立起相对风险度或风险等级。通常，采用一种包含了三个评级标准的方法来获得风险等级：

风险等级 = 影响等级 × 威胁等级 × 脆弱等级

必须制订一个额外的量表，从定量风险评级的角度确定一个定性的总体风险等级。风险评级或风险等级用来对安全促进措施选择和实施的资产进行优先级排序，以在可接受的成本下达到一个可接受的总体风险水平。

当开发和使用评级标准时，需要考虑如下几点：

- 专家的建议和观点应该记录在案，评估小组应该能够反映出各种不同的观点，并且应该对一组优先事项达成一致意见
- 信息应该以合适的形式呈现出来（例如，表格、矩阵或电子表格）
- 假设应该记录在案

接下来，将用一套表格的形式来展示一个通用的可能的量表例子，以说明标准开发的概念。这些简单的表格用来为每项关键资产建立定性或定量的危险、威胁度和脆弱性评级。

资产影响/危险评级标准

在风险管理过程第一步中识别出的每项关键资产均被分配一个影响评级值，该值用以反映与被评估的能源设施或与其他组织持续运行相关的资产损失或破坏的重要性或危险性程度。在表 2.3 中，采用了一个定量的危险评级量表，其范围为 0%—100%，对应着定性的危险等级是危险、高、中和低。

威胁评级标准

在步骤 3 中识别出来的能源设施或其他组织的资产，其各种不同的潜在威胁均被分配了一个威胁等级值用以反映威胁的程度。在表 2.4 中，采用了一个定量的威胁评级量表，其范围为 0%—100%，对应着定性的威胁等级是危险、高、中和低。

脆弱性评级标准

在步骤 2 中识别出的以资产保护措施形式表达的资产脆弱性，均被分配了一个脆弱性评级值，其反映了针对步骤 3 中识别出的威胁程度以及资产获得了何种程度的保护。在表 2.5 中，采用了一个定量的脆弱性评级量表，其范围为 0%—100%，对应着定性的脆弱性等级是危险、高、中和低。

表2.3　资产影响/危险评级标准

危险等级	描述	评级范围（%）
危险	表示资产的破坏可能会产生重大后果，导致生命损失或人员重伤以及能源设施运行中断。危险也可用货币价值或某些其他的量度来衡量。	75—100
高	表示资产的破坏可能会产生严重后果，可能会破坏能源设施的持续运行。	50—75
中	表示资产的破坏可能会产生中等后果，会在有限时间内破坏能源设施的运行。	25—50
低	表示对人员生命或能源设施的持续运行有很小或没有影响。	1—25

表2.4　威胁评级标准

危险等级	描述	评级范围（%）
危险	表示存在确切的资产威胁与有能力和意图发动一起攻击的对手，以及主体或类似资产会成为频繁遭受打击的目标。	75—100
高	表示基于对手能力和攻击资产意图的了解，以及根据发生在类似资产或类似情景中的相关事件的了解，存在可信的资产威胁。	50—75
中	表示根据对对手破坏资产意愿的了解，以及依据对手可能从某些相关事件中展现能力的第三方获得能力的可能性，存在可能的资产威胁。	25—50
低	表示有很少或没有能力、意图的可信证据，以及没有真实发生过的资产威胁。	1—25

表2.5　脆弱性评级标准

危险等级	描述	评级范围（%）
危险	表示目前没有有效的保护措施，对手可能会破坏关键资产。	75—100
高	表示虽然目前采取了某些保护措施，但是仍然存在多个弱点，通过这些弱点对手可能会破坏资产。	50—75
中	表示目前有有效的保护措施，但是存在某个可能会被对手利用的弱点。	25—50
低	表示存在多种有效的保护措施，基本上没有对手能够对资产进行破坏。	1—25

第6步：确定缓解措施、成本和取舍

风险管理的终极目标是选择和实施安全改进措施，在可接受的成本下，以达到一个可接受的风险水平。风险管理过程的第5步通过风险评级或风险等级，对资产和威胁的组合进行优先级排序。以此类推，这也帮助确定了哪里最需要保护措施。

在本步骤中，确定了潜在的免于威胁的保护措施，建立了特别的项目以确保合适的保护措施能够实施到位，以及确定了保证保护措施实施到位所需的合适的机构和工作机制。能够处理多于一个威胁或不利事件的保护措施应该给予特别的注意。

目前，有多种保护措施开发的方法。通过增强物理安全，保护措施能够减少由于攻击所引发的失效的可能性。无论失效的原因如何，保护措施也可以被用来避免或限制失效的后果，或加快失效恢复的速度。

来源于脆弱性概览和分析项目的最佳实践以及经验教训提供了一些通用的行动、活动和建议措施，它们能够帮助确定合适的、潜在的缓解措施。其中的一些列出如下：

- 近年来，IT业的趋势是将越来越多的功能外包出去，自从2001年的9·11事件之后，外包业务又变得没那么受欢迎了，如果可能的话，网络安全应该作为企业的一项功能而保留，而不应该让它成为承包商的功能
- 应该在IT网络路由器和防火墙上启用日志记录和报告，以便更好地理解用户访问和远程系统的交互
- 敏感和机密的文件不应该放到网络上，应该采取合适的文件审查、分类和访问控制措施，这个做法也应该应用到新闻、媒体网站和其他相关网站上的文件与其他信息上
- 安全措施，例如，流量过滤、授权访问、加密和访问控制、最小化或拒绝不必要的服务和要求、最小化标题信息以及电子邮件过滤和病毒控制，均应该被实施
- 访问威胁信息以及联系合适的政府和执法部门的正式流程应该被建立（如果还没有建立的话），并且应该定期对其进行审查和更新，能源设施部门可能需要与政府一起工作，以便为适当的人员获得安全许可

- 适当的安全措施（例如，访问控制、屏障、门禁、入侵检测设备、警报报告和显示、闭路电视、通信设备、照明以及保全人员）应该被实施
- 高层管理层的支持对于保证成功实施一个安全计划是至关重要的
- 应该制订安全培训计划
- 护卫承包商和访问者到达敏感区域的流程应该得到加强和巩固
- 安全应该被纳入到公司的目标以及公司的文化当中去
- 安全的基础是受到良好培训的员工能够负责任
- 应该为所有信息公开过程建立一个正式的流程，特别是通过能源设施网站公布的信息，应该执行对公开信息的周期性审查，以审计信息保护政策的有效性
- 能源设施部门应该小心地向媒体或竞争对手传递敏感信息，只应提供有关人员（特别是执行人员）最低限度的信息
- 应该定期向员工提供安全培训
- 每年至少应该开展一次全面的安全审计

作为可以实施的具体保护措施的例子，下面列出了一些能源设施的例子，包括未在本报告中特别考虑的大型公共事业设施。这些例子按类型分组。

避免损害的措施

- 加强重要设施和设备——用围墙保护关键设备或降级安装、物理隔离设备的关键部件以及强化设备本身以对抗损害
- 在关键的设施周围（它们都被监视起来并配备有快速响应力量）安装监视系统（例如，视频摄像头、运动检测器）
- 在重要设施处保留安全警卫
- 加强同执法部门的沟通，特别是地方执法部门和地方 FBI 办公室，以获得威胁信息和协调应急响应

限制后果的措施

- 在不良事件发生期间，为了保证持续运行，需完善应急预案和流程，并且为了实施这些应急预案需要对操作者进行培训
- 修正物理系统——改善控制中心和保护设施、增加关键设备的冗余以

及增加保留边际

加速恢复的措施

- 为了恢复服务，执行应急预案，包括确定潜在的备用零件和不确定性的解决方案
- 为了共享设备，要明确法律和制度的框架
- 储存所需的关键设备（例如，变压器、泵、压缩机、校准器）或任何专业材料（例如，电缆、管道部分），以制造关键设备或进行设备维修
- 通过保持铁路和驳船设备数据库来确保重型设备存储的可用运力充足，并且在必要的时候，可以通过调整轨道车来适配所有类型的大型设备
- 关注国内的制造水平，以确保在紧急情况下有足够的关键设备维修和制造能力
- 研究与供应商、行业协会或临近大型能源公司签订的互助协议
- 出于应急服务和其他应急支持的考虑，与承包商建立备份计划安排

减少脆弱性的一般缓解措施

- 在实际中，强调使用本质上不那么脆弱的技术和设计，如采用标准设备
- 当计划采用和建造新设施时，倾向于本质上不那么脆弱的能源系统（例如，小负载发电机、本地仓库）

正如之前指出的那样，地方政府应该协调与风险管理有关的能源设施活动。接下来的这些问题可以帮助指导地方和州政府完成整个风险管理过程。

地方和州政府在风险管理过程中的作用

- 地方或州政府是否已经识别出任何与其能源基础设施相关的关键事项或脆弱性？
- 如果地方或州政府已经识别出了关键事项，它们是什么以及为什么它们是关键的？
- 地方或州政府是否已经制订了计划以应对这些脆弱性？
- 地方或州政府是否已经同其他的地方能源设施部门、地方执法部门和其他相关部门协调了这些脆弱性信息？

结论

脆弱性评估方法通过广泛地考虑威胁、现有的保护措施和资产遭受攻击的后果（基于资产的方法）来评估脆弱性。或者，可以考虑多个潜在的攻击事件序列，以评估现有的设施保护措施能够成功检测、延迟或制止一个攻击（基于情景的方法）的可能性。

第三章　建立一个预案制订团队

迈克尔·法格尔

应急预案团队

应急预案应该是团队的成果，这是因为灾害应对几乎总是需要组织当中每个部门的协调合作。一个团队计划有助于确保每个在响应中作出贡献的专家都是制订过程的一部分。团队预案也有助于确保所有关键成员或利益相关者都能加入到预案制订过程中来。

谁应该是预案制订团队的一员？

不同种类的应急需要不同的专家和响应能力。包含在一个应急响应中的个人和组织会根据应急或灾害的种类而有所变化。一些应急可能只涉及内部响应，而其他响应可能涉及外部机构的响应，例如，执法、消防服务以及紧急医疗服务（EMS）。这些外部机构应该包含在大规模的预案制订当中，以及其他机构，例如，负责有害物质（危险物料）的那些机构也应该包含在其中，因为它们可能会被涉及制冷剂泄漏或其他有害物质泄漏的应急处置所需要。

表 3.1 展示了一个潜在团队成员的分类。不是所有的组织都包含这样的人员分类，而且根据组织规模大小，一个人可能会负责多个角色。不是所有人都需要包含在预案制订的方方面面中，但是，在直接受影响的领域或所负责的方面他们应该被咨询。

组建团队

在应急预案制订过程中将所有的利益相关方召集到一起，以及让他们在预案制订过程中保有积极的兴趣会是一件艰巨的任务。给如此多的参与方安排会议日程可能会更加困难，然而，让每个参与方都加入到预案制订过程中来是至关重要的，至少在预案制订的初期阶段和关键点，以充分利用他们的专业知识和确保他们参与到预案中来。

参与者所带来的关于他们部门的需求和资源的专业知识对于制订精确的预案（该预案通常考虑了整个组织的需求和紧急情况下的可用资源）是非常关键的。拥有所有关键参与者的积极参与无疑对组织是有力的。

表 3.1　可能的应急预案团队成员

个人/组织	他们能为预案团队带来什么
首席执行官（CEO）或被任命者	应急预案制订过程支持，政策指引和决策能力，以及支配组织资源的权力。
预案经理或被任命者	了解突发事件指挥系统（ICS）；了解组织流程、安全要求、有害物质响应要求；了解外部机构或与他们交互的能力。
安全主任	了解组织的安全规划和已经采取的步骤，以及与所有部门交互的能力。
部门经理或被任命者	了解本部门的流程、安全要求和人员。
EMS/员工健康主任或被任命者	了解不同情况的医疗需求；了解医疗治疗设施的能力；了解专业人员和设备资源。
有害物质协调员	了解有害物质生产、存储或进出公司园区的方式；了解环境保护机构（EPA）、职业安全与健康管理局（OSHA）以及交通运输部（DOT）对有害物质生产、存储和运输的要求；了解如何应对有害物质事件。
互助伙伴	专业人员和设备资源，以及额外的人员和设备资源，包括消防、EMS 以及设施所在的团体执法部门和其他所需的团体部门。

为了获得参与者的配合和投入，在预案制订过程中通常采取几个步骤。

预案制订前——给予预案团队足够的通知，告知他们预案制订会议将在什么地点以及什么时间举行。如果时间允许，调查团队成员以找到适合他们的时间和地点。

提供团队期望信息——解释为什么参与预案团队对于参与者的部门和整个组织是重要的，向预案团队展示他们将如何促进更有效的应急响应。

包含首席执行官——要求 CEO 签署会议通知。这将会发出一个明确的信息，即应急预案对组织是重要的，并且希望参与者能够出席。

允许首次会议后的弹性日程——不是所有团队成员需要参加所有会议。专题组和小组委员会能够完成某些工作。在这种情况下，取得对时间框架和里程碑的一致意见，但是，由小组委员会成员决定何时碰面合适。

为了知道如何获得和维持对预案制订过程的兴趣，以及看看那些已经发挥作用或已经经过测试的活动，同社区中类似组织的应急经理交谈可能是有益的。

团队运作

不同于独立工作，与来自其他部门的人员共同工作来制订应急预案需要合作。合作是人们为了一个共同的目标而一起工作——在这种情况下，制订公司应急行动预案（EOP）。成功的合作需要：

- 参与共同决策的承诺
- 共享信息、资源和任务的意愿
- 对团队成员的职业尊重

虽然 EOP 预案团队成员间的合作可能是困难的，但是，它对组织加强对灾害的整体应对是有益的。

合作可以：

- 通过共享扩大可用资源范围
- 通过异花传粉的方式增强问题解决的能力

团队形成阶段

合作不是自动形成的。建立一个良好的工作团队需要时间和努力，通常需要 5 个阶段：

1. 形成期——个人聚集到一起形成一个团队。在这个阶段，团队成员彼此之间可能不够熟悉，对于他们的团队角色还不确定。

2. 暴风期——团队成员可能会变得没有耐心、不抱希望，而且可能会不统一。

3. 规范期——团队成员接受了他们的角色，并且朝着目标有所进展。

4. 执行期——团队成员一起工作得很好，并且朝着目标取得进展。

5. 解散期——他们的任务已经完成，团队成员可能会对他们取得成就而感到自豪，会为经历结束而感到难过。重要的是，为了演练和修改预案，团队应该保持完整。

团队角色

为了在整个预案制订阶段保持团队集中精力，为团队成员分配角色是十分重要的。也许最重要的角色就是团队负责人。团队负责人启动适宜的团建活动以帮助团队走过每个阶段进而达成目标。其他的团队角色可能包括：

- 任务主导者，确定需要完成的工作并激励团队
- 创新者，制订初始方法来保证小组完成工作
- 组织者，帮助小组制订完成工作的计划
- 评估者，分析方法、建议和小组制订的计划
- 完成者，遵循团队制订的计划

所有团队成员的贡献让团队更有生产力。

有效团队的特色

当预案团队展现出如下特色的时候，你会知道它是按照既定轨道工作的：

- 朝着共同的目标工作
- 接受提供方向和指引的团队负责人
- 经常交流
- 有建设性地解决冲突矛盾

- 展示互相信任
- 展现对每个人以及对他们的贡献的尊重

结论

应急预案制订需要不同的个体和组织的合作。合作的益处远远大于你会在预案制订过程中遇到的困难。一些益处包括消除重复服务、扩大可用资源范围以及加强问题解决能力。

通过制订工作计划、提供团队期望信息以及允许弹性日程等方式，应急预案制订过程就能够变得简单一些。为了获得他们在预案制订过程中的投入，同其他团体的应急经理交谈可能是有益的。

成功的团队运作需要参与共享决策的承诺、共享信息的意愿以及对团队成员专业知识的尊重。

当团队成员达成一致并且朝着一个共同的目标努力工作时、提供公开的交流时、并且展示出建设性的冲突解决方案时、互相信任时、尊重其他团队成员时，你会知道你拥有了一个有效的应急预案制订团队。

第四章　应急响应人员的健康与安全

迈克尔·斯坦尼尔

正如在前几章讨论的那样，之前的国家应急响应预案（NRP）、联邦应急响应框架（NRF）和国家突发事件管理系统（NIMS）为应急准备和响应提供了基础性的指导。有关于应急响应健康和安全方面的规定应该包含在这些指导性文件的框架中，并且应该与突发事件指挥系统（ICS）保持一致。事件指挥官和安全官员必须进行工作，这是为了确保应急响应人员在他们完全评估了相关的危害并且实施了有效的危害控制措施之后才去执行任务。本章的内容是为那些在应急响应过程中可能充当事件指挥官或安全官员的人们提供指南。

职业安全与健康管理局（OSHA）、国家防火协会（NFPA）、许多其他政府机构、非营利性组织以及贸易协会已经制定了工作场所人员保护的标准。传统的健康和安全理论以三种控制为前提：管理控制、工程控制，以及利用人员防护装备（PPE）。而且，健康和安全理论主要以工作场所中的危害为前提。换言之，传统工作场所中的保护措施制定是通过对相对静态的任务进行工作危害分析来完成的。这种情况下，任务条件是已知的，它们不会每天都发生剧烈的变化。而且，员工总是执行相同的任务，通常会下意识地理解任务。

然而，应急响应操作的条件与前述提及的条件会大不相同。在应急中，很可能没有完全理解危害，特别是在初始应急响应中。危害在整个应急操作中会发生很大的变化，也不大可能通过标准管理或工程控制来减缓。由于并不经常暴露在这样的危害中，应急响应人员可能也不熟悉特定响应情景中的危害。本章的目的是以程序和系统的方式调整健康和安全理论以适应应急响应操作。

本章强调了一个有效的保护措施计划的三个重要特点：

1. 健康和安全的系统过程，以及交流预防措施以限制危害暴露。
2. 个人防护装备（PPE）计划，以及其他缓解策略。

3. 医疗防护措施，包括医务监督和为现场处置人员及其家属提供预先防治的药物。

定义关键人员

根据情景的不同，关键人员也会大不相同。对于大多数的应急响应操作来说，关键人员是地方和非政府警察、消防员以及在事件初期中负责保护和维持生命、财产、证据和环境的应急响应人员，还包括2002年的国土安全法案（60. S. C. 101）第二部分规定的应急响应服务供应商。这包括应急管理、公共健康、临床护理、公共工程以及其他技术支持人员（例如，设备操作员），他们在应急预防、响应和恢复过程中提供及时的支持服务。现场处置人员可能会包括来自联邦、州、地方、部落或非政府组织的人员。表4.1给出了两类关键人员的例子——现场处置人员和关键基础设施人员——紧接着对志愿者进行了简短的讨论。

表4.1　关键人员

现场处置人员	可能被归类为现场处置人员的有警察局/执法部门人员、消防部门人员、搜救部门人员、急救医务人员和护理人员、应急经理和员工、紧急医疗服务/首批接收者、国民警卫队以及后勤（分发物品）人员。
关键基础设施人员	可能被归类为关键基础设施人员的有设施管理部门人员、固体废物部门人员、基础设施管理部门人员、工程部门人员、下水道部门人员、交通部门人员以及政府官员/被任命者。
志愿者	志愿者可以提供关键支持，特别是在灾难性事件期间和之后。然而，在志愿者中间保持健康和安全知识的一致性可能是非常困难的，而对他们进行及时的培训在时间上也是行不通的。作为一般的规则，应该对志愿者采取管理控制以防止他们暴露在危害中。这可以通过将志愿者分配到后方梯队当中来完成，例如后勤操作。尽管后勤操作也带了必须要减缓的危害，但是在多数情况下，相较于响应现场的危害来说，它们更加易于理解和相对容易管理。然而根据需要，特别的志愿者可能在应急响应中会扮演现场处置人员的角色。美国红十字会的志愿者和其他替代治疗设施与现场医院的人员，以及大量分发点和其他位置的人员可能属于现场处置人员的范畴，尤其是在灾害持续进行的情况下。健康和安全计划必须考虑对志愿者进行培训。

响应情景及其相关的危害

现场处置人员可能会暴露在各种各样的危害当中。因为根据情景变化，危害也会很不一样。基于应急的类型，充分考虑一般和特殊危害是重要的。图 4.1 表示了四种响应情景。接下来讨论与这些情景相关的可能的危害，目的是提供必要的可能的保护措施。信息是基于急慢性的可能危害来呈现的。

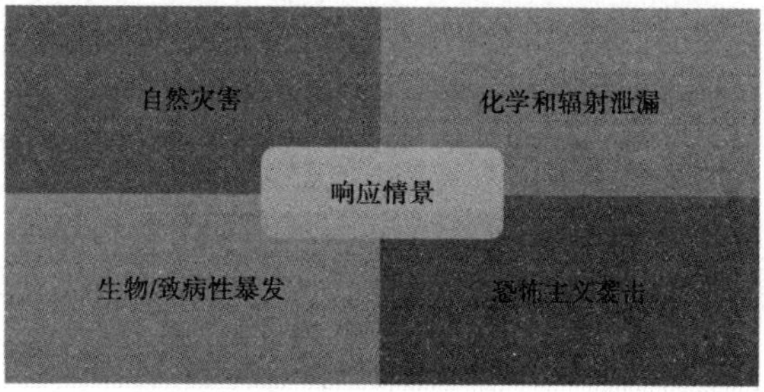

图 4.1　四种主要的响应情景

自然灾害

自然灾害呈现的可能危害既有急性的也有慢性的。对于执行救援的应急响应人员，面临的危害有遗体找回、基础设施评估、包括移动设备或工具影响在内的急性危害、飞舞的颗粒、坠落的物体、尖锐物体的穿透、可以压碎脚的滚动物体压迫以及来源于倒下的电线和遭破坏的电力设备的电击危害。根据季节和响应周期，对于应急响应人员来说热衰竭和体温降低也是潜在的急性影响。

急性危害也可以由固定或运输资源的化学火灾引起，包括烧伤和呼吸接触。在房屋倒塌、火灾、地震或其他灾难性的事件之后，有害的灰尘和化学接触可能会对健康产生急慢性影响。

化学和辐射泄漏

化学和辐射泄漏能产生急慢性的双重影响。当应对化学或辐射事件时，为了保护现场处置人员，获取与资源、浓度和风向有关的早期特定信息是非常关键的。

生物/致病性暴发

除非另有定义，生物和致病性暴发事件应该被视为急性事件。针对生物和致病性暴发事件，主要考虑三个方面：

1. 事件是否是孤立的，PPE 是否是有用和有保障的？
2. 现场处置人员是否能够获得医疗措施的保护，这些措施是否是有保障的？
3. 生物安全流程是否是有保障的，以预防病原体或疾病的传播？

由自然灾害导致的潜在生物暴露（即遗体找回）发生时，PPE 和最新的接种疫苗可能足以保护响应人员。当确定的疫情暴发或大规模的预防被启动时，针对现场处置人员的医疗措施是要有保障的。对于确定的出现在动物和人类当中的疫情暴发，可能需要生物安全程序来控制疫情暴发。

恐怖主义袭击

对于恐怖主义袭击，所有前面列举的可能危害均有可能存在，并且很可能以更急迫的形式展现出来。尽管已经充分理解了 9・11 事件的影响，但是，通过对纽约的现场响应人员的研究表明，由于在攻击之后的几天时间内他们一直暴露在灰尘和化学物质当中，多种呼吸道疾病在他们中间暴发了。恐怖主义袭击背后的原因，不论是传统的炸弹或是化学武器，都会对健康造成急性影响。为了保护现场处置人员，考虑大规模攻击所带来的可能的次生影响也是非常重要的。

保护计划和系统

接下来讨论的计划主要基于 OSHA 的要求，以及在应对包含大规模灾难性事件在内的可预测的危害。虽然相较于其他项目，某些项目可能更具有可操作性，但是，本章的目的是提供一个综合全面的促进安全响应的框架。这些计划为制定有效的健康与安全的应急响应操作项目提供了基础。

危害沟通计划

OSHA 的危害沟通计划的目的是，在可能的范围内，确保将已知的化学危害和危害相关的信息传达给可能受影响的应急响应人员。信息应该通过持续和及时的培训提供给响应人员，这些培训应该包括如下内容：

1. 危害沟通计划的目录。
2. 容器标签指南。
3. 材料安全数据表格（MSDSs）。
4. 讨论危险化学品的性质，以及必须采取的保护响应人员免受这些危险化学品伤害的措施。

必须评估响应现场是否存在危险化学品。OSHA 规章要求所有在美国生产的或进口到美国的化学品都应该经过健康和物理危害评估，而 MSDSs 也应该提供给最终用户。如果处置现场涉及了已知的含有害物质的设备，那么危害评估应该从审查 MSDSs 开始，如果 MSDSs 是可用的。地方应急预案委员会（LEPCs）和州应急响应委员会（SERCs）可能会成为为特定现场提供 MSDSs 的宝贵资源。建筑和现场识别标识可能也会提供有关于建筑或现场的信息。如果响应现场包含了住宅建筑、办公建筑或综合类型的建筑，考虑到家用危险化学品，在进入建筑或现场时必须十分警醒。同时，也要考虑到由于材料燃烧而释放的化学物质。

当评估与化学物质有关的响应现场时，必须考虑七种主要的化学危害。危害等级随着暴露程度和化学物质种类的不同而不同。表 4.2 描述了这七种主要的化学危害。

表 4.2　七种主要的化学危害

腐蚀性的	指的是能够造成严重皮肤灼伤的化学物质，例如，电池酸液。
爆炸性的	指的是当暴露在瞬间的冲击、压力或高温时，能够引起瞬间压力、气体或热量释放的化学物质。
可燃性的	指的是闪点低于 100 华氏度、容易着火的化学物质。某些固体材料也容易着火。
刺激性的	指的是引起接触肿胀和皮疹的化学物质。

续表

放射性的	指的是任何释放有害辐射的物质或物质组合。
可反应的	指的是不稳定的，如果暴露在热、空气、水或其他特殊化学物质中就能燃烧、爆炸或释放危险蒸汽的材料。
有毒的	指的是能够引发疾病或死亡的化学物质（根据化学物质的性质和暴露的程度）。许多有毒化学物质与身体的特定器官发生反应。有毒物质可以通过摄入、吸入、皮肤吸收或注射进入人体。

在评估化学危害时也应该考虑进入途径。化学物质可以通过四种途径进入人体。

1. 吸收——化学物质可以通过皮肤或眼睛进入血液。

2. 吸入——吸入化学物质能够引起头晕、恶心、头痛以及肺部或呼吸系统损伤。在极端情况下，可以导致无意识、窒息或死亡。

3. 摄入——吞咽是化学物质进入人体的常见方式。如果在响应期间受到化学物质刺激，应急响应人员可能会受到影响。在处理化学物质后没有第一时间进行洗涤处理就进食或吸烟，会增加化学物质摄入的风险。

4. 注射——如果应急响应人员被外物刺破他们的皮肤，刺穿物体上的化学物质会进入身体。

材料安全数据表（MSDSs）

在可能的情况下，MSDSs 应该作为应急响应人员危险化学物质培训项目的一部分，而可用的 MSDSs 应该由安全官员保存在一个中心的位置。国家职业安全与健康学院（NIOSH）已经发布了危险化学物质袖珍指南（PGHC）。当MSDSs不可用或作为额外信息资源的时候，该指南是非常有用的。这些资源应该用在培训课程当中，以便为应急响应人员提供与危险化学物质相关的信息。

考虑到响应情景的特殊性质，在事件发生期间，MSDSs 可能是不可用的。然而，各种环境保护机构（EPA）规章要求上报化学物质的使用情况，这些报告连同 MSDSs 一起，都需要提供给地方 LEPC 和 SERC。这些报告可以被州和地方的应急响应人员使用，并且应该应用在预先培训中，以便为应急响应人员提供出现在其辖区内的危害物质范围。另外，建筑、设施或交通标牌能够被提供初次到达事件现场的通用安全信息。

MSDSs 可以有多种不同的形式，但是其所含的基本信息是一致的。主要的部分有：

第 1 部分——化学产品和公司标识。该信息表明了化学物质的名称，以及制造该化学物质的公司的名称、地址以及联系方式。

第 2 部分——成分。列出化学物质的有害成分。一些 MSDSs 可能也包括每种成分的百分比。该部分可能也会给出在 OSHA 暴露限制（PEL）或 ACGIH 限制（TLV）范围内的个人可以接触的化学物质量的信息。

第 3 部分——危害识别。包括应急情景信息，例如：

- 化学物质的正常外观、气味和蒸汽
- 任何直接的危害，例如，火、爆炸、化学反应等
- 化学物质进入人体后对身体的影响
- 过度暴露后的症状（恶心、头疼等）
- 因接触化学品而使病情恶化的医疗条件

第 4 部分——急救措施。包含了在接触后和医疗帮助前如何进行急救和实施应急流程的信息。该部分还为救治医生提供信息。

第 5 部分——消防措施。描述了化学火灾和爆炸的性质，以及应该使用的灭火材料类型。

第 6 部分——意外泄漏规定。描述了在化学物质泄漏或泄漏到空气中的事件所要采取的必要行动。该部分指出了应对和清理程序。

第 7 部分——处理和储存。提供了如何处理化学物质以防止接触的信息，避免接触的卫生习惯信息，以及特定化学物质的存储条件信息。

第 8 部分——PPE。包含了接触限制信息；保护应急响应人员的工程控制信息，例如，通风设备，以及诸如手套、护目镜和呼吸器等的 PPE 信息。

第 9 部分——物理和化学性质。提供了材料的化学性质，例如，沸点、熔点、蒸汽压力、溶解度、比重等。

第 10 部分——稳定性和反应性。描述了物质稳定性，以及与其他物质或条件的反应机制是如何反应的。

第 11 部分——毒理学信息。包含了有害健康的信息。

第12部分——生态信息。描述了泄漏如何影响生态系统。

第13部分——处置信息。提供了有关化学品的适当处理程序信息。

第14部分——运输信息。包含了交通运输部（DOT）要求提供的必要的运输信息。

第15部分——监管信息。为用户指出了适用于化学物质的联邦、州和国际的法律要求。

第16部分——其他信息。

培训是重要的，而培训项目必须要确保应急处置人员理解MSDSs的每个部分，并且能够理解其内容。对标准部分的理解将使得应急响应人员能够在响应中快速地获取必要信息。

容器标签

容器标签格外重要。标签可能会包含有关现场化学物质的危害信息，以及安全使用、存储和处置流程信息。袋子、桶、滚筒、圆筒、储油罐、盒子、瓶子和金属罐必须携带标签。制造商和分销商负责为其运输的每个危险化学物质容器贴标签。至少，标签应该包含如下化学物质信息：

- 化学物质身份（常用的化学名称以及化学成分）
- 制造商或进口商的名称和地址
- 物理危害
- 健康危害
- 适当的存储和处置流程（即只在通风良好的区域使用）
- 防护服、设备以及化学物质的安全工作流程

所有的标签都很重要。在任何响应情景中，应急响应人员在移动、处理或打开化学容器或者执行任何响应措施之前应该先阅读标签。永远不要假设未贴标签的容器是无害的。如果遇到了未贴标签的容器或由于撕裂或磨损而难以读取标签的情况，在进一步接触之前必须要做好预防措施。

如果在响应现场内有多个固定式容器，则可以张贴标志以传达危险信息。两个可接受的标签展示方法是国家消防协会NFPA 704，也被称为“火钻”或“危险钻石”（见图4.2），以及有害物质识别系统（HMIS；见图4.3）。

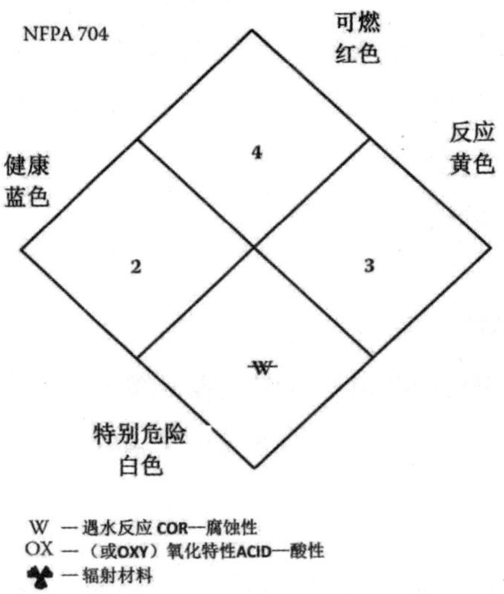

图 4.2　NFPA 704 标签

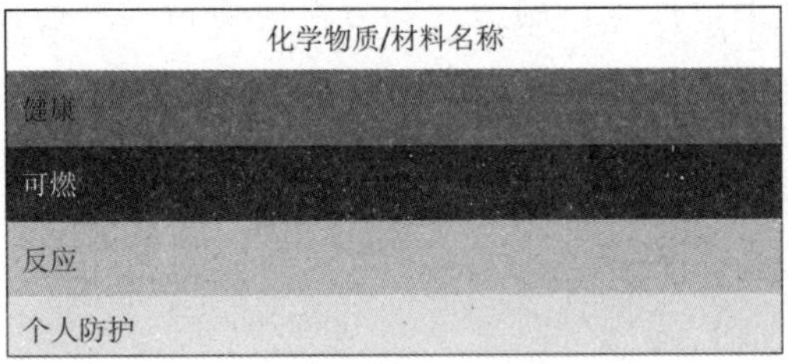

图 4.3　HMIS 标签

培训的重要性

当有可能接触有害化学物质时，必须向应急响应人员提供信息和培训。初次任职时需要培训，并且从上一次培训之日起每年进行培训。培训应该由有资质的教员在教室和工作场所中进行。培训必须记录在案，记录必须保存。当辖区出现新的危害时，需要进行复训。根据事件性质，当响应条件允许对危害进行解释时，需要及时执行培训以加强年度培训。

目前，不同于化学危害，在美国并不存在有关于病原体的标准化的 MSDSs 要求。然而，向在应急响应行动中可能接触病原体的应急响应人员提供类似的信息是非常重要的。存在两种提供有关于病原体的标准信息（适用于培训和响应）的来源。加拿大公共卫生署制作的病原体MSDSs，可在网站 www. phac - aspc. gc. ca/msds - ftss/上找到。北大西洋公约组织（NATO）也为选定的生物制剂制定了临床数据表，该表格可在网站 www. fas. org/nuke/guide/usa/doctrine/dod/fm8 - 9/2appb. htm 上找到。

个人防护装备（PPE）计划

OSHA 法规要求为危险任务执行者提供眼睛、脸、头和四肢的 PPE。其他可考虑的 PPE 有听力保护装备、防护服、防护盾和围栏以及呼吸装备。危害可能包括那些可能因吸收、吸入或身体接触而导致伤害或损伤的过程或环境、化学危害、放射性危害或机械刺激物。1994 年春天，OSHA 修订了其 PPE 规章，要求进行危害评估，以确定哪里需要使用 PPE 进而防止可能的个人伤害（图 4. 4）。

图 4. 4 个人防护装备 PPE（由 FEMA Win Henderson 提供）

除了 OSHA 标准和其他有共识的标准之外，美国国土安全部（DHS）也采用了一些国家消防协会为现场处置人员 PPE 制定的标准：

NFPA 1851，建筑消防套装的选择、保养和维护标准（2001 版）——该文件详细描述了建筑消防套装的最低选择、保养和维护要求，以及个人套装构成单元，包括与 NFPA 1971 要求相一致的外套、裤子、工作服、手套、鞋和接口组件。2001 年颁布的第一版 NFPA 1851 被发展成为 NFPA 1971 的配套文件、建筑消防保护套装标准。

NFPA 1852，开路自给式呼吸器（SCBA）的选择、保养和维护标准（2002 版）——该标准建立了流程，作为开路 SCBA 以及 SCBA 与 SCBA/SAR 组合装备保养和维护项目的组成部分，目的是减少由于糟糕的维护、受污染的或受损的 SCBA 而导致的安全风险和可能的健康风险。2002 年颁发的 NFPA 1852 是第一版。

NFPA 1951，技术援救行动防护套装标准（2007 版）——基于始于 1997 年的工作，该标准回应了消防员和应急服务人员在技术救援事件（它们包括建筑或结构倒塌、车辆事故、密闭空间、沟壑塌陷、脚手架塌陷、高角度攀登事故以及类似事件）中对 PPE 的需求。NFPA 1951 的第一版于 2001 年 7 月发行。

NFPA 1971，建筑消防和近距离消防防护套装标准（2007 版）——基于始于 1973 年的工作，该标准建立了对分配到消防部门工作的消防员的最低保护水平，消防员的工作包括但不限于建筑消防、近距离消防、救援、紧急医疗以及其他现场应急处置人员的职能。NFPA 1971 的第一版于 1975 年发行。

NFPA 1975，消防和应急服务站/工作制服标准（2004 版）——基于始于 1975 年的工作，该标准详细规定了服务站/工作制服（由非主要的服务站/工作制服以及个人服装组成）的设计、性能、测试和认证要求。该文件对应急服务人员的服务站/工作制服（起到防止严重烧伤的作用）制定了要求。NFPA 1975 的第一版于 1985 年发行。

NFPA 1981，应急服务的开路自给式呼吸器（SCBA）标准（2007 版）——基于始于 1975 年的工作，该标准详细规定了用于火灾和应急处置人员呼吸防护的开路自给式呼吸器（SCBA）以及开路自给式呼吸器和供气式呼吸器（SCBA / SAR）的组合呼吸器的设计、性能、测试和认证的最低要求。在未知的情况下，存在直接威胁生命和健康（IDLH）或潜在的 IDLH 环境。NFPA 1981 的第一版于 1981 年发行。

NFPA 1982，个人预警安全系统标准（PASS）（2007 版）——基于始于 1975 年的工作，该标准制定的初衷是为了回应消防服务部门为行动中丧失能力的消防员提供一种能发出声音求救信号装置的诉求。该标准明确了所有为应急服务人员所用的个人预警安全系统（PASS）的设计、性能、测试和认证的最低要求。NFPA 1982 的第一版于 1983 年发行。

NFPA 1991，有害物质应急处置中的蒸汽防护套装标准（2005 版）——基于始于 1986 年的工作，该标准明确了消防和应急服务人员的蒸汽防护套装和单个防护单元的设计、性能、测试和认证的最低要求。还提供了可供选择的蒸汽防护套装和单个防护单元的标准，用于防护化学闪火、液化气体、化学和生物试剂以及化学与生物恐怖主义事件。NFPA 1991 的第一版于 1990 年发行。

NFPA 1992，有害物质应急处置中的液体飞溅防护套装和服装标准（2005 版）——基于始于 1985 年的工作，该标准规定了被应急响应人员用在有害物质处置事件中的液体飞溅防护套装、集合部件和防护服的设计、性能、测试、文件和认证的最低要求。NFPA 1992 第一版于 1990 年发行。

NFPA 1994，CBRN 恐怖主义袭击事件中现场响应人员的防护套装标准（2007 版）——基于始于 1998 年的工作，本标准规定了在国内发生的涉及双重用途的工业化物质、化学或生物恐怖主义的事件，消防和应急服务人员所使用的防护套装的设计、性能、测试和认证的最低要求。该标准的主要目的是使得这类套装可以大量使用，容易穿戴和使用，并且被设计为一次性使用。NFPA 1994 的第一版于 2001 年发行。

NFPA 1999，紧急医疗行动的防护服标准（2003 版）—— 基于始于 1990 年的工作，该标准规定了新型一次性和新型多用途紧急医疗防护服（包括服装、手、鞋类和面部防护装置）的设计、性能、测试和认证要求，以供消防和应急服务人员在紧急医疗行动中使用。该标准的目的是为紧急行动中的医疗护理人员建立防止血液接触和体液携带病原体接触的最低水平的保护。NFPA 1999 的第一版于 1992 年发行。

NFPA 2112，工业人员防火阻燃防护服装标准（2007 版）——基于始于 1999 年的工作，该标准对工业人员使用的阻燃服装的设计、制造、评估和认证提出了最低要求，旨在为穿用者提供一定程度的保护，以及降低因为意外暴露于碳氢化合物骤燃而引起的严重烧伤。NFPA 2112 的第一版于 2001 年发行。

NFPA 2113，工业人员防火阻燃防护服的选择、护理、使用和维护标准（2007 版）——基于始于 1999 年的工作，该标准的目的是降低由于阻燃服装选择和使用不当而引发的健康和安全风险，以及降低与维护失当、受污染或损坏的阻燃服装相关的风险。NFPA 2113 的第一版于 2001 年颁布。

这些标准为各式各样的 PPE 提供了一致性，并且为现场处置人员定制采购 PPE 提供了有用的指导。

安全官员的责任

为了有效地保护应急响应人员，安全官员在到达应急现场后应执行以下任务：

1. 评估应急响应人员所做的工作，以确定是否存在需要使用 PPE 的危害。

2. 选择适当类型和规格的 PPE，以保护应急响应人员免受评估过程中发现的潜在危险的伤害，并要求每个应急响应人员使用适当的 PPE 来完成当前的任务。

3. 向每个受影响的应急响应人员传达选择决定。

4. 以书面形式证明工作现场危害评估已经完成，明确了评估区域、调查结果、完成评估的人员以及评估日期。

5. 为每位需要使用 PPE 的应急响应人员提供培训，并确保每个应急响应人员既能正确使用 PPE，又能理解何时需要 PPE；需要什么类型的 PPE；如何正确地穿上、脱掉、调整、穿着和使用 PPE；PPE 的局限性；适当的 PPE 护理、维护、使用寿命和处置。

6. 当环境变化导致以前的培训过时、要使用的 PPE 类型改变导致以前的培训过时，以及受影响的应急响应人员知识不足或指定的 PPE 使用情况表明应急响应人员未能获得有效地使用 PPE 所需的理解或技能时，需要再次培训。

7. 保留培训记录，证明每个受影响的应急响应人员已经受到培训，并理解了所需培训的内容，包括每位受训的应急响应人员的姓名、培训日期以及认证。

对事件现场、设施或任务的初步评估是确定应急响应人员危害来源的最佳方法。应考虑以下基本危险类别：

- 冲击（来自移动的设备或工具、飞舞的颗粒、坠落的物体等）
- 渗透（来自锋利的物体）
- 压缩（滚动、可以压扁脚的滚动物体）
- 化学物质（接触）

- 热（烧伤、防护设备点火、眼睛伤害）
- 有害的粉尘
- 光（视觉的）
- 辐射（焊接、钎焊等）
- 电的

评估结束后，应对所有信息进行分析，以确保正确选择 PPE。应将事件现场的危害与可用的 PPE 进行比较，并应该选择高于应急响应人员所需危害防护水平的 PPE。应急响应人员可能会同时暴露于多个危害源当中，因此，在为特定区域或任务选择 PPE 时，应考虑所有危害。必须提供多种尺寸的 PPE，以适应所有暴露在危害中的应急响应人员。不合适的 PPE 可能会使得保护无效，并且令使用者不舒服。必须告知应急响应人员有关于合适护理和使用 PPE 的事项，以及必须令应急响应人员了解制造商的警告标签和他们使用的 PPE 的局限。

呼吸防护计划

呼吸器在保护应急响应人员免于有毒物质危害方面发挥着至关重要的作用。为了安全使用呼吸保护装置，应该建立标准操作程序。应该在暴露于未知风险或只能使用呼吸防护手段减少风险的紧急情况下使用呼吸器。

职业安全与健康管理局（OSHA）标准——29 CFR 1910. 134 要求任命一个呼吸防护项目经理，负责确定在某个特定场所或任务中是否需要呼吸器。为了做出决策，对任务进行空气监测或目视检查是必要的。该决策应该基于应急响应人员暴露在特定空气污染物［其浓度是 OSHA 允许极限值或高于该极限值，该极限值是由美国政府工业卫生学家会议（ACGIH）或其他公认的标准来制定］中的可能性来制定。NIOSH、OSHA 和 ANSI（美国国家标准学会）的安全指南应该被用来评估危害和选择合适的设备。应该只使用经过 NIOSH/疾病控制预防中心认证的呼吸保护设备。需要使用呼吸器的应急响应人员应该正确安装呼吸器，进行胜任性检验，经过医学检查和培训。

由于暴露在某种危害中，即使在不需要呼吸器使用的地方，应急响应人员也可能选择佩戴呼吸器。在这种情况下，项目经理可能会在应急响应人员的要求下提供呼吸器，或者允许应急响应人员使用自己的呼吸器，如果他们确定这种呼吸器本身不会造成危害。如果允许自愿使用呼吸器，项目经理会为呼吸器使用者提供由 OSHA 提供的“自愿”呼吸器使用信息。此外，应急响应人员应该接受医疗评估以确保他们在医学上能够使用呼吸器。项目经理也必须确保呼吸器已经经过了清洁、储存和维护，以便其使用不会对使用者造成健康危害。这些要求不适用只涉及自愿使用过滤面罩（防尘面罩）的情况。

项目经理负责呼吸器选择。基于危害性质和类型，在应急响应人员进入危害区域之前，呼吸器选择标准应该视情况而定。根据要求，项目经理为特定危害的呼吸器选择提供指南。呼吸危害和相关现场以及使用者因素必须体现在呼吸器选择过程中。

有两种通用类型的呼吸器可供使用：一是空气净化呼吸器，其使用过滤筒或微粒空气过滤器以帮助从呼吸区去除污染物；二是空气供给呼吸器，其利用从压缩空气罐、SCBA 或风管系统提供的空气。在给定情况下选择适当的呼吸器时，应考虑以下几个因素：

1. 危害的性质——确定危害的性质，以确保不会发生过度接触。相关因素包括缺氧、危害的物理和化学特性、对身体的生理影响、有毒物质的浓度、PEL 和警告性质。这也包括相关呼吸器过滤介质的化学性质和过滤能力的信息。

2. 危险操作的性质——项目经理熟悉应急响应人员所使用的呼吸设备的操作流程。这些包括设备、工艺和工艺特征、工作区域特征、在工艺中使用或生产的材料、应急响应人员的职责和行动以及可能需要选择其他呼吸器的任何异常特征。

3. 危险区域的位置——必须确定危险区域的位置，必要时，计划备用系统。进入危险区域之前，必须知道可呼吸空气的位置，据此制订逃生或应急处置计划。首先确定需要呼吸保护或备用呼吸保护设备的密闭空间的所有入口，以及完成适当的通知和许可。

4. 呼吸保护时间——评估应急响应人员佩戴的呼吸器的持续时间。当使用有限空气供给的 SCBA 时，这是最为常见的情况。当应急响应人员的呼吸和舒适度受到过滤筒堵塞影响时或持续时间会引起应急响应人员出现过度压力时，使用空气净化呼吸器的时间也是考虑的因素之一。一段时间之后过滤筒可能会变得负担过重且无效。请参阅呼吸机的使用寿命终止指示器（ESLI），以确定呼吸机何时不能正常工作。

5. 应急响应人员的健康——呼吸器的有效使用取决于个人佩戴呼吸器的能力（由医师决定）。大多数呼吸设备会增加身体的压力，特别是心脏和肺部。在开始需要使用呼吸器的任务之前，应急响应人员必须接受医疗评估，以确保他们在任务期间能够佩戴呼吸器。

6. 任务的性质——佩戴呼吸器时所开展的工作活动对呼吸器的选择具有整体影响。应对呼吸器的选择进行评估，以确定该类型的呼吸器对任务的干扰最小，但是仍然可以提供所需的保护。

7. 保护因子（PF）——呼吸器的保护取决于面部的密封、阀门的密封以及过滤筒或滤毒罐的密封。根据这些标准，可以确定保护程度并分配相对安全系数。保护因子只有在有效呼吸器方案的所有要素都到位和被加强时才适用。PF 乘以化学试剂或颗粒的暴露极限，以确定呼吸器有效的最大浓度。保护因子可能会发生变化。

- 半面呼吸器：10 PF
- 整面呼吸器：50 PF
- 自给式呼吸器：10000 PF

8. 局限性——空气净化呼吸器不能用于缺氧环境、IDLH 环境或者有未知或已知危险气体的密闭空间。它们只能用于防护每个过滤筒上列出的或由制造商确定并经 NIOSH 认可的污染物。如果遇到在面罩内检测到气味或呼吸阻力增加的情况，佩戴者应立即离开该区域。佩戴隐形眼镜，或者当面部毛发或任何其他物品在密封表面下方延伸时，均不允许佩戴半面呼吸器。

空气净化呼吸器（APRs）的化学过滤筒不能防护某些化学品，如图 4.5 所示。空气供给呼吸器仅供应急情况使用。它们的使用仅限于那些经过训练、装备和医学上许可佩戴 SCBA 的应急响应人员。

只有在应急响应人员已经接受了适当的医学评估、装备测试和培训后，才能向他们发放呼吸器。应急培训应在应急响应人员入职时或被分配到需要使用呼吸器的特定任务时进行。应急响应人员培训的范围和频率主要取决于危害的性质和程度。至少，所有被分配到需要使用呼吸器任务的应急响应人员都应该在开始时接受基本呼吸器操作的培训，随后接受每年的培训。

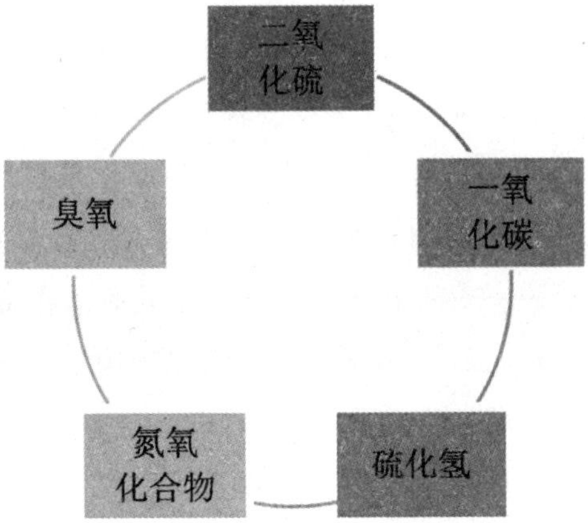

图 4.5 对于 APRs 来说不安全的化学物质

听力保护计划

听力保护计划的目的是帮助保护应急响应人员的听力，防止永久性听力障碍，避免负面心理影响，以及避免语言干扰。虽然在响应情景中需要听力保护计划的情况是罕见的，但是，在可行的情况下减少噪音危害、在合适的情况下提供听力保护措施、为应急响应人员提供教育培训以及维持一个完整和全面的听力保护计划是非常重要的。这个程序是根据 OSHA 的规章——29 CFR 1910.95 编写的。

安全官员负责在处置现场维护这个计划，其责任包括实施这个计划、进行噪音检测并提供听力保护措施。应急响应人员有责任积极参与听力保护计划，并在需要时正确使用听力保护装置。

为了获得最大利益，实施这个计划要求在事件发生之前就制定大部分的框架。同样重要的是，尽可能多的机构和司法管辖区应遵循这里提出的指南，以便所有的应急响应人员都能理解这个计划，并能够在事件发生时做出适当的反应。在许多响应情景中，执行本文所述的一些任务可能是不切实际的，例如噪音检测。作为一个经验法则，如果活动产生持续不断的噪音，以至于人们不得不提高声音以便被听到，那么听力保护的阈值可能会被超过。此外，不能确定来自多个司法管辖区的应急响应人员是否拥有基线听力敏度图（以图形或图片形式表示的听力测试结果）。在这种情况下，应该及时地进行听力保护相关的培训，并在响应后尽快安排听力敏度图。

当暴露在8小时时间加权平均值为85分贝或高于85分贝的噪音时，应急响应人员需要进行年度培训。培训中提供的信息将不断更新，以确保其内容与防护设备和工作流程的变化相一致。应急响应人员的培训应包括如下信息：

- 噪音对听力的影响
- 听力保护器的目的，各种类型的优点、缺点和衰减，以及选择、安装、使用和护理的说明
- 听力测试的目的和测试程序的解释

处置现场噪音检测的目标包括识别因暴露在85分贝或85分贝以上的噪音当中而成为听力保护计划参与者的个体应急响应人员，并获得足够的噪音暴露信息以提供足够的听力保护选择。

当信息表明暴露的噪音的8小时时间加权平均值可能等于或超过85分贝时，应进行噪音检测。检测可以使用声级计或剂量计（屏蔽噪音的设备）进行。如果环境要求进行个人采样，如工作人员流动性高、声级变化显著或脉冲噪音大，则应使用剂量计。所有80分贝到130分贝的连续的、间歇的和脉冲的声级将被整合到噪音测量中。将对本次抽样使用的仪器进行校准，以确保测量的准确性。

如前所述，执行本文提出的一些任务如噪声检测可能是不切实际的。作为一个经验法则，如果活动产生持续不断的噪音，以至于人们不得不提高声音以便被听到，那么听力保护的阈值可能会被超过。

听力保护装置用于防止不必要的声音和可能损坏的声音侵入耳道。两种主要的听力保护形式是耳塞和耳罩。听力保护装置将提供给暴露在8小时时间加权平均值为85分贝的噪音中的受影响的应急响应人员。

应急响应人员的听力敏度图将与其基线进行比较，以确定听力敏度图是否有效，以及是否发生标准阈值（STS）改变。STS代表了一种听觉能力的显著变化。在制定年度听力敏度图之后的30天内可以进行额外的测试，以确定第一次年度听力敏度图是否有效，并且可以使用第二次测试结果。一旦STS被识别出来，则必须采取以下步骤：

1. 目前不使用听力保护装置的应急响应人员必须配备适当的听

力保护装置，经过相关的使用和护理培训，并且必须在高噪音区域佩戴听力保护装置。

2. 已经使用听力保护装置的应急响应人员经历了 STS 后，必须对听力保护装置进行改装并接受再培训，以及在必要时被提供具有更大噪音衰减功能的听力保护装置。

3. 如果需要进一步的检测，或者如果管辖区怀疑耳部疾病是由佩戴听力保护装置导致的或加重的，则必须对应急响应人员进行临床听力评估或耳科检查。

4. 如果怀疑或发现与使用听力保护装置无关的耳部疾病，则必须通知应急响应人员需要进行耳科检查。

5. 偏离应急响应人员基线 25 分贝的 STS 应该被记录下来并放在应急响应人员的医疗档案中。为了确定适宜的恢复听力或防止进一步听力损失的措施，还应该寻求医疗评估。

在听力学家、耳鼻喉科医生或评估听力敏度图医生的判断下，当听力敏度图显示 STS 存在或者相较于基线听力敏度图，年度听力敏度图中的听力阈值表现出的重大改善，那么年度听力敏度图可能会取代基线听力敏度图。

从噪音暴露测量中获得的记录必须保留至少 2 年。必须在受影响的应急响应人员的工作期间保留其听力测试记录，并且该记录需要额外保留 30 年。记录可以在现役应急响应人员、前应急响应人员和应急响应人员指定的代表的请求下进行访问。

血源性病原体计划

血源性病原体计划的目的是为在事件现场接触血液或其他潜在传染性材料的应急响应人员提供安全保障方法。通过接触评估测定，该计划适用于在应急情况下有可能接触血液或其他潜在传染性物质的个人，这些人通常是已经受伤的或是对处置现场有反应的人。该计划还应适用于事故发生后直接负责清理事故现场的人员。无论是否使用个人防护装置，都应该进行接触测定（即使使用 PPE，应急响应人员也被认为是暴露其中的）。

安全官员负责为应急响应人员执行该程序的所有内容，并可能指派工作人员协助实施、维护和管理该计划。应急响应人员负责下列事项：

· 知道他们执行什么任务，是否有任何可能导致职业接触的任务
· 参加血源性病原体培训和更新课程
· 根据本计划中的工作实践控制来计划和执行所有操作
· 养成良好的个人卫生习惯

在入职教育和其他教育培训期间，应急响应人员应了解本计划及其定位。应该每年对计划进行审查和修订，实施可能影响应急响应人员接触的新程序或任务时，修订可能影响应急响应人员接触的程序或任务时，或确定可能涉及接触的新功能职位时，应该对计划进行审查和修订。

生物危害标签（见图4.6的例子）是可能暴露于血源性病原体的最明显的警告。必要时使用经批准的标签或用红色标记的容器。安全官员负责确保使用适当的标签。所有的处理袋、污染设备和感染控制装置都应使用这些符号或类似的标签。

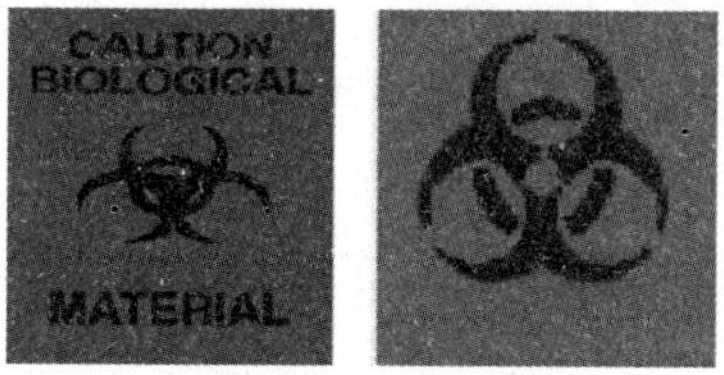

图4.6　生物危害标签

所有有可能接触血源性病原体的应急响应人员都必须参加全面的培训计划，该计划旨在为应急响应人员提供免于病原体接触的所需信息。新的应急响应人员或转换工作岗位、改变工作职能的应急响应人员需要血源性病原体培训，他们将在分配到新的工作时接受培训。初次培训后，应急响应人员将参加每年的复训课程。如果工作描述发生实质性变化，那么培训可能会很快实施。

在培训期间，应急响应人员将获得：

· 有关OSHA的血源性病原体标准——29 CFR 1910.1030的信息
· 接触控制计划的副本
· 有关血源性疾病的信息（流行病学、症状学、传播方式）
· 识别可能涉及接触血液和其他潜在传染性物质的任务的信息
· 有关接触控制机理的应用和限制的信息，包括工程控制、工作实践控

制、PPE 和个人卫生

- 有关 PPE 的类型、选择、使用、定位、移除和处理的信息
- 有关乙肝疫苗的信息，包括功效、安全性、管理模式和收益
- 针对接触所采取的行动的指导（报告、医疗随访、咨询）
- 生物危害的可视警告，包括标签、符号和不同颜色的容器

应急响应人员也将有机会问讲师问题。血源性病原体培训计划将包括面授和远程培训。

安全官员将负责维护培训记录。记录将包含培训课程的日期和内容、讲师的姓名以及参加培训课程的应急响应人员的姓名和职位。培训记录可以由应急响应人员、他们的代表和政府监管单位审查和复印。

血源性病原体的普遍预防措施

应该始终关注普遍预防措施，以防止接触血液或其他潜在的传染性物质。所有血液或其他潜在的传染性物质都应被视为具有传染性的，无论其来源个体的感知状态如何。因此，必须采取这些步骤：

当接触血液或其他体液、黏膜或非接触性皮肤，或处理被污染的物体或表面，或有合理的理由怀疑被血液或其他体液污染时，应该佩戴手套。应该在使用一次之后，将手套处理掉。

如果预计血液或任何体液可能与应急响应人员的眼睛、鼻子或嘴的黏膜相接触，应戴上护目镜或面罩等防护设备。

如果被血液或其他体液污染，应立即洗手和其他皮肤表面。除去手套后，还应立即洗手。

任何受污染的物品如剃须刀、刀片、碎玻璃或设备都应该放置在标有这种物品处理标签的密封容器内。

为了尽量减少 CRP（心肺复苏）过程中体液的接触，应使用非反射呼吸器或其他一次性辅助器具。仅当采用经过批准的净化程序时，才能使用可重复使用的呼吸器。

如果衣服受到污染，必须尽快将其移除。

在用于急救的房间禁止饮食、使用化妆品或润唇膏以及隐形眼镜。

可以采用工业控制来消除或尽量减少应急响应人员对血源性病原体的接触。应急响应人员必须采用容器或适当的处理袋来处理潜在的传染性废

物。接触到血液和其他潜在的传染性物质的应急响应人员必须采用洗手设备。

必须将感染控制装备放置在应急响应人员可能会接触血源性病原体的地方。感染控制装备包括如下事项：

- 三双防刺穿的手套
- 消毒湿巾
- 消毒清洁剂
- 干燥、无孔的湿巾
- 两个红色的生物危害袋子

PPE 是防止血源性病原体的最后一道防线。应该向应急响应人员提供防止暴露的所必需的 PPE。应该向应急响应人员提供此类设备，它们可能包括手套、安全眼镜、护目镜、面罩和呼吸器。所有应急响应人员和工作区域都必须配备可供使用的适当的 PPE。应根据可能接触的血液或其他潜在的传染性物质性质来选择 PPE。为了确保 PPE 不受污染，在适当的工作条件下，安全官员和应急响应人员必须确保：

- 所有 PPE 都需要定期检查，并根据需要进行修理或更换
- 所有可重复使用的设备都应根据需要免费为应急响应人员清洁、洗涤和消毒
- 所有可能受污染的 PPE 要在离开工作区之前被移除
- 在污染或撕裂、刺破以及出现其他失去其功能的情况之后，尽快更换一次性手套
- 根据需要为每位应急响应人员分配可重复使用的手套，并在每次使用后进行消毒
- 只要可能有身体接触，就要穿防护服

工作制服不是防护服。任何时候，一旦这些衣服被血液或任何其他潜在传染性物质渗透，应立即或尽快将其脱掉。如果受到污染，这些衣服应该被处理和更换掉。

去污程序

个人去污只是去污的一部分。保持设备清洁卫生，是血源性病原体接触

控制计划的重要组成部分。以下是去污的具体做法：

1. 佩戴一次性手套，应急响应人员将使用纸巾尽可能清除可见的物质。

2. 然后用 10 份水和 1 份漂白剂（10∶1）的溶液清洁物品。用于血液或体液的抗菌清洁剂可由安全人员自行决定。

3. 任何受血液或体液污染的表面或设备需要尽快清洁。

4. 佩戴一次性手套的应急响应人员将使用纸巾去除可见物质，然后使用 10∶1 的漂白剂溶液进行去污。用于血液或体液的抗菌清洁剂可由安全官员自行决定。

5. 清洁产品，如纸巾和手套，必须放在塑料袋中并焚烧。如果没有焚化炉，将通过与有资质的供应商签订合同的方式来清除。处置袋是红色的并标有生物危害标签。

6. 包括绷带、女性卫生用品等在内的规定废物应按照上述方式放入生物危害袋中处理。

乙型肝炎疫苗接种计划

为了保护应急响应人员免受乙型肝炎感染，应该向那些有可能接触血源性病原体的人提供疫苗接种。可行的疫苗接种将在工作分配的 10 个工作日内或接触后的 10 天内进行。拒绝疫苗接种的应急响应人员必须签署一份表格。最初拒绝但后来希望接种疫苗的应急响应人员也可以提出接种要求，并在 10 天内进行疫苗接种。

安全官员将安排疫苗接种并留存相应的文件。应急响应人员的同意表或拒绝表副本必须保存在现场文件中。同意表或拒绝表的复印件以及疫苗接种记录的副本将被放置在应急响应人员档案的保密医疗部分。接种疫苗应在执业医师或专业医疗人员的监督下进行。

接触后评估和后续工作

如果应急响应人员涉及可能发生血源性病原体接触的事件，将立即采取两项行动：

1. 安全人员将确保应急响应人员尽快接受医疗咨询和治疗。

2. 为了评估情况和确定程序中的变化，需要调查接触事件的情况。调查将在事件发生后的 24 小时内启动；必须填写接触事件调查表，以收集如下信息：

- 诸如事件发生的地点、时间和方式等详细信息
- 涉及的潜在传染性物质的类型
- 传染性物质的来源
- 事件发生的周围环境
- 当时使用的 PPE
- 针对事件而采取的行动

后续工作流程包括以下步骤：

1. 向应急响应人员提供有关接触途径、接触情况以及源患者鉴定（如果可能的话）的文件。

2. 测试源患者的血液（如果可能的话）以确定 HBV 或 HIV 感染。如果获得，这些信息也将提供给暴露的应急响应人员。届时，暴露的应急响应人员将被告知有关披露源患者身份和感染状态的任何适用的法律和法规。

3. 收集暴露的应急响应人员的血液并进行 HBV 或 HIV 状态测试。

一旦完成这些程序，安排有资质的医疗专业人员讨论暴露的应急响应人员的医疗状况。这包括评估任何已报告的疾病以及任何推荐的治疗方案。这个过程中涉及的大部分信息都必须保密。安全官员有义务尽一切可能保护所有有关个人的隐私。

提供给专业医疗人员的信息

为了协助评估，安全官员会向专业医疗人员转发一些文件，其中包括：

- OSHA 血源性病原体标准的副本
- 接触事件调查表的副本和任何描述接触事件的信息
- 暴露的应急响应人员相关的医疗记录
- 任何其他相关信息

专业医疗人员的书面报告

在咨询后的 15 天之内，专业医疗人员将向安全官员提供一份评估暴露的应急响应人员医疗状况的书面报告。然后，安全官员将告知暴露的应急响应

人员其评估结果。专业医疗人员应限制与接触事件有关的书面函件，并将评估结果以及由血液或其他可能的传染性物质接触造成的医疗状况告知应急响应人员。

医疗记录

为了确保提供充足的医疗信息，安全官员应以保密的方式保存应急响应人员的医疗记录。除法律要求之外，在没有得到应急响应人员的书面同意的情况下，其医疗记录不会透露给任何人。需要保存的信息包括：

- 应急响应人员的名字
- 应急响应人员的社保号
- 应急响应人员乙肝疫苗接种状态的副本
- 由于血源性病原体接触而对应急响应人员进行的检查、医疗检测和后续工作的副本
- 因血源性病原体暴露而向专业医疗人员提供的信息副本

密闭空间进入

应急响应人员可能被部署到涉及密闭空间的处置现场。密闭空间可能会存在有毒、易燃或缺氧的危害，或者其他在执行响应任务时需要特别考虑和小心的危害。这些要求适用于所有在确定的密闭空间中及其周围工作的应急响应人员。根据 OSHA 29 CFR 1910. 146 的规定，为了保证进入密闭空间的应急响应人员的安全，所设计的程序可以通过书面允许和空气监测来实现。本节提供了密闭空间进入程序的简要说明。

密闭空间进入计划的目的是确保安全进入罐、坑和其他密闭空间。通过该计划，可以控制或消除与密闭空间进入相关的危害。这些程序将使受过训练的应急响应人员能够识别密闭空间，包括使密闭空间具有危害的特性，采取必要的行动以消除或降低危害到可进入的安全水平，用监测设备测试密闭空间内的环境以确保进入之前是安全的，使用必要的安全设备和所需的防护服来保证安全进入，在所有危害已经被消除或降低到可进入的安全水平后执行安全进入，在密闭空间工作时将危害降到最小，适当地使用进入密闭空间所需的许可系统；执行随行人员职责并实施应急救援。

进入前，监察人员必须检查许可证并在上面签字以证明进入条件是安全

的。带有安全绳的梯子、帆缆或其他安全装置用于安全进入和离开密闭空间。进入人员必须进行检查，以确保他们拥有所有必要的安全进入设备。进入人员必须有一个完整的全身安全带，系在救生索上，救生索则必须连接到绞车或其他回收系统上。

当空间中存在以下情况时，授权进入者可以进入密闭空间而无须特殊的安全保护或呼吸设备：

- 氧含量在19.5%至23.5%之间，如果氧气含量过高，可以用新鲜空气吹扫，将其降至安全水平，密闭空间内的高氧含量和点火源将导致爆炸和可能的死亡
- 易燃物质的含量低于其爆炸下限的10%
- 密闭空间内不存在高于其允许暴露极限的污染物，如果存在，必须佩戴配备有正确防毒滤筒的整面呼吸器，如果污染物的水平超过了整面呼吸器和滤筒容量，那么进入人员必须佩带作为备份的空气供给式呼吸器或SCBA

如果氧含量在23.5%以上，绝对不允许进入。用新鲜空气净化将很容易降低其水平。如果空气中可燃性粉尘浓度在5英尺或更小的距离遮挡了视野，则不得进入该空间。继续用新鲜干净的空气通风，直至可以安全进入。在这种情况下，授权的进入人员必须佩带配备HEPA滤筒的护目镜和呼吸器。

有害能量控制（锁定/挂牌）

该计划的目的是防止在应急响应过程中由于能量的意外启动或释放而导致应急响应人员受伤或设备损坏。它适用于电气、液压或其他形式的可能导致应急响应人员受伤或死亡的能量。该计划为应急响应人员建立了应用程序，这些程序可以用在执行诸如初始损失评估、搜救和恢复任务之前。在该计划中，设备指的是现场存储能量的电力、液压或机械设备，它们的意外启动可能会造成人员受伤。该计划对控制灾难事件后的危害是有用的。在这些事件中，可能会出现电气危害。

安全官员将负责在响应现场执行这个计划。无论何时，只要工作操作或设备发生了变化，那么受影响的应急响应人员就需要接受培训和复训。安全官员将定期进行检查，以确保程序被遵守并防止人员受伤。应急响应人员必

须遵守所有锁定/挂牌程序。无论何时遇到锁定/挂牌的问题，应急响应人员均应该咨询安全官员。

只有授权的应急响应人员才能执行锁定/挂牌程序。授权的应急响应人员应该具有完整的锁定/挂牌程序，并且是执行设备锁定任务的实际执行人员。授权的应急响应人员名单将由安全官员来维护。

受影响的应急响应人员指的是位于正在运转、维护的机器或设备旁边以及其临近区域的应急响应人员。这些应急响应人员能够立即识别锁定/挂牌的设备，知道设备的用途，不干扰设备，并意识到违反或不遵守程序的危险。以下通用的锁定/挂牌程序适用于所有具有不可控能量释放威胁的应急响应操作。

所有设备/位置都必须由每个参与应急行动的应急响应人员上锁和标记，以防止意外或无意的操作（这些可能会导致人员受伤或设备损坏）。这些能量源，例如弹簧、空气和液压，必须进行预先评估以确定在工作开始前是保持还是释放其压力。

锁的作用是应急人员的个人防护，并且只能用于锁定设备。个人用锁将包含一个清楚地标有应急响应人员名字的黄铜（或其他合适的材料）标签。

每把锁只有一把钥匙。在存储时，该钥匙将与对应的锁放在一起。当执行锁定/挂牌程序时，每个应急响应人员都必须自行保存钥匙。

如果不知道如何对设备进行锁定/挂牌，应急响应人员必须向安全官员寻求帮助。有关锁定/挂牌程序的任何问题都应该直接告诉安全官员。

只有当没有办法锁定设备时，才允许没有锁定装置的挂牌。必须遵守所有的锁定/挂牌程序。不使用锁而必须使用标签的情况指的是：

- 使用者的身份
- 运行时的危害
- 声明“不要开始，不要打开，不要启动，不要操作”

除了标记设备外，必要时还应采取其他合适的安全措施。这些措施可能包括拆除导火线、停止控制装置或拆除阀门手柄。每个在设备上工作的应急响应人员都会有个人标签。除非经过申请，任何人都不能移除标签。如果存在轮班，“继任”的应急响应人员应该贴上自己的标签，而“下班”的应急响应人员应该除去他们的标签。

如果有多个经授权的应急响应人员在机器或设备上工作，则每个涉及的应急响应人员都必须使用他们自己的锁定设备。此外，在多重锁定的情况下，必须为在团体锁定/挂牌设备保护条件下工作的一组应急响应人员指定一个经授权的负责人。该责任人必须协调受影响的人员，确保在锁定期间保护的持续性，并在工作完成后成为最后一个解除锁定的人员。

当机器的连接插头从其插座上拔下时，具有插入式电源线的机器或工具的控制被认为是有效的，而且在设备上执行工作的应急响应人员具有对插头的绝对控制。插头的绝对控制指的是插头由应急响应人员所持有或在其手臂触及范围内并在其视线内。如果不符合绝对控制条件，则必须在机器电源线的插头上安装锁定装置。如果系统中存在能量，那么在对设备进行工作之前，必须释放或限制它们。

锁定装置只能由最初给机器上锁的应急响应人员移除。但是，某些情况下某应急响应人员执行的锁定可能会要求另一个应急响应人员解除，这是允许的，只要锁定装置的移除是在安全官员的指导下进行，或者采取了如下保护最初给机器上锁的应急响应人员的措施：

- 确定已经使用锁定装置的经授权的应急响应人员不在现场
- 采取一切可能的手段联系经授权的应急响应人员，通知其锁定/挂牌设备已被移除
- 确保经授权的应急响应人员在现场恢复工作之前了解此情况

为了方便审查，这些工作必须形成文件并保存一年。

每位经授权的应急响应人员将接受完整的能源控制程序知识的培训，这些知识包括但不限于：

- 危险能量识别
- 能量的类型和量级
- 能量控制装置的类型和数量
- 隔离
- 控制点
- 锁定/挂牌设备
- 锁定程序
- 重新启动程序

- 了解正在维修的设备

每个受影响的应急响应人员（其工作要求他们操作或使用正在进行维修或维护的机器，或者其工作要求他们在正在进行维修或维护的区域内工作）将接受有关于能源控制程序的培训，培训内容包括但不限于：

- 立即识别锁定/挂牌设备
- 锁定/挂牌设备的用途
- 如何确定何时使用控制程序
- 如何不要干扰锁定/挂牌设备
- 意识到违反或不遵守程序的危险

其他所有正在或可能在能量控制程序使用区域中工作的应急响应人员应该要了解该程序。任何试图重新启动已经被锁定或贴标签的机器或设备的活动都是不允许的。

标签的局限性

所有应急响应人员都应该接受以下有关标签局限性的培训：

- 标签是贴在能量隔离装置上的警告装置，它并不能为已经上锁的装置提供物理限制
- 当标签贴在能源隔离装置上时，未经授权人员的许可，不得擅自移走该标签，不得避开、忽视或以其他方式损坏标签
- 标签对所有经授权的应急响应人员、受影响的应急响应人员以及所有在该区域内或邻近区域内工作的应急响应人员来说都是清晰易懂的，这样的标签才能有效
- 标签及其附件必须由能够适应工作环境条件的材料制成
- 标签可能会引起虚假的安全感，其含义必须能被理解
- 标签必须牢固地连接到能源隔离设备上，以便在使用过程中不会无意或意外脱落

当工作职责、机器、设备、程序或能量控制程序发生变化，并由此带来新的危害时，会对所有经授权和受影响的应急响应人员提供复训。当定期检查的结论表明或安全官员有理由相信应急响应人员对这些能量控制程序的了解或使用存在偏差或不足时，还将对他们进行额外的培训。

安全官员将定期检查锁定/挂牌项目，以确保遵守标准的程序和要求得以实施。这些审核针对每个经授权的应急响应人员，每年至少实施一次。在这些审核中，应急响应人员将通过随机审核和视觉观察单独进行评估，以确保他们能够正确锁定设备。这些检查将记录在案，包括执行检查的人员（执行锁定/挂牌人员以外的人员）、正在使用该程序的机器或设备的识别、检查日期以及接受检查的应急响应人员。

HAZWOPER 培训需求

本节讨论危险废弃物处理和应急响应（HAZWOPER）的培训要求以及与应急响应人员在应急行动中所扮演的角色相称的培训水平。OSHA 的解释函明确规定了与 HAZWOPER 现场响应人员相称的操作培训水平，他们被要求履行消毒责任或在处理受害人之前进行彻底的消毒。该水平的培训适用于任何在消毒区域工作的人员。表 4.3 概述了现场响应人员强制性和推荐性的培训。

操作培训要求现场响应人员的培训时间不少于 8 小时，并且必须获得相应的能力。所需能力和培训时间在解释函中得到确认。然而，OSHA 允许定制培训主题（但是，最短培训时间内的主题是不允许定制的），以满足现场响应人员的需求。例如，培训可能会忽略与应急响应人员无直接关联的主题（例如，交通部门标语的识别），而包含了危害识别（例如，污染或暴露的体征和症状）、去污程序以及 PPE 的选择和使用等方面的主题。即使是作为独立的课程，与所需能力相关的培训仍然要满足 8 小时的要求。例如，无论 PPE（在受害者净化活动使用的）培训是作为 HAZWOPER 培训课程的一部分还是作为其他培训的一部分，PPE 培训要满足最低 8 小时的培训时间要求。

现场响应人员的意识水平培训也要满足最少 8 小时的培训要求。这一点在 OSHA 发布的解释性文件中得到确认："如29 CFR 1910.120(q)(6)(i)(A)—(F)所述，如果你已经对员工进行了 2 小时的现场响应人员的意识水平培训，那么，如29 CFR 1910.120(q)(6)(ii)(A)—(F)所述，你还需要对员工进行至少 6 小时的现场响应人员的意识水平培训。根据员工的工作职责、教育背景和工作经验，可能需要多于 8 个小时的培训。"

表 4.3　现场响应人员的培训

必须的培训	所涵盖的现场响应人员
现场响应人员操作 初始培训 年度复训 初始培训和复训均可能通过能力证明来满足	所有被安排在净化区域工作的员工。这个小组包括但不限于下列人员： 净化员工，包括净化受害者的监督人员，在净化程序实施之前进行检伤分类或安置受害者的医护人员、安保人员（例如，维持人群秩序、控制对 ED 的访问）、设置人员以及对病人追踪的文员。
事件发生第一时间的简报	其他员工（例如，医疗专家或贸易人员，如电工），他们在净化区域的工作是未知的（即他们是被随机叫过来的）。
现场响应人员意识水平层面 初始培训 年度复训 初始培训和复训均可能通过能力证明来满足	a. 安保人员、设置人员以及病人追踪人员只被分配到临近净化区域的病人接收区域，在该区域他们可能会接触到（但是不希望接触到）受污染的受害者以及他们的物品、设备或废弃物。 b. 未事先接到受害者已经受到感染信息的医护人员、文员、检伤分类人员以及其他可能会接触到受污染受害者（以及他们的物品、设备或废弃物）的人员。
推荐的培训	**涵盖的人员**
与危害沟通标准中概括的培训类似	在去污之后，本不会接触未声明的已经受到污染的受害者及其物品、设备或废弃物的其他人员。

作为 8 小时培训规定的替代方案，如29 CFR 1910. 120(q)(6)(ii)所述，HAZWOPER 标准允许员工证明其在特定领域的能力。OSHA 在一份解释函中重申了这一点："有足够经验的员工可以证明其具备所需能力，而不需完成 8 个小时的培训。"但是，值得注意的是，在大多数情况下，可能很难确定员工有足够的经验而不用满足培训要求。许多应急响应人员可能没有丰富的有害物质或 PAPR（动力空气净化呼吸器）处置经验，同时，也要考虑到净化活动很少被实施。

如何证明满足培训要求的有关文件是必需的。每当应急响应人员被允许通过其他相关培训或能力证明来满足培训要求的任何部分时，这一点就显得尤为重要。HAZWOPER 标准要求"雇主必须以书面形式证明其员工参加了具有可比性的培训或其员工的能力得到证实"，同时，OSHA 的解释函也重申了这一要求。

年度复训在 29 CFR 1910. 120(q)(8)(i)中有详细规定，但是，该规定未明确培训期限。相反，HAZWOPER标准要求现场响应人员“应该接受年度复训，以获得足够多的培训内容和培训时间来维持他们的能力，或者应该至少每年证明一次其在相关领域的能力”。此外，重要的是要将复训的执行情况记录下来，或者记录应急响应人员是如何证明其能力的。

在无污染的后净化区工作的员工被要求参加现场响应人员的意识水平培训，原因是他们仍然有可能会面临识别未经声明但是已经受到污染的受害者的情况。这些人员包括医生、文员和检伤分类人员，他们负责通知当局抵达现场，但是，不被期望接触到受污染的受害者及其物品、设备和废弃物。如果他们的职责不包括接触受污染的受害者及其物品、设备或废弃物（如，在受害者到达之前进行设备设置，或者在净化区范围外进行病人跟进），那么，这些人员还包括净化系统设置人员和对病人追踪的文员。

在净化区外围工作的安保人员被要求参加现场响应人员的意识水平培训，原因是他们可能也会卷入一场大规模的伤亡事件当中（那些不被期望接触到受污染的受害者及其物品、设备或废弃物的安保人员）。被指派到净化区域工作的安保人员可能会需要更高级别的培训（例如，现场响应人员操作培训）。

现场响应人员的意识水平培训的具体要求详见29 CFR 1910. 120(q)(6)(i)，该要求没有最小培训时长的规定，但是有培训主题的规定（即雇员必须具有的能力）。跟操作培训一样，HAZWOPER 标准允许意识水平培训可以有其他替代方式。如果现场响应人员具有足够的经验，且能客观地证明其在某些领域的能力，那么，他们就可以不参加培训。这些领域详见29 CFR 1910. 120(q)(6)(i)。

参加过意识水平培训的应急响应人员需要参加年度复训。与操作培训的复训一样，课程内容设置必须足够维持应急响应人员的能力，用来证明应急响应人员能力的培训或方法必须记录在案。

医疗防护措施

为了扩大操作健康和安全计划范围，医疗防护措施也被考虑用来保护应急救援中的响应人员。医疗检查可以应健康和安全计划的直接要求在现场实施，也可以通过正在进行的计划实施，以确保通过适当的缓解策略来应对条件的变化。为了确保应急响应人员的健康和安全，特别是在应急人员可能会暴露于病原体的情况下，预先和事后的医疗对策也是必须的。

医疗检查

重要的是确定在响应期间被要求佩戴 PPE 的人员不存在使他们患病或受伤的风险增加的疾病（见图 4.7）。随着应急响应的启动，在任务分配之前，受过专业训练的医疗人员会使用血压袖带、听诊器、体重计、温度计和医疗监护表等医疗检测设备对所有受到影响的应急响应人员进行检查。如果没有足够的时间进行预先的医疗检查，每个工作人员都应该做出良好的判断，并且只有当他们知道不存在禁止他们使用 PPE 的疾病时才进行应急响应操作。从医疗检查获取的临床数据必须符合适当的医疗指南。生命体征超标的人应休息 15 至 30 分钟，然后接受重新检查或要求不使用 PPE。

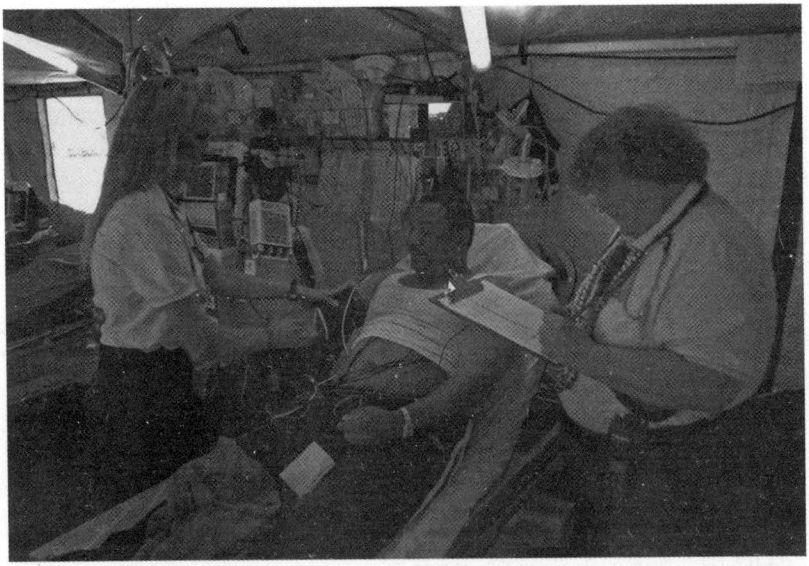

图 4.7　人员必须经过医疗检查才能佩戴 PPE（FEMA，Marvin Naumin 提供）

采取相同或相似的检查标准，应急响应人员在进入和离开应急响应现场时都应该接受医疗检查，并且记录相应的临床数据。临床数据的重大变化可能表明需要更全面的医疗评估或治疗，而这一类的应急响应人员应该停止服务并需要进一步评估或治疗。

应急响应完成后，所有工作人员的医疗检查记录应由医生（MD）或职业健康医师审查，以确定是否需要进一步的短期或长期临床评估。如果决定需要额外的评估，应立即通知应急响应人员，并安排检查。应急响应人员临床记录应放置在其个人档案中，安全保存的时间不少于 30 年。

在很多情况下，心理健康也可能受到响应行动的影响。特别是在灾难性事件中，重视心理健康是重要的，并在需要时提供危机事件压力管理服务。在任何情况下，都应该使用有资质的医疗和心理健康专业人员进行医疗检查。

疫苗接种和医疗对策

如果可能的话，疫苗接种和医疗对策应该提前考虑。使用前面讨论过的与 PPE 使用危险评估类似的评估程序，有可能确定应急响应人员最可能接触到的病原体。例如，密歇根州社区卫生部已经制定了应急响应人员的疫苗接种建议，如表 4.4 所示。

生物和致病风险应在当地区域和功能基础上进行评估，以确定最合适的疫苗和采用的医疗对策。除了疫苗之外，抗病毒药物和其他药物还可以在个案的基础上提供效用。

表 4.4　推荐的疫苗接种

疫苗	建议简述
乙型肝炎	三次接种［第一次接种（立即），1 个月后进行第二次接种，约 5 个月后进行第三次接种］。给予 IM。在第三次接种后 1 到 2 个月进行抗 HBs 血清测试。
流感	每年给予一剂 TIV 或 LAIV。肌肉注射 TIV 或鼻内注射 LAIV。
MMR	对于 1957 年及以后出生的没有免疫的医务人员（HCP），间隔 4 周给予两剂 MMR。对于 1957 年以前出生的 HCP，见下文。给予 SC。
水痘	对于没有免疫血清学证明、事先接种疫苗或水痘病史的 HCP，间隔 4 周给予两剂水痘疫苗并给予 SC。
破伤风、白喉、百日咳	在主要的三剂量系列完成之后，所有 HCP 每 10 年给予一次 TDP 增强剂量。对于年龄小于 65 岁的与患者直接接触的所有 HCP，给予一次性 Tdap 剂量，给予 IM。
脑膜炎双球菌	对于经常接触 N. 脑膜炎分离株的微生物学家给予一剂。

优先级预防

在未明的情况下，应急响应人员可能被安排处置生化恐怖主义袭击或传染病暴发的事件。因此，为应急响应人员及其家属提供可用的预防性的药物治疗方案是非常重要的。与国家药物战略储备（SNS）一样，最常见的预防性药物是阿莫西林、环丙沙星和多西环素。许多州和地方政府已经制定了优先预防方案，一旦发现威胁，就尽快向应急响应人员及其直系家庭成员分发必要的药物。

该方案需要制定告知现场响应人员及其直系家庭成员的预计人数和药品分发指定地点的程序。优先级预防方案确保关键的现场响应人员在应对生化恐怖袭击或传染病暴发事件能够及时接受预防措施。在接受任务时，应急响应人员对自己和家人的安全和健康保有信心是非常重要的，这种信心能够使他们在应急处置时有效地履行其职责。

一旦执行优先级预防措施，应急响应人员可以在等待 SNS 或其他药物补给到达的期间开始设置大量药品分发点。在收到 SNS 补给和药物之后，在药品发放点向公众开放之前，其他 SNS 团队成员、支持 SNS 功能的志愿者及其直系家庭成员可以获得 SNS 的预防措施。这种模式对于发放抗病毒药物和提供疫苗接种来说也是有效的，尤其是当新菌株需要不同的疫苗或治疗时。

结论

负责挽救生命和保证公众安全的人员必须保证自己的安全。员工可能更了解他们的标准工作场所安全措施，但他们也必须为紧急情况做好准备，因为这种情况可能会造成混乱和波动。不断的培训和文件记录对于应急响应人员的安全至关重要，同时，还有许多组织、政府和其他机构不仅创建和更新了准则，而且还制定了规则，以确保应急响应人员的安全。应急响应人员最有价值的安全资产是预案和预防。

第五章 灾难准备及相关法律

托马斯·施耐德

当你阅读到难以理解的东西的时候，你基本可以确定这是出自一名律师之手。

——威尔·罗杰斯

问题

为什么县、市的律师或任何其他律师应该被列入应急和灾难准备团队？律师对应急预案有什么了解？律师在应急预案制订过程中有什么作用？律师会为团队带来价值，还是会对整个预案制订过程造成不利影响？

当法格尔博士要求我阐述我的观点时，我想应急和灾难准备团队想要一个律师作为团队一员的最主要原因是："好心没好报。"当你阅读本章并考虑这些问题时，请思考这里引用的这句话。

一支应急和灾难准备团队是根据成员个人的知识、技能、能力、专业知识和经验而组建的，团队的宗旨是在紧急或灾难情况下为他人"做好事"。给应急和灾难准备团队配备至少一名法律专业人才的做法是顺理成章和深思熟虑的吗？

我不得不承认，我可能偏向于把一名律师列入应急和灾难准备团队中。你看，我是东肯塔基大学的安全、安保和应急管理系的律师和教授。我并不想为律师在应急和灾难准备团队中争得一席之地，但是我想强调的是，绝对有必要将律师独一无二的观点作为应急和灾难准备团队的一部分，尤其是在预案制订过程的伊始。请允许我试图说服你在你的应急和灾难准备团队中加入法律代理人。

答案

第一，我们生活在一个充满诉讼的社会。在紧急或灾难情况下，团队中每个成员都希望做好事来帮助社区。然而，某些情况下，正是由于他们做好事或不作为可能会导致某种形式的法律活动、索赔或诉讼。应急和灾难准备团队中的律师很可能会识别出潜在的陷阱或法律风险。据此，应急和灾难准备团队能够预先采取措施来防范风险，教育团队成员知晓风险，甚至保证消除风险或最大限度地降低风险演变为“灾难后的灾难”的可能性。

第二，由于在法律学习期间积累的专业技能，应急和灾难准备团队的律师可以带来不同的视角。每一个应急和灾难准备团队，无论准备得如何充分，都需要在任何事件之后进行第二次猜测。律师可以在预案制订过程中帮助团队分析潜在的风险，提供积极的替代方案来消除或降低风险。正如每个论点都有两面，根据观点的不同，每一种情况都有两面性。特别是在预案制订阶段，律师应该能够为应急和灾难准备团队提供截然不同的观点，这允许团队仔细分析情况并确定风险是否可接受或者提供替代方案来抵消风险。

第三，你绝对需要一个能够直言不讳的值得信赖的顾问。虽然我们可能意识不到我们团队或组织内部的层级结构，但是，一些成员在决策过程中可能不希望出现破坏情况。如今看来的一个好决策，从长远来看最终可能是一个非常糟糕的决策。你信赖的顾问会支持你，并能提供建议和意见以避免将来可能会面临的困难。

第四，在法律学校获得的严格的培训和教育通常会让律师产生一种以非常缜密的方式看待问题的倾向。一个团队通常是由具有不同经验、专业知识和个性的成员组成的，每个成员都是某个领域的专家。有多少成员擅长文书工作？哪个成员将仔细检查团队的文书工作，并检查所有的文件夹以确保文件的准确性和正确性？通过评估所有文件，律师可以作为失败的保障，以确保团队不会因为文件错误而出问题。

第五，正如威尔·罗杰斯（Will Rogers）在本章开头提到的那样，在应急和灾难准备团队组建之前的许多拨款提案和其他文件都可能是用法律术语撰写的。律师可以将法律文件解读为应急和灾难准备团队成员可以理解的语言。这就允许团队其他成员在制定拨款或其他文件时能够专注于自己的领域，而不是花费时间在法律字典上。

第六，媒体在任何紧急和灾难情况下都是无所不在的。尽管许多应急和灾难准备团队都拥有一名信息官员，但是，律师可以协助向媒体提供任何声明，并保证不让别人抓住误会的话柄。大家都知道，来自任何紧急或灾难情况的录像片段都能及时定格现场，并经常被放马后炮的人在公共场合以及未来诉讼中用来指责团队的行为或不作为。

第七，在应急和灾难准备团队中拥有一名律师有什么缺点？计划桌上的另一把椅子？另一组眼睛和耳朵，为计划过程增加新的不同的视角？长话短说，在预案制订过程中增加一位城市律师或当地律师是没有什么坏处的，而且实质上的优势是能够在计划过程中主动发现潜在的法律缺陷。

所以，现在我至少已经激起了在你的应急和灾难准备团队中增加一名城市律师的兴趣，那么在计划过程中，能够与你的律师讨论团队应该承担的法律责任或面临的法律陷阱有哪些？在任何紧急和灾难情况下，潜在的责任领域包括从工伤赔偿到应急和灾难准备团队离开现场后的车辆事故伤害。此外，法律的适用性取决于你的应急和灾难准备团队是否属于联邦或州政府豁免或其他合格豁免法律范围之内。

可能适用的法律

让我们来看一些可能适用的民事法律，以及在紧急和灾难情况下潜在的责任或陷阱。

联邦法律——包括但不限于：

- 美国残疾人法（ADA）
- 职业安全与健康法
- 劳资关系法
- 联邦劳务管理关系法
- 1964 年和 1991 年的公民权利法
- 就业年龄歧视法
- 退伍军人再就业权利法
- 1973 年的康复法

- 联邦反歧视行政命令
- 公平劳工标准法（FLSA）
- FLSA 下的最低工资要求
- FLSA 下的加班费
- 员工退休收入保障法（ERISA）
- 联邦失业保险法
- 联邦隐私法
- 家庭和医疗假法案（FMLA）

国家法律——包括但不限于：

- 国家劳动关系法律
- 反歧视法
- 军事人员保护法
- 国家工资和工时法
- 国家安全和健康法
- 州工人赔偿法
- 政府豁免法

当地法律——包括但不限于：

- 建筑规范
- 司法要求
- 土地使用法
- 交通法规

尽管这些仅仅是联邦、州和地方法律要求中的一小部分，它们涉及了民事责任，但刑事责任却有一套完全不同的法律。一般来说，刑法适用于团队成员个人的行为或不作为，而不是整个组织。但是，上述许多法律仍然包含了恶劣情况的犯罪成分。

过失

律师可以对应急和灾难准备团队进行警示教育的一个具体领域是过失领

域。有许多诉讼发生在过失领域，从过失雇佣到过失监督到过失伤害。

一般来说，为了证明过失，受害方必须提供：

1. 责任——应急和灾难准备团队有责任采取行动。

2. 违背——应急和灾难准备团队的行为或不作为违反了这一责任。

3. 因果关系——应急和灾难准备团队的行为或不作为造成了对方的伤害。

4. 损害——应急和灾难准备团队的行为或不作为给对方造成了损害。

虽然这种分解是以简单的方式提供的，但在联邦和州的民事法庭当中对公共与私营部门实体的过失诉讼却很常见。对于公共部门的应急和备灾组织来说，还有一个额外的豁免问题需要解决。一名律师，作为应急和灾难准备团队的重要成员，可以教育警示团队遵守这些法律的要求，以避免风险和潜在责任，并做好准备，以应对可能针对组织或团队的法律诉讼。

应急管理阶段

让我们来看看应急和灾难准备计划的各个阶段，以确定可能出现法律问题的、需要法律顾问协助的一般领域。

计划阶段

- 州和地方政府之间存在管辖权问题
  - 谁负责什么活动？
- 各部门之间达成互助协议，一个实体未能履行所要求的职责
  - 谁负责由此产生的后果？

响应阶段

- 9－1－1 系统不工作
  - 谁负责？

  - ◇ 9－1－1 系统的失效是奶奶死亡的原因吗？
- 应急和灾难准备团队的一名成员在现场实施急救，受害者死亡，家属责备现场响应人员
  - ◇ 谁有责任？

恢复阶段

- 一个小组正在试图修复一条天然气管道时，该管道爆炸
  - ◇ 如果一名队员受伤或遇害怎么办？
  - ◇ 如果附近的房子严重受损怎么办？
- 团队成员正在使用链锯，但链锯故障导致严重伤害
  - ◇ 是制造商的责任吗？是你的组织的责任吗？
  - ◇ 第三方恢复可能吗？

其他可能存在民事责任风险的领域

汽车

- 在紧急情况下驾驶车辆时，你的团队成员受伤
  - ◇ 谁支付医疗费用？
  - ◇ 对于你的团队和其他人都有残疾的情况呢？
- 一名队员在去灾难现场的过程中发生车祸遇难，其家庭为其提起法律诉讼
  - ◇ 家庭可以起诉吗？
- 一名队员在前往现场的十字路口停下来，并杀死另一名司机
  - ◇ 司机的家人可以起诉吗？
  - ◇ 他们将起诉谁？
- 车队成员的官方车辆刹车失灵，车撞到一家商店时伤害了许多孩子
  - ◇ 孩子们可以起诉还是他们的父母将代为起诉？
  - ◇ 他们会起诉谁？

就业

- 一名合格的 42 岁就业人员申请在你的团队中工作，但是没有被选中

  - 候选人是否因年龄而受到歧视？
  - 候选人是否受到就业歧视年龄法的保护？
- 出于安全考虑，你的团队采取“不留胡子”政策
  - 你的团队是否歧视留有胡子的团队成员？
  - 留胡须是出于宗教原因吗？
  - 留胡须是否会造成安全隐患？
- 一个团队成员由于在公开场合就一个有争议的动物权利问题发表的声明而不被提升
  - 团队成员是否因公开陈述或立场而受到歧视？
  - 团队成员的公开言论是否是美国宪法视为的自由言论？

歧视

- 在遭到拒绝的情况下，一名男性队员不断地向一名女性队员提出约会要求
  - 男队员是否骚扰女队员？
  - 根据民权法第七章的规定是否可以采取诉讼？
  - 这个诉讼是针对团队成员的还是团队/部门的？
- 团队领导晋升了一个拥有 5 年经验的白人男性团队成员而不是那个有着 10 年经验的西班牙裔团队成员
  - 团队领导是否歧视西班牙裔团队成员？
  - 根据民权法第七章的规定是否可以采取诉讼？
- 你的团队的候选人由于永久性伤害，不得不坐在轮椅上，团队决定这个候选人不是最合适的人选
- 根据美国残疾人法案，团队是否歧视了这个候选人？

培训

- 其中一名队员发生心脏病，并在培训中死亡
  - 是否根据员工赔偿支付了死亡抚恤金？
  - 家庭能提起法律诉讼吗？
- 队员感冒，拒绝参加培训，团队领导开除了该队员
  - 团队成员是否可以针对团队提起诉讼？

- 一名队员在培训过程中将一根管子砸在了另一名队员的脚上
- 受伤的队员可以起诉落管的队员吗?

这些只是律师可以向团队提供协助和指导的一些情况，但也仅仅是根据许多联邦、州和地方法律提起诉讼情况的一部分。而这些只是体现在民事方面。有一套完全不同的联邦、州和地方刑法可以影响团队或任何团队成员。

结论

经过专门法律培训的专业人员可成为应急和灾难准备团队的有益成员。我们都知道有很多关于律师的笑话和很多关于法律职业的高度评价，然而，律师们确实提供了很多经验和专业知识。每个应急和灾难准备团队都将遇到法律问题和情况，此时适当的法律建议可以节省时间、金钱甚至拯救生命。

请记住，法律专业人员现在是你团队的一部分！法律专业人员作为团队的一部分将持续学习和成长，我相信他们将成为短期内不可或缺的团队成员。你能有什么损失呢？更重要的是，你的团队将获得什么？

你团队的律师成为你的律师，可以研究你的情况并提供指导，据此可以避免承担事故发生之前、期间或之后可能存在的法律责任。他们为你提供指导，以尽量减少你的潜在责任。

拥有自己的内部律师作为你的应急和灾难准备团队的一分子是不是很好？

第六章　压力管理与应急响应人员

K. R. 朱文

对于应急管理人员来说为什么压力管理是重要的

在危机情况下，社区中有两类人需要照顾和管理：居民和员工。本章为应急规划人员和社区管理专业人员提供一个在灾难准备阶段制订应急预案的框架（该框架包含重要组成部分）。构建这种框架有许多好处。第一个显而易见的好处是，在灾难或紧急情况下准备好一个可靠的预案有助于提高响应和恢复的成功率。而第二个好处，如果从长远来看，则已经证明对特定要素的考虑可以预测组织承诺。组织承诺已被证明与领导风格直接相关，特别是在领导层通过指定任务，采用特定程序、时限和沟通来确定人员对既定目标的作用时（Dale and Fox，2008）。此外，研究表明，针对减少认知压力以及增加或巩固人际关系的规划对组织有利（Dale and Fox，2008）。

随着发展，应急管理人员已经开始预测在其管辖范围（指市、地区或州）内甚至是超出其管辖范围的事件。正如使用国家突发事件管理系统（NIMS）的趋势以及各个机构在其服务协议中增加了应急响应条款那样，应急响应结构的机制是明确的。在发生灾难的情况下，会发生什么？“在极少数情况下，突发事件发生的规模如此之大，其程度已经严重到本地应急响应人员可能没有资源——人员、设备、专业知识和资金——来有效和安全地做出应对。即使在这种情况下，当地的应急响应人员也应该毫不犹豫地去做他们已经接受过培训的事——去现场拯救生命、保护财产以及消除威胁。”（Jackson et al.，2004，iii）

执法部门已将压力管理纳入其事前战略规划干预措施中，以增加突发事件指挥手段（Sheehan et al.，2004）。预先规划措施包括几个必要的组成部分，它们是评估和检伤分类、个人危机干预、小型和大型群体危机干预以及战略规划。在紧急情况下，社区管理人员希望保留以及恢复日常工作的能力。战略规划应考虑到任务设计、管理风格、人际关系、工作职责、职业关切和环境问题等因素（Goetzel et al.，1998）。具体来说，在员工压力来源中，这些中的每一项都是重要的考虑因素：

- 任务的设计涉及繁重的工作、不规律的休息、长时间的工作、轮班、没有个人意义的任务、技能不足以及缺乏控制
- 管理风格，如员工不参与决策、沟通不畅以及缺乏不利于家庭生活的政策
- 同事和上司之间的社交环境和人际关系差
- 工作职责有冲突或有不确定的工作期望，或给予太多的责任
- 工作缺乏安全感，缺乏晋升的可能，或员工认为自己没有做好准备以应对快速变化，这些都会引起职业上的担忧
- 不舒服或危险的物理条件造成环境问题

在应急规划中，可能的二级幸存者很少被关注，特别是当应急响应人员和应急服务工作人员关注所有需求的时候。在规划中，通常没有考虑到的一个因素是对应急响应人员的非紧急和非直接的人类影响。当灾难袭击员工的社区时，考虑到他们的幸福是非常重要的，因为他们本身既是应急响应人员，又是受害者。他们的义务要求他们为工作和社区履责。他们的头脑和内心也会充斥着为自己的家庭、家园和邻居的担心。值得注意的是，有一些发现（Galea，2007）表明，灾难和大规模创伤的长期严重后果在特定的幸存者群体中最为常见。按后果的严重程度排列，这些人是：突发事件中受伤的人员、救援人员、失去个人财物和家园的人员、受伤人员的家属以及普通人群（Galea，2007；Sheehan et al.，2004）。

应激障碍

据估计，到2020年，应激障碍将成为导致残疾的第二大原因，也是世界卫生组织与NIOSH工作组织和应激障碍计划的全球疾病负担的主要战略目标（Ray and Sauter，2008）。在美国，为了评估工作压力，每年要花掉1710亿美元的评估费用，这与癌症和心血管疾病的评估费用相同，并且高于阿尔茨海

默病或艾滋病毒/艾滋病的评估费用。由于旷工，工作效率下降和医疗卫生支出（APA，2004），估计每年的损失为3000亿美元。

世界卫生组织和国家心理健康研究所等组织表明，情绪健康问题、自杀和精神疾病占疾病经济负担的15%以上。作为第一大原因，心血管疾病造成了18%以上的精神疾病。然而，当把酒精和药物使用问题考虑为基于情绪问题的残疾疾病的致因时，这使残疾疾病增加到20%以上。

在灾难情况下，影响率通常更高。研究表明，没有事先经过灾难培训或没有经历过灾难的个人罹患创伤后应激障碍的风险更高（PTSD；Perrin et al.，2007）。在世贸中心的PTSD研究中，建筑、工程、卫生和独立的工作人员患PTSD的比例为21.2%，而救援/恢复人员的比例为12.4%（Perrin et al.，2007）。美国国家精神健康信息中心（De Wolf，2005）为接触到任何灾难情况的人们进行了几个重要方面的考虑。虽然所有这些考虑都很重要，但其中一项绝对最为关键。这些观点不仅强调了初级幸存者心理健康需求的重要性，还强调了二级幸存者和应急响应人员心理健康需求的重要性。毫无疑问，最关键的点在于：没有人在亲历一场灾难后而没有受到影响。

理解压力的持续性

压力的产生源于生活。应激反应是正常的，但是，它可以是适应的，也可以是不适应的。压力可能是激励和积极的，或消极和破坏性的。在极端情况下，反应可以被看作“对异常事件的正常反应，而不是精神病理学的迹象”（Rogers，2007）。压力可以在短期内产生，是对直接需求的反应，而随着形势的加剧和发展，这种压力是合理的。没有人会免于压力的影响，但是，通过建立技能和预期心态以及制订应对计划可以避免一些破坏性的影响。典型的压力症状会影响身体健康，并可能干扰抵抗疾病或感染的能力。在极端情况下，压力与心脏病、癌症、呼吸系统疾病、事故、自杀、抑郁、焦虑症和酗酒有关。如前所述，这些都是造成衰弱性疾病和经济影响的最大原因。这种影响对个人、雇主和社会都会产生直接和间接的成本。这些成本包括病假、带薪/无薪休假、轮班或工作量增加、治疗、康复和员工生产力损失。

当发生不正常的事件时，压力问题就可能会出现。这个事件可能是比通常情况更严重的风暴，破坏性的龙卷风，严重的火灾或洪水，或者在时间长度、损害程度、所需响应程度以及事件恢复方面具有深远影响的其他类型事件。接触这些情况会导致一些反应，包括惊恐、痛恨和对人身安全和幸福的担忧。反应可能从轻微到严重，并且在长时间内以许多不同的方式影响人们。虽然这些反应对个人而言可能是相当不安的，因为它们超出了人们通常发生的典型反应的范围，但是大多数反应都是暂时的。症状是行为模式、反应、感受、思想或影响管理生活方式的问题。

在紧急情况下执行救援和恢复工作的现场响应人员和辅助人员会面临超出其正常日常应急任务要求的压力。他们的“正常”应急响应通常超出大多数普通人所面临的情况。但是，如果出现“正常”或“典型”范围之外的情况，那么接触这些事件会增加情绪和身体创伤以及创伤后应激障碍的风险。一般人群的 PTSD 的患病率约为 4%，但是，在世界贸易中心案例研究中发现，救援和恢复服务人员的 PTSD 的患病率高达 32%，搜救人员的 PTSD 的患病率为 25%，消防员的 PTSD 的患病率为 21%（Perrin et al.，2007）。

应激反应

有许多症状会干扰情绪或感觉，身体健康或思维。因为这些问题会影响我们的思维、感觉和身体功能，所以，我们的行为和日常生活中的管理方式会在很多方面出现问题和受到影响。

我们大多数人都有一个可以让我们从生活中的压力和压力事件中恢复过来的典型基线。我们可能会摆脱一段时间，然而，当这些问题得不到解决时，压力可能会变成痛苦甚至演变为累积压力。在最坏的情况下，这些也会对身体健康产生负面影响。

重要的是，每个人都以不同的方式处理和应对压力。有些人会立即有压力的迹象，有些人则不会表现出任何压力。有时候这是非常明显的，因为有一些会在身体症状中显示出来（见表 6.1）。其他人只显示微小的迹象，而这些迹象往往可以完全归因于其他事物的影响。当这些迹象持续超过几天时，这可能是一个信号，表明问题可能不仅仅是典型的压力，而且可能需要一些额外的支持。

告诉人们压力可能体现在身体、情感或认知方面，使他们有机会观察自己和相互的变化。创造一种积极的自我保健的文化，鼓励人们每天进行压力管理，是应对未来情况的预防性护理的坚实基础。

急性应激

急性应激反应对个人来说通常是非常痛苦的，并且人们经常认识不到这些反应与事件相关。在紧急情况下，每个人都可能在应对危机上耗费太多精力，导致人们可能没有意识到他们自己或他们的同龄人都在经历急性应激反应。在高度集中的时刻，人们可能不会意识到自己的反应。可能会出现恐慌、震惊、怀疑、混乱或痛苦。许多人都会感到失控。

这是一种被描述为感觉“脱节”或者迷失方向，或者个人“疯狂”的一种经历。不幸的是，人们往往也感觉到自己失去控制或者无法管理自己，事实上，当人们的管理能力在某种程度上遭受损失的时候，情况会变得更加复杂。将问题与对事件的应激反应关联起来是非常重要的，并且处理得当时，问题就会减少。

经历过急性应激的人们报告了他们行为上出现的各种各样的问题和变化。这些问题和变化出现在情感、思考、身体功能和行为上。这些问题已经在表6.1中列出，对个人来说可能是非常紧张和令人不安的。如果是以反复的图像、气味、声音或关于压力事件的想法的形式出现的，这尤其成问题。

危机事件中管理人员的职责

管理人员在危机事件中必须考虑到两个层面的注意事项。首先是负责组织和实施危机应对计划。其次是他们对参加应急响应和实施危机响应计划的员工的责任。如果没有对第二个层面的有效管理，第一个层面可能会做不好。参与社区响应计划的每个人都有家人、亲人、朋友和财产以及对他们的担忧。虽然他们是应急小组的成员，但他们也是有人际关系的个体。

了解应激反应有助于让人们坚强并使压力正常化。这也有助于他们认识到，当压力症状变得过多时，重要的是鼓励和支持他们在创伤形成或紧急事件压力之前获得所需的帮助。

表 6.1 常见的压力症状

身体症状	情绪症状	认知问题
经常疲劳或缺乏精力	感觉易怒或脾气暴躁	感到不知所措或无法应付日常生活中的需求
不会放松	悲伤、忧郁或沮丧	记住事物和学习新事物上出现问题
性问题	担心、忧虑	健忘
体重变化	孤立自我、感觉孤单	问题解决上出现问题
手心出冷汗	哭泣、泪流满面	很难集中注意力
睡眠模式改变、入睡困难、睡眠不足或缺乏恢复性睡眠	放松或享受事物的能力减少；感到被遗弃或被攻击	难以理解事情；思维缓慢
难以集中注意力或注意力不集中	感觉不在状态、不知所措、没有效率	严格和强迫的思考
疼痛、肌肉紧张	思考选择死亡；绝望	语言问题
头痛	焦虑、担忧	不断地回顾事件
磨牙、牙关紧咬	恐慌、恐惧、过度警觉	拒绝或责备
胃部和胃肠道问题，如胃部不适、恶心、腹泻以及消化不良	强迫症，检查、整理东西；易怒	困难的梦想；拒绝/责备；多疑
食欲不振	冷漠、懒散；没有精力	信念动摇
心跳加速、浅呼吸、胸闷	麻木	迷惑、困惑
惊吓反应增加、不能放松	突发的行为	容易不知所措

计划：提前帮助关怀应急响应人员

公共卫生的基石包括利用当地和国际资源来确保人们的健康。预先计划并让所有这些资源到位可能有助于减轻员工压力的某些方面，即使他们不在家中，他们也知道此计划可以尽可能为其家人提供最好的服务。

就像设计图指导建造房屋一样，政策指导我们的最终实践。许多管理人员理解并认同移除应激反应的需求。创伤性压力专家主张在政策层面应该有所体现，以提供指导、咨询和持续合作（Fairbank and Gerrity，2007）。采用强调心理健康的方法，及早识别心理问题，然后进行早期治疗和干预。考虑文化相关性，涉及家庭和社区支持的因素被强烈建议在公共卫生政策中予以考虑（Fairbank and Gerrity，2007）。

至少有一种方法可以帮助减轻灾难情况下的应急响应人员的压力：由于前期的准备，尽可能确保他们家人的安全。这些家庭做好应对的准备，因此，他们处于一个更加安全的应对灾难和自给自足的状态。控制可预见和预先管理的元素是任何良好战略规划的基础。

在制订社区响应预案时，有必要强调所有员工都有自己的家庭应急预案的重要性，这个预案应该包括为所有公民推荐的必要的一般性要素。一个普遍的经验法则是公民应该计划在 3 至 4 天（72 至 96 小时）内自给自足。如果这场灾难的范围足够大，很多资源将无法长期供应。

什么资源应进入家庭应急预案？在这些时候，几乎每个村庄或城市都有一个网站用来指导其公民制订应急预案。联邦紧急事务管理局（FEMA）在 www. fema. gov 上介绍了其中最完整的一个。

一般家庭应急预案至少应包括以下内容：

- 针对潜在风险和特定危害的应急预案
- 紧急财务预案
- 应急和替代的通信预案以及联系电话，特别是在大规模通信中断的事件中
- 指定联系人和集合场所以及沟通时间表
- 每个家庭成员的抗灾装备
- 每个宠物的抗灾装备
- 替代住所安排
- 食物和水
- 卫生需求
- 现金零钱和信用卡
- 通信、热、光、电等的预案
- 预测环境风险和元素，包括虫子/野生动物
- 防护服、手套和帽子

除这些组成部分外，FEMA 还提供建议，鼓励员工制订他们自己的危机

应对计划，原因是即使他们不能在家确保其家人的安全，他们的家庭成员也知道该怎么办：

- 在家里、社区的什么地方见面，还是离开危险区
- 跟谁联系说明有关状况，特别是如果分开的情况
- 必要时可以带上重要文件和钱
- 应急物资、资源，文件和身份证明（应急准备清单）
- 社区内的资源联系
- 家务信息（煤气、电等）
- 识别程序和文件
- 规则是什么，以及每个人都知道这个预案
- 谁负责应急疏散过程中的人员和事务
- 谁应该带走什么、留下什么
- 什么时候撤离
- 如何用书面联系信息、号码沟通应急计划、备份计划，并确保人人都会被联系到
- 如果需要，向谁去寻求帮助
    - 资源和支持的呼叫树
- 什么时候离开，在哪里集合和其他备份计划
- 身份、保险和重要记录，家庭财产清单
- 有与公用事业关闭和安全有关的信息

在应急预案加入以下几个要点，这些要点专门关注员工对其家庭的需求：

- 在重大事件或灾难期间，教育所有员工了解具体的机构政策和对他们的应急响应的期望，通过事先告知他们有关社区响应要求的工作范围，他们可以预测专业和个人需求之间的冲突，如果机构有特定的预案，则以简要格式展示相关信息，并将其记录下来（因此总是有时间参考）并分发，目标是将这些信息放入员工的家庭灾难工具箱中
    - 鼓励员工制订家庭灾难或应急预案，并在任何情况发生之前进行沟通
- 为员工和他们的家庭提供沟通和联系的途径，这可以包括一个确定的中间人，承担联系人的责任，并有计划地和预期地传递信息

- 确保机构拥有最新的紧急联络信息，并为每个雇员提供一个身份证明，这应该是便携式的，通讯人员应该随身携带，应该以电子和硬盘拷贝形式存储信息
- 确定组织的联络点，以及员工和可能试图联系组织的家人之间进行联系的方式
- 建立一个状态交流系统，其中包括在本地通信失效时信息传递的备份计划

· 建立一个系统来确保应急响应人员能够同其家人和支持者进行沟通，为了让员工能够同他们的家庭联络员进行状态沟通，需要为他们建立沟通机制、时间和地点，如果他们感到其家人是安全的，那么他们能够以更少的压力更专注于他们的工作，如果应急响应人员能够了解他们的首要任务、他们的家庭状况，那么请假或辞职可能会少一些

· 作为自身灾难应对策略的一部分，鼓励员工具有与未部署的员工或与应急响应人员建立联系的能力，以支持这些应急响应人员的家属，确保他们不在家时其家属的福利和安全，如果这是不可能的，让员工找到可以提供帮助的其他邻居或朋友，每个人都应该有一个他们所依附和合作的人，让他们渡过眼前的危机和危险阶段，进入恢复阶段，这对于长时间服务和缺勤尤其重要

- 鼓励员工建立一个由配偶/重要人员和家属组成的网络，以便在执行应急响应任务期间为家庭提供支持、救济和帮助，包括可以为他人提供资源的人的呼叫树或流程图，许多军人的配偶在这些军人执行任务期间会定期举行支援小组会议，以便彼此之间提供支援和资源

· 确定社区内可用于在紧急情况下协助家庭的资源，这可能包括教会组织、其他同事、服务机构、学校等，计划可能包括在你的社区机构和其他社区资源之间制定支持协议，以便他们知道向这些家庭提供支持的程度，另外，鼓励你的应急响应人员在他们的社区内发展关系，以便于在事情发生之前建立好联系，确定你的社区中有哪些人可以负责各种支持中心（家庭团聚、儿童服务或无家可归者）

· 预先选定一个只有应急响应人员才能进行集中访问的信息发布的地方，这可以包括信息简报的时间表，集中发布的信息以及实时更新的时间表

支持应急响应人员的建议

有几种策略可以帮助你的应急响应人员整理自己，达到目标，同时，减轻他们在危机事件中的压力：

- 沟通是关键，定期与你的员工进行简报沟通，这有助于人们预测何时会提供信息；简报应在已知和预期的间隔内提供，让你的员工很容易知道谁是谁以及谁去做什么
- 在适当的情况下，将信息发布在一个集中的地点，以便为那些需要信息但是又没能参加工作简报的人员提供信息；请确保在公布的简报中没有任何会让记者抓住把柄的内容并在安全的地方张贴简报
- 确保在简报期间，你的通信线路不会被切断、暂停或连接到手机邮件，始终能够让与接线员互动的现场人员访问指挥中心
- 你可能想在轮班结束或下班时开个会，以感谢他们的努力工作。如果可能的话，称呼他们的名字、握手、拍拍他们的背部，并进行目光接触，询问在这段时间他们的家庭状况，告诉他们其努力得到了赞赏和注意
- 允许明确的沟通途径和责任。人们忘记传达有关原因的信息，以及事情发生或未发生的原因细节，你的计划可能要公布这些信息，以表明对资源的请求已经得到认可，并有合理的理由说明供给不在这里的原因；状态报告是至关重要的，他们帮助人们预测并获得控制感，包括预期的时间、日期等，当你没有这些信息时，请说明该信息目前还不可用，但会在收到时提供
- 有一个地方让你的应急响应人员和工作人员可以暂时回避现场，休息和补充能量，这可能意味着确保给某人分配始终有可用营养的工作；精神卫生临床医生或牧师可以承担这个角色，他们可以为工作人员提供状态检查
    - 例如，随着一场灾难性的危机的爆发，一家医院出售三明治、饼干、咖啡、水和冷饮，人们会被吸引到那里休息；那些在那里工作但下班后仍然出现的人们只是为了和他们的同事在一

起，管理机构会禁止媒体入内，并护送人们进出汽车；几乎没有人说话，他们中的许多人坐在那里哭，但不言自明的支持一直都在；危机应对人员在自助餐厅走动，提供支持、联系，当需要时，还提供祈福；随着事件后的日子一天天过去，医院里的牧师和危机工作者继续留在那里，并和一些人一起祈祷，和人们坐在一起聊天；员工对机构的忠诚度增加了，组织的士气使他们走过了困难时期，所以，很少有人因为事故而选择离职

- 你的指挥人员应该注意前面讨论的压力迹象；烦躁不安、脾气暴躁、愤怒、退缩和敌意是你的员工有压力和潜在挣扎的重要线索，提醒他们给员工时间来快速休息一下，如果员工不接受，就劝他们无论如何要接受，承认他们希望保持专注、忙碌和参与的状态，但不要劝阻他们不要牺牲自己的健康或过度消耗；当有人发脾气或失去冷静时，给他们时间重新整理自己，他们碰壁了，需要一到两分钟才能恢复过来
- 监视是否有应急响应人员变得愤怒、敌对、易怒或超出正常范围内的典型反应是非常重要的，对于管理者来说，重要的是要把这看作他们承受压力、疲劳或超负荷的重要信息，通常，应急工作人员不能或不愿表达他们的害怕、不知所措等，很多时候，由于疲劳和筋疲力尽，他们自己意识不到，如果他们不断向其他人重复他们所看到或做的事情，他们就不能去外面做他们所做的事情，所以，他们已经养成了管理糟糕事情的方法，这些糟糕的事可以摧毁每个普通人，重要的是不要个性化人们的行为或反应，而要认识到他们甚至超出自己的极限，询问他们可能需要或想要什么，这可能是合理的，这也可能是不合理的，私下谈话，给他们一些时间来重新拼凑和整理自己，不要报复或愤怒回应，给他们几分钟安静的时间重新整理自己，稍后再看，他们可能什么都不说，他们也可能有很多话要说
- 注意应急响应人员彼此之间的反应，在确保找到正确的人的情况下，将群体中一个有愤怒、无奈或被压倒的感觉的人作为目标，鼓励他们团队合作，团队力量可以使他们变得更强，如果在这种情况下有人出现上述症状，请留意，你年轻的队员可能非常脆弱，这个时候你想知道群体的想法，团队围绕着更强大的成员，选出那些在情绪上与余下队员不同的队员，团队的思想行为可以使最好的团队崩溃以及不能做

他们作为一个团队一直依靠彼此去做的事情
- 确保你的员工有一个日常工作表，日常工作表在不确定性时期建立了一些可预测性因素，建立积极和消极的习惯
- 制订一个计划，如果需要调动员工，给予他们所需要的援助
- 作为一种预防措施、一种给他们补充能量的方式，通过整合支持来保持团队成员继续工作的能力，并与他们的团队重新建立联系
    - 确保每个人都知道服务开始和结束的时间
    - 当他们停止服务时，他们需要尽可能地远离情况，另外，当为他们设置空间时，在搭帐篷之前，考虑位置的物理特性是必要的
    - 建立一个安静和逃避的地方，避免经常接触有关活动的媒体报道
    - 建立一个集中的地方进行沟通和信息更新

心理急救

一种资源是心理急救（PFA；Ruzek et al.，2007），其中包括8项核心行动，旨在减少创伤后的痛苦，并改善应急响应人员短期和长期的适应功能。“PFA实地操作指南”可在国家儿童创伤应急网络（nctsnet.org）上获取。它为存在灾难心理健康问题的应急响应人员所使用，为幸存者提供即时帮助，以及在任何必要情况下为个人（Hobfoll et al.，2007；Ruzek et al.，2007）以及小型组织提供帮助。

下面将要讨论的8项核心行动是基于以下原则（Hobfoll et al.，2007）进行的：

- 安全感
- 冷静
- 自我意识和社区效能
- 连通性
- 希望

一种建立安全感的方法是可以通过提供信息来建立。这允许对现场状况进行现实的评估。结构化和指导性的持续信息是有帮助的，结构化信息让人

们清楚会发生什么事情、已经发生了什么事情，他们应该做什么来澄清歧义。另一种建立安全感方法可能涉及将个人转移到安全的环境中，并使他们恢复生理和心理“正常”的感觉。如果可能的话，可以降低焦虑和压力相关症状的风险。此外，在一定程度上将个人与他们的支持网络联系起来，可以缓解和控制局势。

促进冷静旨在解决与创伤相关的压力和焦虑对生理和情绪的影响，这最终可以推广到许多可能会对功能造成长期影响的情况。告诉人们这些反应是合理的，或者对异常情况的正常反应可以帮助减轻焦虑，以及当一个人感到不知所措时会产生灾难性思考（即“我不能管理这个”）。压力管理、放松、认知重构和深呼吸等活动可以轻松地整合到预防和保健活动当中去。

为了帮助培养自我信心，个人在状况管理、应对、扎实判断和解决问题方面有一定的自信是重要的。个人对管理自己和处境的能力有一定的认识是很重要的。建立现实和切实的目标可以帮助定量评估，最大限度地减少“我感觉”方面的评估。

应该促进连通性和社会支持。正如前面所讨论的，研究一再表明，获得支持的人比没有支持的人能够取得更好的结果。这种支持应该体现在个人、家庭和社区层面。此外，它提供了信息交流、解决问题、共享经验、情感理解和接受的讨论。连通性建立了可以重建社区的纽带，并培育出一个共同的“我们”概念，这对大规模恢复是必要的。

灌输希望是最后的组成部分。对目的、意义和希望的研究是广泛的。从这个意义上说，作者把希望看作一个关键的组成部分，因为他们具有乐观的品质，对未来的希望，自信，对积极结果的期望以及其他充满希望的信念和定义（如上帝、宗教、更高的权力）。这可以让人们对自己和生活有一种可预测的感觉。鼓励积极应对和迎接挑战有助于最大限度避免、回避和孤立的情况。

8 项核心行动（Hobfoll et al.，2007；Ruzek et al.，2007）是：

> 1. 联系和参与，通过发起非侵入性、富有同情心和支持性的接触，迅速建立联系和融洽关系。询问你的出现或联系是否是被要求的是很重要的。
>
> 2. 安全和安慰涉及解决即时和持续的安全需求，并提供生理（包括医疗）和情绪上的安慰。提供基于事实的信息对于帮助减轻由

于错误或不准确的报告而产生的压力影响是非常重要的。

3. 必要的稳定性需求。这方面包括冷静，以及提供包容、引导情绪上不知所措的幸存者。

4. 收集与当前需求和关注相关的信息，量身定做干预措施，以及对这些需求和关注的回应。

5. 实际的援助涉及解决幸存者和应急响应人员及时的需求和关注。

6. 通过为与支持资源的简短或持续的联系提供结构化的机会，从而建立与社会支持的联系。

7. 与压力管理、应激反应和应对策略相关的应对、管理和支持信息，为减轻事件和恢复过程的影响做好了准备。

8. 与协作服务的联系使幸存者能够获得当前或将来可用的资源。

危机事件压力管理（CISM）

危机事件压力管理（Critical Incident Stress Management，CISM）被 Everly 和 Mitchell（1997，2000）定义为一个危机干预系统，涵盖从严重危机阶段到压力管理和危机事件暴露的后危机阶段。虽然存在关于其疗效的争论，但是，如果按照训练有素的辅导员定义的结构进行时，已经发现它是非常有帮助的、有教育意义的、可预防性的和有支持性的。关于这个话题有很多文章，这些文章的读者是针对国际危机事件压力基金会（ICISF）。它有适用于个人的，不同规模的群体的，应急响应人员、家庭、组织和社区的具体干预措施。它的主要目标是：

1. 通过减少应激反应来减轻事件的影响。

2. 通过增加正在经历应激反应的人们的正常的恢复过程，来加速恢复过程。

3. 恢复自适应功能。

国际危机事件压力基金会拥有许多资源可供机构和应急响应人员复制和使用。文献中关于危机事件压力管理的好处是相互矛盾的（Everly and Mitchell，2000；Mitchell，2003；Ruzek et al.，2007）。Mitchell（2003）与 Everly 和

Mitchell（2000）对这些批评得非常彻底，并对危机事件压力管理情况进行了严格的定义。在Mitchell的研究分析中，他澄清说，对模型的大量批评来自这样的情况，即技术实际上是由未经训练的个人使用的，错误地将那些未经设计的技术应用到人们身上，以及个人在心理治疗环境中使用这些技术。

从CISM的角度来看，危机事件是突发事件，常常危及生命，时间有限，可能摧毁自适应的反应能力。作者指出，在这个定义中，心理稳态已经被打乱，通常的应对机制已经不能重建稳态，由此造成的痛苦造成了一些功能上的损害。在CISM框架中，Flannery和Everly（2000，120）定义的危机干预包括“向受害者提供紧急心理护理，帮助受害者恢复到自适应性的功能水平，预防或减轻心理创伤的潜在负面影响”。Mitchell（2003，3）写道：“名为CISM的危机干预计划的主要目标是减轻危机事件的影响，加速正常人（他们在面临非正常事件时会出现正常的反应）的恢复过程。”

CISM危机干预模型的每个组成部分都涉及以下前提：

1. 立即干预，尽量减少适应不良处理或应对的风险。

2. 通过调动资源和支持来恢复表面上的秩序和日常活动来稳定局势。

3. 尽快了解发生的事情。收集事实，提供信息，鼓励表达，帮助他们了解事件和善后的影响。

4. 作为恢复控制和自我信心的一部分，把重点放在解决问题上。

5. 鼓励自力更生，恢复独立运作，切实解决形势，建立正常的常规平衡。

CISM有7个核心组成部分，旨在用多管齐下的组成方法，其中每个阶段都有一个特定的期望的干预结果、时间安排、启动点和格式（Everly and Mitchell，1997，2000）：

1. 危机前的准备。现阶段的规划主要是预防性的。这个阶段涉及压力管理的培训和教育，预测危机/灾难响应以及减灾。

2. 灾害或大规模突发事件，必须包括更大的群体和多种类型的群体（学校、教堂、社区等）。这些干预措施通常涉及复员、市政厅会议类型、信息简报和工作人员的建议。

3. 化解干预，这是一个三阶段小组活动。这些小组应包括暴露在同一事件的人员（即所有的现场处置人员）。这通常在事件发生后的几个小时内提供。这可能发生在现场，或者应急响应人员回到他们的基地或宿舍。其目的是评估不幸、分类响应和评估由于压力与接触所带来的潜在风险，帮助应急响应人员管理他们的反应和对形势的应对，并控制压力症状的进一步发展。

4. 危机事件压力情况汇报（Critical Incident Stress Debriefing, CISD）是一个结构性小组讨论，所涉及的人员均接触同一事件，旨在减轻严重症状，提供教育，提供支持，说明想法、说明反应和生理反应。这通常发生在事件发生后的1至10天。

5. 可以在整个危机事件的任何时候提供一对一的危机干预或心理支持。

6. 家庭危机干预和教育，以及组织咨询和支持。

7. 如有必要，对所确定的人员或组织实施评估和治疗的随访与转诊机制。

简报和汇报

- 事先准备好危机事件压力管理和应对教育，许多机构正在将危机事件压力管理服务写入其复员政策
- 准备提供教育，例如，危机事件通报、化解（CISM）和教育简报，作为复员的一部分；复员是向应急响应人员提供有关压力症状和在任职或服务期间可能产生潜在问题的信息的过程，这也是一个简短而普遍的教育服务；国际危机事件压力基金会（www. icisf. org）有一些非常好的资料可用于此目的
- 同样重要的是，在汇报之前，让你的员工回到他们亲人身边，在他们以应急响应人员回归或汇报之前，让他们接触亲人，在家中休息，像一个普通人那样生活，尽可能确保他们知道他们什么时候回去、回到哪里去以及他们的亲人在哪里；完成这个工作后，向他们汇报和他们一起出去的团队的情况，因此，可能需要进行多辖区的规划来协调

- 在 CISM 的定义中，服务是由具有相似经验和曝光度并由同行领导的小组来提供的
- 发生灾难之前，请了解你所在地区可能提供服务的 CISM 团队，联邦、州和地区的团队提供这些服务，在真正的 CISM 模型中，团队由志愿者组成，他们也是应急响应人员，所以他们能够从同业的角度来谈论问题；一些员工援助计划（EAP）服务也是可用的，尽管他们的团队可能没有同业，也不能按照传统的 CISM 模型工作；CISM 网站提供了注册志愿者小组及其联系人的名单

建议和考虑

- 制定一个换班政策，只要可能，就把该政策实现并形成惯例
- 尽可能或必要时减少一部分换班
- 其他机构也意识到安排灾难心理健康专家作为特别支持人员的重要性，他们的工作职责是监督应急响应人员的健康；他们的工作是与每个班次的工作人员进行交流（非正式）、提供支持、监督营养状况，如果需要的话，在现场传达信息，等等。重要的是让你的团队知道，在关键时刻会确保他们获得支持，以便让他们能够做到他们所要做的事情。在某些方面，这些心理健康支持应急响应人员恰似扮演了 MASH 中的 Mulcahy 神父角色
  - 他们可以被认定为提供支持服务，因为这些服务的目的不是提供治疗，而是提供支持和心理急救（Ruzek et al.，2007）
- 使用伙伴系统来获取支持和安全
- 重新考虑换班/执勤时间的长短和频率
- 离开现场后 2 到 7 天内进行情况汇报，并与他们任务期间服务的团队一起汇报
- 允许人们回到家中和他们的家人一起度过一个休息日，然后回去做情况汇报
- 制定一个部署时长的政策，只要有可能，就实现该政策，并制定进入情景和离开情景的部署策略

危机事件压力管理指挥人员应该协调一致，包括每个班次的简报和信息交流。他们要讨论的重要信息包括变化情况、状态报告、供给、潜在问题的确定以及其他重要的与人员有关的数据。

其他可用的支援性工作人员可以向应急响应人员提供支持服务帮助，包括急救、按摩、食品和饮料、干净和干燥的服装与休息区。

结论

压力是我们日常生活的一部分。我们生活中就伴随着压力，但我们可以管理它。当灾难发生时，它会影响我们生存的核心和对安全的看法。不同的情况对人们的生活、身体和情绪健康的影响也不同。它可以对社区和其中的人们产生持久的影响，这不仅影响到人们，也会影响社区内的经济和资源。

考虑到上述因素，重要的是制订计划，预测和计划各种可能的社区灾难。牢记这一点，你可以预见社区和你的应急响应人员的需求。尽管危机事件和灾难是不可预测的，但是，可以在一定程度上预测前面讨论的因素来制订计划。虽然我们的计划是基于我们所知道的最糟糕的情况，但是，我们需要为我们能够想象的最糟糕的局面做计划，因为其影响力比我们所害怕的要大得多。我们还需要跳出框框，去获取我们没有考虑到的资源，并计划尽可能保持我们的人力资源的健康和受到支持，不仅因为我们需要他们的专业技能来帮助我们渡过灾难，而且因为我们关心作为有价值的社区成员的他们。

参考文献

American Psychological Association（APA）. 2004. Mind/body health：did you know? APA Help Center from the American Psychological Association；http：//www. apahelpcenter. org/articles/pdf. php？ id = 103.

Dale，K. and Fox，M. 2008. Leadership style and organizational commitment：Mediating effect of role stress. Journal of Managerial Issues 20（1）：109 – 134.

De Wolfe，D. J. 2005. Field Manual for Mental Health and Human Services Workers in Major Disasters. DHHS Publication Number ADM 90 – 537. http：//mentalhealth. samhsa. gov/publications/allpubs/Adm90 – 537/default. asp.

Everly, G. S. , and Mitchell, J. T. 1997. Critical Incident Stress Management (CISM): A New Era and Standard of Care in Crisis Intervention. Ellicott City, MD: Chevron Publishing.

Everly, G. S. , and Mitchell, J. T. 2000. The debriefing "controversy" and crisis intervention: A review of the lexical and substantive issues. International Journal of Emergency Mental Health, 2 (4): 211 – 225.

Fairbank, J. A. , and Gerrity, E. T. 2007. Making trauma intervention principles public policy. Psychiatry 70 (4): 316 – 320.

Galea, S. 2007. The long – term health consequences of disasters and mass traumas. Canadian Medical Association, 9: 176 – 178.

Goetzel, R. Z. , Anderson, D. R. , Whitmer, R. W. , Ozminkowski, R. J. , Dunn, R. L. , and Wasserman, J. 1998. The relationship between modifiable health risks and health care expenditures: an analysis of the multi – employer HERO health risk and cost database. Journal of Occupational and Environmental Medicine, 40 (10) .

Hobfoll, S. E. , Watson, P. , Bell, C. C. , Bryant, R. A. , Brymer, M. J. , Friedman, M. J. , Friedman, M. , et al. (2007) . Five essential elements of immediate and mid – term mass trauma intervention: Empirical evidence. Psychiatry, 70 (4): 283 – 316.

Jackson, B. A. , Baker, J. C. , Ridgely, M. S. , Bartis, J. T. , and Linn, H. I. 2004. Protecting emergency responders: Safety management in disaster and terrorism response, Volume 3. DHHS (NIOSH) Publication Number 2004 – 114, RAND Publication Number MG – 170. Cincinnati, OH: NIOSH Publications.

Mitchell, J. T. (2003) . Crisis intervention & CISM: A research summary. International Critical Incident Stress Foundation, www. icisf. org.

Perrin, M. A. , Di Grande, L. , Wheeler, K. , Thorpe, L. , Farfel, M. , and Brackbill, R. 2007. Differences in PTSD prevalence and associated risk factors among World Trade Center disaster rescue and recovery workers. The American Journal of Psychiatry 169 (4): 1385 – 1395.

Ray, T. K. , and Sauter, S. L. 2008. Work stress: Societal costs and organizational compo – nents. Poster#003. The National Occupational Research Agenda

(NORA), NORA Symposium 2008: Public market for ideas and partnerships, http://www. cdc. gov/niosh/nora/symp08/posters/003. html.

Rogers, J. R. 2007. Disaster response and the mental health counselor. Journal of Mental Health Counseling 29 (1): 1 - 3.

Ruzek, J. I., Brymer, M. J., Jacobs, A. K., Layne, C. M., Vernberg, E. M., and Watson, P. J. 2007. Psychological first aid. Journal of Mental Health Counseling 29 (1): 17 - 50.

Sheenhan, D. C., Everly, G. S., and Langlieb, A. 2004. Current best practices: Coping with major critical incidents. FBI Law Enforcement Bulletin 73 (9): 1 - 13.

第七章　制订应急行动预案（EOP）

迈克尔·法格尔

一个辖区的应急行动预案（EOP）是一份公开的文件，它规定了如下内容：

- 在超出任何一个机构能力或日常责任的紧急情况下，分配组织和个人在预定时间和地点执行具体行动的责任
- 阐述了政府和组织的关系，并展示如何协调所有行动
- 描述人们和财产是如何在紧急情况或灾难中得到保护的
- 确定辖区内可用的人员、设备、设施、供给和其他资源，或与其他辖区达成协议，以便在响应和恢复行动期间使用
- 确定在响应和恢复行动中进行缓解的步骤

为什么辖区需要 EOP?

制订突发事件和灾害响应预案通常是国家与地方政府的责任。每一个辖区的民选领导人都负有法律责任，确保采取必要和适当的行动来保护人民和财产免受突发事件与灾难的影响。

当一场灾难威胁或袭击一个辖区时，公民希望他们选出的领导人立即采取行动应对这种情况。预计政府将集中资源，引导社区志愿机构和私营企业的工作，并在必要时寻求辖区以外的帮助。制订全面、全灾害的 EOP 将有助于确保所有政府的响应活动都能高效和有效地进行。

应急预案制订过程

在今天的应急管理系统中，地方政府必须采取行动，以满足公众的紧急

需求。根据突发事件规模大小和性质，国家和联邦可以向辖区提供援助；但是，地方政府不应认为这种援助是可获得的。因此，当地的 EOP 应该重点关注灾难发生前后保护公众所必需的功能，这些功能包括提供预警、紧急公共信息（EPI）、疏散和避难所。应急预案制订不是一次性事件，这是一个持续的循环，包括贯穿于应急管理周期 4 个阶段（缓解、准备、响应和恢复）中的预案制订、培训、演练和修订。

预案制订过程有一个目的，即在紧急情况下，制订和维护满足危机需求的策略，以保护生命和财产。

虽然应急预案制订过程是周期性的，但它确实有一个明确的起点，如图 7.1 所示。应急预案制订的第一步是分析辖区所面临的危害。危害分析是指威胁社区的危害被识别、研究和根据其所带来的风险进行排序的过程，以及在危险事件中容易受到损害的地区和基础设施。这个步骤的结果会体现在书面危害分析报告中，危害分析会定量每个危害对社区造成的总体风险。

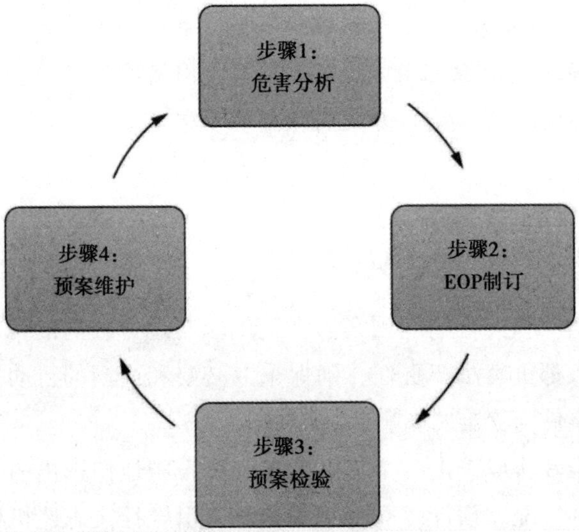

图 7.1 应急预案制订过程

应急预案制订的第二步是 EOP 制订。本步骤的结果是形成完整的应急预案，并根据从演练中获得的经验教训，对应急预案进行培训、演练和修订。预案制订的第三步是通过培训和演练对预案进行检验。不同类型的演练及其复杂性允许对预案进行评估，以发现预案中不清晰的地方以及不起作用的地方。这些弱点可以在最后一个步骤中得以弥补：预案维护以及修订。预案维护和修订可以根据需求和资源来完成，这可能会导致初始EOP几经变化。在指定 EOP 后，步骤 3 和步骤 4 在连续周期中不断重复以保证预案是最新的。如果社区面临新的危害，那么预案制订小组需要重复步骤 1 和步骤 2。

执行危害分析

危害分析确定了：

- 社区会发生什么
- 危害发生的频率
- 危害可能造成的损害
- 危害可能如何影响社区
- 社区面对危害的脆弱程度如何

在危害分析过程包含 5 个步骤：

1. 识别危害。
2. 描述每个危害。
3. 制订社区简介。
4. 确定脆弱性。
5. 创建和应用情景。

有许多潜在的危害信息来源。一个信息获取的起点可能是地方报纸，它可以提供一个更全面的社区历史上所面临的危害类型情况。但是，检查诸如美国农业部、劳工统计局、国家气象局（NWS）、地方历史、长期居民或类似机构的资料来源可能是必要的。如果你的社区已经执行了危害分析，那么回顾一下自危害分析完成后社区发生了哪些变化。

在危害分析过程中，重要的是要记住，由于新的缓解措施、设施的开放或关闭、地方发展活动或恐怖主义威胁，社区所面临的危害可能会随着时间而改变，这些都是在 2001 年 9 月 11 日恐怖主义袭击之前没有考虑到的。

也可能会调查其他长期变化。平均气温、降雨量和降雪量的变化可能难以追踪，但它们在进行完整危害分析的道路上肯定会发挥重要作用。

制订危害概况

危害概况应考虑以下 4 个因素：

- 量级
- 频率
- 持续时间
- 发展速度

危害概况应该要描述每个危害的量级或规模。危害的强度及其可能影响的区域可能会极大地改变应急预案。例如，在小区域内迅速降下 2 英寸降水的暴雨所需的响应与在 4 个州区域内迅速降下 20 英寸降水的暴雨所需的响应截然不同。

考虑危害频率也很重要，包括是否存在季节性模式。在美国的一些地区，雷雨几乎每天都发生。飓风是季节性的，它可能对你的地区造成很大的风险。考虑每个危害的持续时间，或者预计持续时间。例如，即使是最严重的雷雨的持续时间也比飓风要短得多。

最后，考虑一下危害发展的速度。这对于确定发出预警的可用时间非常重要，对于响应也很关键。如果应急响应人员和公众有时间采取保护措施，那么极端危害可能造成的损失和人员伤亡就可以减轻。

对于社区所面临的每一个危害，都应该完成一个概况文件，但重要的是要记住，一些危害造成的威胁有限，因此，额外的分析可能是不必要的。然而，你不应该忽视低风险的危害，如果它们发生，就会有很大的潜在损害。这些低风险的危害可能不是预案制订的重点，但无论如何也应该做好应对预案（见图 7.2）。

创建辖区概况

完成危害分析过程之后，有必要将危害信息与社区概况结合起来以确定由危害所造成的社区的脆弱性或风险损害。由于不同的社区具有不同的特点，相同危害造成的脆弱性会有很大差别。表 7.1 总结了包含在社区概况的关键因素。在收集了社区信息之后，通过在辖区地区上标注出脆弱区域来制定辖区概况。表 7.2 表明了在辖区概况中运用社区因素。

危害：

可能量级（社区可能受到影响的比例）：

灾难性的：超过50%
重大的：25%到50%
有限的：10%至25%
可忽略不计的：小于10%

发生的频率：
极有可能：明年几乎有100%的概率会发生
比较可能：明年有10%到100%的概率会发生，或者至少在未来10年发生一次
可能：明年有1%到10%的概率会发生，或者至少在未来100年发生一次
不太可能：未来100年发生的概率不到1%

季节性模式：

最可能受影响的地区：

可能的持续时间：

可能的发展速度（可能的预警时间）：

✓ 最短（或没有）时间预警　　✓ 12到24个小时预警
✓ 6到12个小时预警　　✓ 超过24个小时预警

现有的预警系统：

是否存在脆弱性分析？

是 ☐
否 ☐

图 7.2　危害概况

表 7.1　创建社区概况的关键因素

地理	财产	基础设施	人口统计学	响应组织
主要地理特征 典型天气模式	数量 类型 年龄 建筑规范 重要设施 潜在的次生灾害	公用工程、建筑、布局、出入口 通信系统的布局、特点、备用道路系统 空气和水的支持	人口数量、分布、集中度 易受影响地区的人数 特殊人群 动物种群	位置 联络点 设施 服务 资源

表7.2 社区因素在辖区概况中的运用

信息类型	用于
地理的	预测风险因素、潜在的危害影响和次生灾害
财产	预测潜在危害对地方区域的影响后果 确定可用的资源
基础设施	确定脆弱点 准备逃生路线、应急沟通以及预测响应和恢复需求
人口统计学的	预测灾难对人口造成的影响后果 发布预警和公共信息 计划疏散和群众护理
响应组织	确定响应能力

完成风险分析

在填写了辖区概况文件之后，下一步是通过合并信息来量化社区的风险。风险是危害对社区中人员、服务和特定设施的预测影响。量化风险使辖区关注那些对生命、财产和环境构成最大威胁的危害。量化风险涉及：

- 确定社区要素（人口、设施和装备），它们可能会面临由于某种危害造成的风险
- 制定响应优先级（生命的风险总是最高优先级）
- 根据对生活的潜在影响、必要设备和关键基础设施来确定严重性等级
- 将风险数据汇集到社区风险概况文件中，它展示了社区中风险最大的区域

在分析风险时，使用图7.3中的层次结构来确定优先级，有助于制定响应优先级。

接下来，给每个危害赋予一个严重性等级，或者风险指标，它将最大程度地预测由于这个危害而对社区造成的损害。这评级量化了特定危害对人员、重要设施、财产和响应资产的预期影响。表7.3是可以使用的严重性等级的示例。

为每个危害制定一个风险指标，并为每个特征分配一个值。使用下列值：

1 = 灾难性的

2 = 重大的

3 = 有限的

4 = 可忽略不计的

为下列每种类型的危害数据分配等级：

- 量级
- 发生频率
- 发展速度
- 社区的影响
- 特殊特性

取所有因素值的平均值，以确定每个危害的总体风险水平。

这一过程的结果将是对社区构成最大威胁的危害优先级清单。社区的预案制订团队应该为风险指数超过预定阈值的每个危害制订预案。

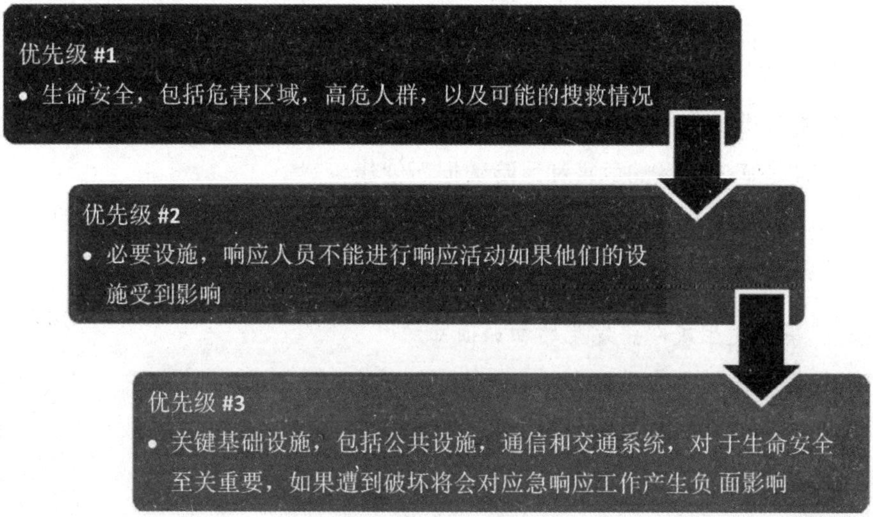

图 7.3　响应优先级

表7.3 危害严重性等级

严重性	预期的影响
灾难性的	多人死亡 重要设施完全关闭30天以上 超过50%的财产严重受损
重大的	受伤或疾病导致永久性残疾 重要设施完全关闭至少两周 25%以上的财产严重受损
有限的	受伤或疾病不会导致永久性残疾 重要设施完全关闭超过一周 超过10%的财产严重受损
可忽略不计的	受伤或疾病均可采用急救治疗 生活质量稍微下降 重要设施关闭两个小时或更少 不到10%的财产严重受损

创建情景

危险分析过程的最后一步是创建和应用最危险的情景。情景应该是现实的，并且是基于社区的危害和风险数据而创建。

为了创建一个情景，头脑风暴可以跟踪特定类型的突发事件的发展。每个情景都应该描述如下内容：

- 事件发生或即将发生的初始通知
- 对社区的潜在总体影响
- 事件对社区特定领域的潜在总体影响
- 潜在的后果，如伤亡、损失，以及服务中断
- 处理这种情况所需要的行动和资源

创建情景有助于识别灾难中可能存在的情况。这些情况应该被用来帮助确保社区做好危害事件的应对。使用表7.4作为记录社区关键因素的指南。

表 7.4　辖区的危害

地理	财产	基础设施	人口统计学	响应组织
主要地理特征	数量	公用工程、建筑、布局、出入口	人口规模、分布、集中度	位置
典型天气模式	类型	通信系统布局、特点、备份	脆弱地区的人数	联络点
	年龄	公路系统	特殊人群	设施
	建筑规范	空气和水的支持	动物种群	服务
	重要设施			资源
	潜在的次生灾害			

应急行动预案构成

EOP 描述了为应对自然、人为或技术危害而采取的行动。基于建立的目标、假设和能力评估，它也详细描述了组织特定单元在预计的时间和地点所执行的任务。

EOP 应该是全面的。换言之，它应该包括应急准备响应的方方面面，同时也关注对情况的缓解。它应该考虑所有危害，具有足够的灵活性以便用于所有突发事件——即使是未预见的事件当中。最后，EOP 应该是基于风险的。它应该包括基于风险（在危害分析中确定）的特定的危害信息。

EOP 的编写目的是提供辖区响应组织和政策的概述。它还应提供对所涉机构和组织的应急响应管理办法的一般理解。

EOP 包括 3 个部分：基本预案、处理特定任务的功能附件，以及提供额外响应的特定危害附录。因此，尽管基本预案提供了应急响应的一般方法，但它并不是孤立的。相反，它构成了预案其余部分的基础。

此外，预案的每个部分都可能包含标准操作程序（SOP）、地图、图表、检查单、表格等形式的附录。这些附录可以作为附件，或纳入索引。

基本预案

虽然没有标准格式，但为了保持与其他辖区和各级政府的兼容性，建议基本预案包括以下组成部分：

- 概要
- 目的声明
- 情况和假设
- 行动方针
- 组织和责任分配
- 管理和后勤
- 预案制订和维护
- 权威和参考

概要

概要由 5 个要素组成：

1. 颁布文件，由辖区的首席民选官员签署，以确认其对应急管理机构和规划过程的支持。它赋予组织执行任务的权力和责任。它还提到了任务组织的职责，即准备和维护执行指令，发布必要的 EOP 修订通知，并承诺进行必要的培训以支持 EOP。

2. 签名页，由所有合作组织签署，表明对 EOP 实施的承诺。

3. 标题页和更改记录，其中包括日期、说明和 EOP 更改的部分。

4. 分发记录，列出 EOP 收件人，提供 EOP 分发的证据。

5. 目录。

目的声明

目的声明应该包括 EOP 旨在做什么的广泛声明，还应包括 EOP、附件和附录的简介。目的声明不一定很复杂，但应包括足够的信息来确定预案余下部分的方向。

情况和假设

基本预案的第三个组成部分是情况和假设部分。这种情况体现了预案环境的特点，使社区明白应急预案制订是必要的。它从危害分析中得出，以缩小 EOP 的范围，并包括以下内容：

- 预案拟解决的危害

- 相对概率和影响
- 可能受到影响的区域
- 脆弱的重要设施
- 人口分布
- 特殊人群
- 辖区之间的关系
- 地图

假设描述了制订 EOP 时被假定为真实的东西。此外，假设声明显示了 EOP 的限制，限制了辖区的责任。管辖区甚至可以列出一些明显的假设，这是有帮助的，例如：

- 识别发生的危害
- 个人和组织都熟悉 EOP
- 个人和组织将履行赋予其的职责
- 可能需要援助，如果有，也将提供
- EOP 的实现将拯救生命并减少损害

行动方针

基本预案的第四个组成部分是行动方针，它解释了社区对应急响应的整体处理方法（即：什么、何时、何人）。行动方针包括以下内容：

- 地方、州和联邦的责任划分
- EOP 什么时候被启动以及什么时候停用，更重要是由谁来做这些事
- 预警级别和每个级别的基本行动
- 事件发生之前、期间和之后的一般行动顺序
- 需要各种协助的形式

组织和责任分配

根据不同的组织和职位，组织和职责分配部分列出所分配责任的一般领域。它还确定了共享的责任，并指定了哪个组织对给定的功能负有主要责任，那个组织扮演支持角色。换句话说，组织和职责分配部分详细界定了应急响应的报告关系和权限。

管理和后勤

基本预案的第六部分是管理和后勤。本部分提供了资源管理政策和方针，用公职人员和志愿者扩大应急响应人员队伍的政策，以及解决责任问题的声明。它还包括高风险危害假设需要的资源，社区内可获得的资源以及通过互助协议可能获得的资源。然而，需要指出的是，社区不应该依赖互助协议，因为相邻辖区可能面临同样的突发事件或灾难。

预案制订和维护

下一个部分是预案的制订和维护。必须把协调制订和修订基本预案、附件、附录和执行指令的责任交给适当的人员。因此，本部分：

- 介绍预案制订过程
- 确定预案参与者
- 分配预案制订职责
- 介绍修订周期（即培训、演练、对经验教训的回顾等）

权威和参考

基本预案的最后一部分是权威和参考部分。本部分参考了应急行动和活动的法律依据，其中包括：

- 法律、法规和条例
- 行政命令
- 规章
- 正式协议
- 预先授权应急权限
- 相关的参考资料，包括其他各级政府的相关预案

附件

附件描述了在任何紧急情况下，社区将如何履行广泛的职能，例如发布预警或管理资源。在规划制订过程中尽早确定将基本预案功能列为附件。在作出这个决定时，重要的是考虑州政府和你的辖区的组织架构，辖区内应急服务机构的能力以及既定的行动方针。在此过程中，记住为你的社区制订危害分析是非常重要的。社区预案制订团队知道社区的脆弱性对于制定有意义

的功能性附件至关重要。

由于社区差异很大，因此，没有任何一个适用于所有社区的功能附件列表。然而，在每个 EOP 中，将 FEMA 建议的 8 个核心功能作为附件处理：

1. 指挥与控制附件允许一个辖区分析情况并决定最佳响应行动方案，指导响应小组，协调与其他辖区的工作，充分利用现有可用的资源。

2. 通信附件详细介绍了整个通信系统及其使用方法。

3. 预警附件描述了现有的预警系统以及使用这些系统的责任和程序。

4. 紧急公共信息（EPI）附件提供了在紧急情况期间向公众提供准确、及时和有用的信息与指示的程序。预警附件和 EPI 之间的区别很重要。鉴于预警附件侧重于政府用来提醒处于危险中的人们的程序，EPI 附件涉及制定消息和确认信息，传播信息以及监测信息的接收情况。由于预警系统是 EPI 组织获取信息的手段之一，因此 EPI 附件必须与负责预警系统的人员进行协调。

5. 疏散附件描述了为确保安全有序地疏散处于危险中的人们所作的规定。

6. 大众护理附件涉及为保护撤离者和其他受灾者免受灾难影响而采取的行动，包括提供临时住所、食物、医疗、衣物和其他基本需要。

7. 卫生和医疗附件描述了在紧急或灾难情况下动员和管理卫生与医疗服务的政策和程序。

8. 资源管理附件描述了一个辖区将寻找、获取和分配资源的手段，组织和过程，以满足在紧急或灾难情况下所产生的需求。

除了这些附件之外，预案制订小组可能要考虑对社区有意义的附件。例如，如果社区拥有核电厂，预案制订小组可能希望增加放射防护附件。附加的功能附件可以基于州法律或辖区要求。可能添加的附件包括以下内容：

- 损害评估
- 搜寻及救援
- 紧急服务

- 航空业务

特定危害附录

附录是对附件的补充，增加了在面临特定危害时如何执行功能的信息。因此，每个附件可能有几个附录，每个附录都涉及一个特定危害。预案制订团队认为合适的危害附录取决于社区的危害分析。

是否制订一个附件完全取决于预案制订小组。与附件不同的是，危害附录不取决于基本预案，而是与每个功能附件相关联。在特定危害附录中提到的主题包括：

- 特殊的预案制订要求
- 通过危害分析确定优先级
- 需要特别注意的危害的独特特征
- 特殊的管理注意事项

表 7.5 给出了每个功能附件的建议附录主题。

实施说明

与基本预案一样，每个附件或附录可以使用以下形式的实施说明：

- 标准操作程序（SOPs）
- 工作辅助
- 检查单
- 信息卡
- 记录保存和组合形式
- 地图
- 图表
- 表
- 表格

实施说明可作为附件或参考，预案制订小组可根据需要使用它们来澄清预案、附件或附录的内容。例如，可以通过附加标有疏散路线的地图使疏散附件更加清楚。由于这些路线可能会根据危害发生地点而改变，因此地图也可能包括在疏散附件的特定危害附录中。同样，可以在支持大众护理附件的地图上标出避难所的位置。

标准操作程序

标准操作规程（SOPs）是描述执行说明的常用方法。SOPs 为履行具体职责提供响应协议，描述了谁、什么、何时、何地、如何。SOPs 适用于需要分步指导的复杂任务，必须制订标准的任务，以及需要性能协议文档作为责任保护的任务。

当制订 SOPs 时：

1. 制订一个任务列表。
2. 确定谁、什么、何时、何地以及如何（记住“谁”包括谁执行该活动、他们向谁报告、与谁协调）。
3. 确定每个任务的步骤。
4. 确定任务完成的标准。
5. 测试程序。

表 7.5　每个功能附件的附录主题

附件	附录主题
指挥和控制	针对特定时间段或阶段的响应行动 城市搜救（US&R）检查 应急响应人员的防护装备 检测设备和技术 实验室分析服务 遏制和清理队伍
通信	为确保特定危害的影响不能阻止或阻碍应急响应人员在行动中相互沟通的能力所作的规定
预警	特定危害的公共预警协议 州或联邦官员的请求或推荐通知
紧急公共信息	公众需要了解特定危害信息（例如，特殊疏散路线和避难所、就地保护行动等） 向公众传递信息的手段
疏散	疏散方案和时间安排 疏散路线 支持大规模疏散撤离的交通资源

续表

附件	附录主题
大众护理	避难所位于危险区域之外 避难所使用者的保护 粮食和水库存，以支持延长避难停留 净化接触有害物质人员的能力
卫生和医疗服务	对暴露于危害中的人们的特别健康和治疗方案 环境监测和去污要求
资源管理	购买、储存或以其他方式获得应急响应人员和灾民所需的特殊防护装备，用品和设备的规定

工作辅助

重要的是，要通过审查和修订来保持 SOPs 的更新。工作辅助是一种书面程序，目的是在任务完成时用于工作。SOPs 可以作为工作辅助。

工作辅助也适用于下列任何一项：

- 复杂的任务
- 可能导致严重后果的关键任务
- 不经常执行的任务
- 经常变化的程序或人员

当工作人员之间或不同地点之间需要一致性时，工作辅助是有用的。工作辅助应该明确如下信息：

- 任务标题
- 任务目的
- 什么时候执行任务
- 执行任务所需的材料
- 如何执行任务的每一步
- 期望的结果
- 执行任务必须符合的标准
- 如何确保工作顺利完成

工作辅助可能包括以下任何一项：

- 图形

- 流程图
- 如果—那么决策表
- 该做什么和不该做什么

因为在完成一项任务时使用了工作辅助，所以，它们必须是明确有效的。他们应该使用动词和日常语言，突出重要的信息，并在应用步骤之前放置警告。

在制定工作辅助时，格式也很重要。对步骤进行编号，以及使用空格、框或线来分开步骤，这些做法允许用户在看完后很容易找到他们的位置。工作辅助可能不会对所有任务都有用，尤其是那些经常执行的简单任务，或者必须依靠记忆快速完成的任务。如果执行一项任务的同时不能参考工作辅助时，那么工作辅助是不合适的。

检查单

检查单也是有用的实施说明。它们提供任务、步骤、特性、内容或其他需要完成检查的项目的列表。它们通常以框的形式进行检查，但可以制定成任何形式，包括评定量表。检查单对于由多个步骤组成的任务特别有用，这些步骤必须按顺序完成，或者在必要时记录步骤的完成情况。当必须记录观测值、需要进行计算或评估，或者需要详细的指示来完成任务时，检查单可能没有那么有用。

信息卡

信息卡以方便的图、表格的形式提供工作所需的信息，包括：

- 参考表格
- 有标记的插图、图表或表格
- 以矩阵形式提供信息

可能以信息卡形式呈现的内容，包括：

- 名单
- 联系人列表
- 资源列表
- 组织结构图
- 任务矩阵

· 设备图

表格

实施说明常见的形式，包括：

· 可记录计算，观察或其他信息（例如，损害评估）的记录表格
· 具有多种功能的组合表格，如具有记录保存内容的检查单

地图

地图可能被用作实施说明来突出显示：

· 地理边界和特征
· 辖区边界
· 重要设施的位置
· 运输或疏散路线

需要注意的是，当使用地图作为实施说明来显示特定的特征时，通常会消除无关的细节。

创建有效的实施说明

为了有效，实施说明必须适合受众和预期用途。它们也必须是：

· 完整的，因为它涵盖了所有的组件或步骤
· 清晰、简洁、易于使用，它们应该避免行话和模棱两可，以合理的方式组织起来，并包括确认特定实施说明的目的和适用性的说明
· 足够详细，因为它们提供所有必要的信息
· 更新版本，应该包括最新的版本
· 足够的范围，它们必须完全覆盖每个功能
· 在 EOP 中确定，以便记录它们的存在

实施说明应参照其所提及的基本预案、附件或附录。

实施说明是被所有应对灾害的机构人员使用的，无论他们的职责是什么。实施说明是在机构层面发展的，且为机构人员所使用，因此，他们将知道它们是否有效。

为机构使用的说明应支持该机构在基本预案中所述的作用和职责。由于这个原因，只有某些类型的实施说明将对特定的机构有用，这取决于它在响应中的作用。

在制订任何类型的实施说明时，第一步是考虑职位名称或职位以及与此职位相关的任务。然后，可以决定哪些类型的实施说明对这些任务最有用。

应急预案制订是一个包括预案制订、培训、演练和修订的持续循环过程，它贯穿于应急管理周期的4个阶段（缓解、准备、响应和恢复）。

应急预案制订小组

应急预案制订应该是一个团队的工作，因为灾难响应总是需要许多机构和组织，以及各级政府之间的协调。团队预案制订有助于确保每个具有专业知识的人员在应急响应过程中作出贡献。团队预案制订也有助于确保所有关键参与者或利益相关者的参与。

谁应该是预案制订小组的成员?

不同类型的突发事件需要不同的专业知识和响应能力。参与响应的具体个人和组织将因突发事件或灾难的类型而异。例如，执法、消防和紧急医疗服务（EMS）几乎在所有的突发事件中发挥作用。有害物质（危险品）处置人员可能不会参与每起突发事件的处置，但也应参与到预案制订过程中来，因为在某些情况下可能需要他们的专业知识。

表7.6列举了可能参与预案制订过程的机构和人员的类型例子。不需要将所有的人都纳入预案制订过程的各个方面，但是应该在涉及他们专业领域或他们负责的领域时咨询他们。

表7.6　预案制订小组涉及的机构

个人/组织	对预案制订小组的贡献
首席选举官员（CEO）或指定人员	支持应急预案制订过程，政策指导和决策能力，以及授权使用社区资源
消防队长或指定人员	了解突发事件指挥系统（ICS）、消防部门程序、现场安全要求、有害物质响应要求以及搜寻和救援要求；了解社区火灾相关的风险、专业人员和设备资源

续表

个人/组织	对预案制订小组的贡献
警察局长或指定人员	了解警察部门程序、现场安全要求和当地法律法规；专门的响应要求，如周边控制和疏散程序；专业人员和设备资源
公共工程总监或指定人员	了解社区道路和公共设施、基础设施，以及专业人员和设备资源
EMS 负责人或指定人员	了解各种情况的医疗需求，医疗设施能力的知识，以及专业人员和设备资源
有害物质协调员	了解在社区内生产、储存或运输的有害物质，或通过社区的有害物质；了解 EPA、OSHA 和 DOT 关于生产、储存和运输有害物质的要求；了解如何应对有害物质和相关事件
互助合作伙伴	专业人员和设备资源以及额外的人员与设备资源
卫生部部长或指定人员	了解社区公共卫生能力和局限性，熟悉当地主要卫生保健提供者和专业人员资源
交通部部长或指定人员	了解社区的道路基础设施、地区的交通资源，熟悉当地主要交通运输提供商和专业人员资源
农业部部长或指定人员	了解该地区的农业部门及相关风险
税务评估员	社区财产记录及其价值
建筑检查员	了解社区使用的建筑类型、土地使用和使用限制，以及发展记录
学校负责人或指派人	了解学校设施以及直接影响学校的危害
志愿机构负责人	了解紧急情况下可以带来的额外资源、避难所清单、哺育中心、配送中心和志愿者资源
机场/海港管理者	了解与机场/海港作业有关的风险，可用于紧急情况的专业人员和设备资源
当地工业界的代表	了解在社区内生产、储存或运输的有害物质，或通过社区的有害物质；可以在紧急情况下应用的工厂响应预案、专业人员和设备资源
无线电业余民用应急服务（RACES）	可以在紧急情况下使用的 RACES 资源列表

续表

个人/组织	对预案制订小组的贡献
社会服务机构代表	了解社区中有特殊需求的人群
兽医/动物收容所的代表	了解包括牲畜在内的动物所需的特殊响应需求
市或县检察官	了解法律和责任问题

组建团队

在预案制订过程中将所有利益相关者聚在一起，并对预案制订过程保持积极的关注是一项艰巨的任务。安排这么多参与者的会议可能会更加困难。然而，让每个人都参与到预案制订过程中是至关重要的，至少在早期阶段以及在这个过程中的关键时刻，要吸取他们的专业知识，并确保他们接受这个预案。

参与者提供的专业知识对于制订一个准确的预案是至关重要的，该预案考虑到整个社区的需求以及在紧急情况下可以提供的资源。得到所有主要参与者的积极参与对于社区是绝对有益的。

可以采取几个步骤来获得参与者的合作，并参与预案制订过程。

- 提前计划——让预案制订小组充分注意预案制订会议在何时何地举行，如果时间允许的话，调查团队成员的工作情况以找到适合他们工作的时间和地点
- 提供有关团队期望的信息——解释为什么参与者参与预案制订小组对其机构和社区本身至关重要，向团队成员表明他们将如何更有效地为应急响应作出贡献
- 当选官员参与——请首席选举官员签署会议通知，这将发出一个明确的信息，即应急预案制订对社区是重要的，参与者被期望参与其中
- 在第一次会议后允许灵活安排——不是所有的团队成员都需要参加所有的会议，工作组和小组委员会可以完成一些工作，在这种情况下，与时间框架和进展一致，但让小组委员会成员确定最方便的见面时间

与其他社区的应急管理人员交谈也许是有益的，因为这有助于收集获得和保持对预案制订过程兴趣的方法。

团队运作

与单独工作不同，来自其他组织的人员合作制订应急预案需要一些给予和接受，即协作。协作就是人们在一个共同的使命驱使下合作的过程——在这种情况下，就是社区 EOP 的制订。成功的协作需要：

- 承诺参与共同决策
- 愿意共享信息、资源和任务
- 尊重个人团队成员的专业

由于机构和组织之间的差异，协作可能会变得困难：

- 术语——通常来自不同组织的人们使用不同的术语来表示相同的事物，或者使用相同的术语来表示不同的事物；例如，美国红十字会认为房屋火灾就是一场灾难，而 FEMA 则认为灾难是影响范围足够大的事件，需要根据“斯塔福德法案”进行总统声明
- 经验——人们的经验导致他们在不同的情况下做出不同的反应，那些过去的经验证明他们是正确的，人们在给定的情况下可能就应该做什么、何时以及如何做给出强烈的建议
- 使命——参与预案制订过程的每个机构都在努力实现其特定的使命，其使命与应急管理机构的使命可能完全一致，也可能不完全一致，“个人”使命可能会干扰协作
- 文化——文化包含个人及其所在工作机构的一切，包括非语言暗示的潜在意义；文化可能是协作过程中要克服的最困难的因素之一

在这种情况下的合作需要灵活地就共同的术语和优先事项达成共识，谦卑地学习别人的做事方式。

虽然 EOP 预案制订小组成员之间的协作可能很困难，但是通过加强对灾难的总体应对，于社区也是有益的。

合作可以：

- 消除服务重复，产生更有效的响应
- 通过共享扩大资源可用性
- 通过思想的交流来加强解决问题能力

团队形成阶段

协作不会自动发生。建立一个能够良好合作的团队需要时间和精力，而且通常要经历5个阶段：

- 形成——个人聚在一起成为一个团队，在这个阶段，团队成员可能彼此不熟悉，也不确定他们在团队中的角色
- 冲击——团队成员可能会变得不耐烦，幻想破灭，并可能互不妥协
- 规范——团队成员接受他们的角色并朝着目标前进
- 执行——团队成员齐心协力，朝着目标前进
- 休会——他们的任务完成了，团队成员可能会对自己的成就感到自豪，也会为经历结束感到悲伤，重要的是要记住，为了执行和修改预案，团队应该保持完整

团队职责

为了让团队在整个预案制订阶段保持专注，团队成员扮演角色非常重要。也许最重要的角色是组长，组长启动适当的团队建设活动，推动团队经过每个阶段并朝着目标迈进。

其他团队角色可能包括：

- 任务管理员，确定要完成的工作并激励团队
- 创新者，他们创造出原创的方式来完成小组的工作
- 组织者，帮助组织制订完成工作的方案
- 评估者，分析团队的想法，建议和方案
- 完成者，通过由团队开发的方案完成工作

总之，所有成员都有助于提高团队的生产力。

有效团队的特征

预案制订团队在显示以下特性时处于正轨：

- 朝着一个共同的目标努力
- 接受提供方向和指导的领导者
- 公开的沟通
- 显示相互信任
- 显示对个人及其贡献的尊重

参考文献

Federal Emergency Management Agency. Plan components. Emergency Management Guide for Business & Industry, http://www.fema.gov/business/guide/section1c.shtm.

Tuckman, B. Developmental sequence in small groups. Psychological Bulletin 63 (6): 384 - 399. http://findarticles.com/p/articles/mi_qa3954/is_200104/ai_n8943663.

第八章　制订演练计划

迈克尔·法格尔

多年来成功的应急响应表明，当突发事件发生时，演练会带来巨大的回报。演练是一种集中的训练活动，它将参与者置于一个模拟的情境中，要求他们以在真实事件中所期望的能力来履行职责。演练的目的是通过检验政策和预案，以及培训人员来促进应急准备工作。

为什么演练？

演练设计的目标是在长期的、精心设计的计划基础上制订综合演练计划。在综合演练计划中，为了满足具体的行动目标，演练可以建立在彼此之上。当然，最终的目标是在所有紧急情况下发挥能力。

演练有两大好处：

1. 个人训练——演练使人们能够在他们的角色中实践角色并获得经验。

2. 系统改进——演练改善了组织的突发事件管理系统。

为了从演练中得到充分的好处，演练需要评估和依据建议采取行动。除非演练能带来进步，否则这个演练是没有价值的。通过演练，组织可以：

· 检验和评估政策、预案和程序
· 暴露预案的缺点
· 揭示资源的缺口
· 改善组织协调和沟通
· 明确角色和职责
· 提高个人表现

- 获得官方的认可和支持
- 满足监管要求

演练的目标应该始终是在发生紧急情况之前找出并消除问题。纠正措施是演练设计、评估和跟进的重要组成部分。

监管要求

由于突发事件的人力和金钱成本如此之高，许多政府、机构与企业都被强制要求进行应急准备培训和演练。

下面这些只是强制性演练的一些例子：

- 接受联邦资金的州和地方政府可能必须遵守某些演练要求；联邦紧急事务管理局（FEMA）的要求会定期变更，但演练计划一般以四年为周期
- 核电厂每年必须进行演练，每两年进行一次综合演练，演练工作由核管理委员会（NRC）进行评估
- 受 1986 年超级基金修正和重新授权法案（SARA）第三版监管的机构或委员会必须每年进行一次演练并评估其有害物质响应和恢复预案
- 机场、医院和其他卫生保健机构必须每两年进行一次综合演练，以维持其运行的证书或执照
- 职业安全与健康管理局（OSHA）要求许多用人单位制订应急行动预案，OSHA 建议这样的预案至少每年进行一次演练

演练的功能

在一个演练计划中，强调的是功能而不是突发事件的类型，因为在所有突发事件中，这些功能的准备工作是共同的。功能是应急响应或恢复所需的行动或操作。FEMA 在其应急管理演练报告系统中定义了 13 个功能：

1. 提醒通知
2. 预警

3. 通信
4. 协调和控制
5. 紧急公共信息（EPI）
6. 损失评估
7. 健康和医疗
8. 个人/家庭援助
9. 公共安全
10. 公共工程
11. 运输
12. 资源管理
13. 政府的连续性

每一个功能都有一组与之相关的子功能，社区可以选择关注其中的一些功能。例如，应急响应的关注可能与如下工作有关：

- 捐赠的管理和分配
- 提供所需资源的后勤保障
- 临时转换生产过程以提供应急物资
- 如何与其他组织协调提供大众护理
- 组织的员工如何应对其内部的突发事件

这些子功能的变化是无止境的。然而，演练计划应该确定适用的功能，并强调在这些功能范围内检验行动程序，而不论突发事件的类型。

你需要完成你所在辖区的需求分析，以分析你可能希望把演练设计上的重点放在何处。在完成需求评估时，你可能希望查阅规划制定文件，人口统计学或企业数据、地图和培训记录等资源，详见图 8. 1 中的需求评估工作图。

综合演练计划

在任何关于应急准备的讨论中，重点是综合演练计划，该计划由逐步复杂的演练组成，每个演练都要建立在前一个基础之上，直到演练尽可能接近现实。

渐进式演练

渐进式演练计划有几个重要的特点：

- 演练计划涉及各个实体的工作和参与，不论是部门、组织还是机构，通过多个实体的参与，该计划允许所涉及的实体不仅检验其应急管理程序的执行情况，而且还检验在演练过程中的相互协调情况
- 演练计划是精心策划，以实现确定的目标
- 演练计划由一系列逐渐复杂的演练组成
- 每一个连续的演练建立在前一个演练基础上

演练需要广泛承诺

当一个辖区进行渐进式演练时，该演练计划必须是全面的。该演练计划必须考虑社区中各种类型的响应机构和组织。

要记住，社区不仅仅是由警察、消防和公共工程所组成。因此，渐进式演练预案要求各机构和组织承诺在一段时间内参与日益具有挑战性的演练，以解决整个应急管理系统问题，而不是一个单一的问题。社区必须考虑参与演练的每个实体的作用，并且必须确保所有这些实体的承诺，以建立一个协调有效的响应。

危害 列出辖区内的各种危害。最可能面临的风险是什么？可以使用以下检查单作为切入点。 注意：如果你的辖区已经进行了危害分析，那么这是最好的资源。	
□ 飞机坠毁	□ 持续断电
□ 溃坝	□ 恐怖主义
□ 干旱	□ 龙卷风
□ 流行病	□ 火车脱轨
□ 地震	□ 海啸
□ 火/风暴大火	□ 火山喷发
□ 洪水	□ 野火
□ 有害物质的泄漏/释放	□ 暴风雪
□ 人质/射击	□ 工作场所暴力
□ 飓风	□ 其他

续图

□ 滑坡和泥石流	□ 其他
□ 大规模死亡事件	□ 其他
□ 放射性物质释放	□ 其他

次生危害 来自这些危害的什么次生灾害可能会影响你的辖区？
□ 通信系统故障
□ 停电
□ 运输线路堵塞
□ 业务中断
□ 大规模疏散/流离失所的人口
□ 不堪重负的医疗/太平间服务
□ 其他
□ 其他
□ 其他
危害优先级 最高等级的危害是什么？考虑如下因素： ____________________
发生的频率 ____________________
发生的相对可能性 ____________________
量级和强度 ____________________
位置（影响关键区域或基础设施） ____________________
空间范围 ____________________
发展速度和警告的可用性 ____________________

续图

对人、重要设施、社区功能和财产造成的可能的严重后果

____

潜在的级联事件（例如，化学加工厂损坏、大坝溃堤）

____

#一级危害：

#二级危害：

#三级危害：

地区
面对高等级危害时，什么地区或设施位置是最脆弱的？

计划和程序
什么计划和程序——应急响应预案、应急计划、行动计划、标准操作程序（SOPs）——将会指导你的辖区应对紧急情况？

功能
什么应急管理功能最需要演练？可以使用以下检查单作为切入点。

□ 提醒通知（应急响应）	□ 公共安全
□ 预警（公共）	□ 公共工程
□ 通信	□ 运输
□ 协调和控制	□ 资源管理
□ 紧急公共信息（EPI）	□ 政府或工作的连续性
□ 损失评估	□ 其他
□ 健康和医疗	□ 其他
□ 个人/家庭援助	□ 其他

参与者
谁（机构、部门、业务单位、人员）需要参加演练？例如：
- 有没有实时更新他们的预案和程序？
- 有没有政策或工作人员的变化？
- 在预案和程序中谁被指定负有应急管理责任？
- 组织在紧急情况下需要与谁协调？
- 监管要求是什么？
- 可以指望谁来制订演练？

续图

计划领域
在这些和其他领域标记应急演练计划的状态，以确定最需要演练的人。

	新的	更新的	演练过的	应急中使用的
应急预案				
预案附件				
标准操作程序				
资源列表				
报告要求显示				
通知程序				
相互援助条约				
政策制定的官员				
协调人员				
行动人员				
志愿组织				
EOC/指挥中心				
通信设备				
预警系统				
公共设施应急准备				
工业应急准备				
损坏评估技术				
其他				

过去的演练
如果你的辖区之前参与过应急演练，那么你从中学习到了什么，演练的结果指出未来的演练需求是什么？例如，考虑以下问题：
- 谁参加了演练？
- 演练目标达到了什么程度？
- 学到了什么教训？
- 发现了哪些问题，解决这些问题需要什么？
- 根据过去的演练有哪些需要改进？经过检验了吗？

图 8.1　需求评估工作图

演练需要精心计划

演练需要根据确定的目标精心计划。只有通过确定演练目标，然后设计、制订和执行演练并分析其结果，负责应急预案制订的人才能确定哪些是有效的、哪些是无效的。

应该组织演练，以增加复杂性。例如，从桌面讨论开始，转到专项演练，并完成一个综合演练。每个演练都是基于以前的演练，通过使用更复杂的模拟技术，更多的准备时间、人员和计划来完成。

仓促地进行综合演练可能会导致失败，因为计划过程中的不足之处还没有通过简单而又不昂贵的演练来确定。本章后面将会更详细地介绍每一种演练。

逐步构建综合演练的好处是成功的演练能够孕育成功的演练。换句话说，演练计划越成功，参与者对过程的信心越强，下一步演练的动力就越强。所以，官员和利益相关者也会更愿意投入资源，相应地，操作技能也会得以改善，每一方都得到了好处。

谁参加演练计划?

对于全社区的演练计划，由辖区来决定哪些机构、组织和利益相关者参与演练。参与者进一步由演练的性质和规模来决定。较大规模的演练将包括在真正紧急情况下负责应对工作的所有参与者。集中在一些有限的功能上的较小规模的演练，会限制参与者的数量。一方面，桌面演练可能只涉及关键决策者；另一方面，综合演练可能涉及整个社区。

某些类型的演练有额外的参与者要求。例如，专项演练不仅涉及演练人员，还涉及模拟人员、控制人员和评估人员。

演练计划中包含的活动

全面性的演练计划中有 5 种主要的活动类型：

1. 定向研讨会
2. 训练

3. 桌面演练
4. 专项演练
5. 综合演练

正如前所讨论的，这些活动的构建从简单到复杂，从狭窄到广泛，从最便宜到最昂贵。经过精心策划以达到特定目标和目的时，这种演练活动的进展为综合应急准备系统提供了一个重要组成部分。

定向研讨会

顾名思义，定向研讨会是一个概述或介绍，目的是使参与者熟悉角色、计划、程序或设备。它也可以用来解决协调和责任分配的问题。表 8.1 总结了定向研讨会的主要特点。

定向研讨会没有硬性的指导方针，其目的决定了其形式。以下是执行研讨会的一些有用的指南。

定向研讨会指南

· 有创意——可以使用各种讨论和演示方法，想想你在其他科目上学习的有趣课程，并借鉴优秀老师和主持人的技巧
· 提前组织和计划——即使定向研讨会比其他演练要简单得多，也不能让自己毫无准备
· 做好准备促成定向研讨会——阻止长期的激烈争论，保持清晰的交流，关注当前的主题并帮助每个人，让他们感觉良好

表 8.1　定向研讨会的主要特点

形式	定向研讨会是一个压力极小的活动，通常是以小组讨论形式开展的非正式讨论，几乎没有模拟。可以使用各种研讨会形式，包括： · 讲座 · 讨论 · 幻灯片或视频演示 · 计算机演示 · 小组讨论 · 客座讲座

续表

运用	定向研讨会可以有多种用途，包括： · 在小组讨论中讨论一个话题 · 介绍一些新的东西 · 向新人解释现有计划 · 介绍演练周期，或帮助参与者做好准备以在更复杂的演练中获得成功 · 激励人们参与后续的演练
引导	定向研讨由主持人引导，提供信息并指导讨论。主持人应该有一些引导技巧，不过很少需要其他的培训。
参与者	一个研讨会可能是跨功能的，每个讨论的功能或服务涉及一个或两个参与者。它也可能面向来自单个组织或部门的几个参与者。
设施	根据定向研讨会的目的，可以使用会议室或其他固定设施。
时间	定向研讨会最多应该持续一到两个小时。
准备	定向研讨会的准备和实施是非常简单的。两周的准备通常是足够的。参与者不需要做准备或提前参加培训。

训练

训练是一种协调的、有监督的演练活动，通常用于检验一个特定的操作或功能。在训练中，没有协调组织或完全启动应急运行中心（EOC）。它在演练计划中的作用是练习和完善应急预案的一小部分，并帮助准备更大规模的演练。训练的有效性在于它把重点放在整个应急管理系统中一个相对有限的部分。表 8.2 总结了训练的关键特征。

如何进行训练取决于其类型。训练可以是简单的操作程序训练，也可以是更精细的沟通和指挥中心训练。例如，一个指挥中心训练要求参与者向一个训练现场报告，其中视觉叙事将以模拟紧急情况的形式显示。诸如指挥台和其他所需物资等设备将可供训练使用。

鉴于可能训练各种功能，训练没有一种固定的方法。以下是一些通用指南。

表 8.2　训练的关键特征

形式	一个训练涉及 EOC 运行的实际场地或设施。它应该尽可能的真实，使用任何所需的功能测试设备。
运用	训练是用来检验一个特定的操作。它们也被用来提供新设备的培训，制定新的政策或程序，或者练习和保持现有的技能。由不同组织进行训练的一些例子是： · EOC：调用程序 · 公共工程：在有限的时间内定位和布置道路障碍物 · 化工厂：泄漏区域的疏散和隔离，以及阀门系统关闭 · 机场：在指定的时间内对给定的跑道进行响应 · 军事：启动和动员训练
引导	训练可以由经理、主管、部门领导或演练设计人员引导。工作人员必须对被检验的单一功能有一个很好的理解。
参与者	参与者的数量取决于要被检验的功能，可以包括协调、操作和响应人员。
设施	训练可以在设施内、现场或 EOC 以及其他运行中心进行。
时间	通常需要 1 个半到 2 个小时。
准备	训练是最容易进行设计的演练活动之一。准备工作需要 1 个月左右。参与者通常事先需要一个简单的指导。

训练指南

· 准备——如果要对操作程序进行检验，请事先对其进行审查，重要的是审查安全预防措施

· 设置情景——以简单的总体情况介绍开场是比较好的，它会介绍训练的情景设置和训练的目的与目标，有些设计人员喜欢使用电影、幻灯片或录像带设置情景

· 监测行动——演练开始后，通常会按照计划持续进行，如果发现想要发生的事情没有发生，可能需要输入一条消息来触发该行动

表 8.3　桌面演练的关键特征

形式	演练从阅读一篇短文开始，这篇短文为假设的紧急情况奠定了基础。然后，主持人可以通过两种方式来激发讨论： · 问题陈述——可以向个人参与者或参与部门或机构进行问题陈述。然后，问题陈述的接受者讨论他们可能采取的行动 · 模拟消息——这些消息比问题陈述更具体。接受者再一次讨论他们的响应

续表

形式	无论哪种情况，由问题产生的讨论都集中在角色、预案、协调、决策对其他组织的影响以及类似的关注点上。通常使用地图、图表和材料包来增加演练的真实性。
运用	桌面演练有几个重要的应用。它们： · 使参与者能够轻松地讨论协调和政策问题 · 为解决问题提供良好的环境 · 为主要机构和利益相关方提供机会，让他们熟悉相互的角色和各自的职责 · 为专项演练做好准备
引导	主持人主导桌面研讨。这个人决定谁收到消息或问题陈述，呼吁他人参与，提出问题，引导参与者进行正确的讨论。
参与者	演练的目的是决定谁应该参加。演练可能涉及许多人和许多组织。这可能包括所有具有政策、规划或响应角色的实体。
设施	桌面演练需要一个大型会议室，在会议室里参与者可以围着一张桌子。
时间	桌面演练通常持续 1 到 4 小时，但可以更长。讨论时间是不固定的，鼓励参与者花时间深入决策。虽然主持人对每个讨论区都保持时间分配的意识，但是这个小组不需要完成演练的所有项目就能成功。
准备	准备桌面演练通常需要大约 1 个月的时间。准备通常还需要至少 1 个定向研讨会，有时还需要 1 个或多个训练。

桌面演练

桌面演练是在非正式、无压力的环境中对紧急情况的辅助分析。它旨在引导建设性的讨论，因为参与者会根据现有的行动计划来检查和解决问题，并确定计划中的哪些地方需要进一步完善。桌面演练的成功在很大程度上取决于团队对确定问题领域的参与程度。

在桌面演练中模拟的尝试很少。它无须使用设备、部署资源、引入时间压力。桌面演练的关键特征总结在表 8.3 中。

专项演练

一个专项演练是一个完全模拟的互动式演练，它检验了组织应对模拟事件的能力。专项演练检验了组织行动计划的多个功能。这是对有时间压力、模拟真实情况的应对协调。

专项演练的重点是在模拟事件之前、期间或之后，对组织的政策、程序、角色和责任的协调、整合和交互。本章后面将讨论如何进行专项演练。表 8.4 总结了专项演练的关键特征。

综合演练

综合演练尽可能模拟一个真实的事件。该演练的目的是评估应急管理系统在高压环境下的运作能力，这种高压环境模拟了实际的响应条件。为了保证真实，需要应急人员、设备和资源的动员与实际调动。理想情况下，综合演练应该检验和评估 EOP 的大部分功能。

综合演练与训练的不同之处在于它协调了几个实体的行动，检验了几个应急功能，并启动了 EOC 或其他运行中心。真实性的实现通过：

- 现场行动和决定
- 模拟受害者
- 搜救要求
- 通信设备
- 设备部署
- 实际资源和人员配置

表 8.5 总结了综合演练的关键特征。

上述五项活动中的每一项都在整个演练计划中起着重要的作用。

制订演练计划

一个渐进的演练计划包括了许多机构、部门或其他实体在一系列活动中的共同努力，这些活动增加了演练的复杂性，直到掌握为止。

表 8.4　专项演练的关键特征

形式	这是一个互动演练，类似于没有设备的综合演练。它以最真实的方式模拟事件，并将资源移动到实际的地点。专项演练是： · 面向政策、协调和运行人员——演练中的参与者——以真实的方式进行响应，仔细计划和排序模拟人员给他们的信息 · 这是一个压力大的演练，因为参与者要通过现场决策和行动实时响应，所有参与者的决定和行动都会引起其他参与者的真实反应与后果 · 必须仔细编写信息，使参与者作出决定并采取行动，这种复杂性使得专项演练难以设计
运用	专项演练可以检验几个功能，并且可以使几个机构或部门进行演练，而不会产生综合演练的成本。专项演练始终是综合演练的先决条件。
引导和参与者	专项演练在领导组织和角色分配上是复杂的。通常使用以下角色： 控制人员——管理和指导演练 演练人员——在真正的紧急情况下做出响应的参与者 模拟人员——承担外部角色并将计划消息传递给参与者 评估人员——评估表现的观察者
设施	专项演练通常在 EOC 或其他运行中心进行。理想情况下，人们会在紧急情况下聚集在他们实际需要行动的地方。参与人员和模拟人员通常位于不同的区域或房间。真实性是通过使用电话、收音机、电视机和地图来实现的。
时间	专项演练需要 3 到 8 小时，但可以运行一整天甚至更长的时间。
准备	计划用 6 至 18 个月或更长时间来准备进行专项演练，原因如下： · 工作人员在功能检验方面需要相当丰富的经验 · 根据需要，演练之前应先进行较低级别的演练 · 控制人员、评估人员和模拟人员需要培训 · 演练可能需要大量的资源分配和组织领导人的重大承诺

制订一个演练计划有点像构建一个演练，只不过相应的活动发生的规模更大。基于对 EOP 的仔细检查，计划是由团队制订的。

表 8.5　综合演练的关键特征

形式	演练从事件的描述开始，以与真实事件中发生的相同的方式传达给应急响应人员。现场处置人员必须前往指定地点，以模拟紧急情况的形式看到“视觉叙述”。从那时起，在现场采取的行动成为在 EOC 或运行中心进行模拟的输入。
运用	综合演练是功能的终极检验。因为它们昂贵且耗时，因此将它们留给最重要的危害和功能。

续表

引导和参与者	一个或多个控制人员管理这个演练，评估人员是必需的。各级人员参加综合演练： · 政策人员 · 协调人员 · 运行人员 · 现场人员
设施	事件在现实的环境中开展。启动 EOC 或其他运行中心，可以建立现场指挥部。
时间	综合演练可以设计为 2 至 4 小时，或者持续 1 天或更长时间。
准备	准备一个综合演练需要投入大量的时间、精力和资源——12 个月到 18 个月或更长的时间来制订一个完整的演练计划。这个时间框架包括多个训练，以及筹备桌面和专项演练。此外，参与机构的人员和设备必须长期致力于此事。

演练计划的制订要考虑很多方面，包括：

- 能力和成本分析
- 任务安排
- 公共关系
- 制订长期计划

长期计划的细致工作将贯穿每个演练的设计中。

演练计划制订小组

综合演练计划需要很多人的共同努力。对于一个社区计划，团队应由来自辖区内各主要政府机构的代表以及来自规模足够大的可以执行演练任务的私人和志愿者组织的代表组成：

- 消防部门
- 治安官
- 公共工程
- 医院
- 机场
- 学校
- 志愿者组织

应急管理人员和其他应急人员应该牵头，然后代表们应该会面，分析一下他们需要做什么来支持对方。这个团队合作将有助于在参与者的部门或组织之间建立关系。

目标设定

由于一个综合演练计划通常会延续数月，因此制订长期目标或制订任务说明非常重要。没有目标或任务，演练计划可能缺乏重点和连续性。

安排和顺序

在采取初步措施（组建计划制订小组，制订任务说明和目标）之后，起草计划的困难可能会出现。制订演练计划涉及：

- 安排一系列能够满足各参与实体需求的演练
- 按照可行的顺序和时间安排来组织演练

计划格式

演练计划可以使用任何格式，但应包括以下内容：

- 时间框架
- 问题描述
- 长期目标
- 功能目标
- 时间表
- 演练描述，包括：
  - 演练类型
  - 参与者
  - 目的
  - 合理性

表8.6展示了一个演练计划的格式样例。这是一个社区演练计划的假设例子。

根据完成的辖区需求评估，制订一个综合演练计划来满足这些需求，并确保要包括关键要素，见图 8.2。如果这种格式不适合你，请将其更改为符合你需求的格式。

表 8.6　演练计划的格式样例

计划格式	样例计划：综合演练计划
时间框架	演练计划延续 18 个月
目前的问题	这个计划是为了解决人口迅速增长而出现的问题，据专家介绍，大规模伤亡事件发生的可能性逐渐增加
长期目标	在大规模伤亡事件的背景下，制订一个综合演练计划来检验所有重要功能，通过让这些实体参与到演练中来，这将满足 FEMA 和综合演练对医院与机场的要求
要检验的功能	卫生与医疗、公共信息、协调与控制（EOC 运行、突发事件指挥） 1. 确定下列功能领域的计划和程序是否足以处理大规模伤亡事件：卫生与医疗、公共信息、协调与控制（EOC 运行、突发事件指挥） 2. 检验上述功能领域在应对大规模伤亡事件中沟通协调的能力 3. 检验上述功能领域在应对大规模伤亡事件中获得足够资源（通过本地互助协议）的能力
第 1 个月	演练：定向 对象：应急管理人员和各机构负责人：精神卫生协会、州殡仪馆负责人、县验尸官、县消防、县警察 目的：审查处理大规模伤亡事件的新预案和程序 合理性：通知那些不知道计划的人，并得到部门领导支持和额外投入
第 2 个月	演练：定向 对象：应急管理人员和各机构负责人：消防、警察、县级新闻官（PIO） 目的：与应急响应人员一起审查处理大规模伤亡事件的新预案 合理性：获得应急响应人员的支持和额外的投入，并使他们了解领导计划
第 4 个月	演练：专项演练的培训课程 对象：应急响应人员和突发事件指挥官；应急管理人员；消防和警察部门各级负责人、队长、助理；紧急医疗服务（EMS）；精神健康；无线电爱好者民间紧急服务（RACES）；殡仪馆主任；县验尸官；县 PIO 目的：提供现场大规模伤亡事件应对培训 合理性：这是 FEMA 现场大规模伤亡事件应对的培训课程，本课程提供了有关大规模伤亡事件具体需求的概述，课程以一个功能活动为结束

续表

第 7 个月	演练：训练 对象：消防、警察、应急管理系统、验尸官、殡仪馆主任 目的：建立突发事件指挥系统（ICS），以应对大规模伤亡事件 合理性：建立 ICS 来支持所需的功能和任务
第 8 个月	演练：训练 对象：PIO、消防、警察、应急管理人员 目的：建立联合信息中心（JIC） 合理性：让参与者了解 PIO 功能和 JIC 操作，测试设备和通信线路
第 9 个月	演练：训练 对象：心理健康、殡仪馆主任、PIO、神职人员、应急管理人员 目的：建立一个家庭援助中心 合理性：让参与者了解办公设备和测试角色，作为对受害者家属的支持
第 11 个月	演练：桌面演练 对象：突发事件指挥部、PIO、警察、消防、EMS 目的：在因酒店火灾而发生的大规模伤亡事件中，将以往演练中测试的三项功能结合到一起 合理性：在专项演练之前，处理和解决突发事件指挥部、PIO、警察、消防和 EMS 之间潜在的沟通和协调问题
第 14 个月	演练：专项演练 对象：沟通、协调和控制，ICS 和 EOC、PIO，健康和医疗 目的：在飞机失事的情况下测试大规模死亡的附加功能；紧急公共信息（EPI）有效性，卫生和医疗的大规模伤亡，协调和控制，ICS 和 EOC 操作 合理性：确定初步缺陷并在实施综合演练之前测试总体协调
第 15 个月	演练：桌面演练 对象：沟通、协调和控制，ICS 和 EOC、PIO，健康和医疗 目的：纠正和重新测试上述专项演练中发现的问题 合理性：解决前一个专项演练中发现的潜在问题，并在综合演练之前进行必要的调整
第 18 个月	演练：综合演练 对象：所有机构负责人和响应人员 目的：测试在具有大规模伤亡的飞机失事情况下的所有功能 合理性：本演练满足 FEMA，美国联邦航空局（FAA）对机场的要求和国际医疗卫生机构认证联合委员会（JCAHO）对医院认证的全面要求

综合演练计划工作表	
时间框架：	
目前的问题：	
长期目标：	
职能目标：	
月：	
演练：	
对象：	
目的：	
合理性：	

图 8.2　综合演练计划工作表

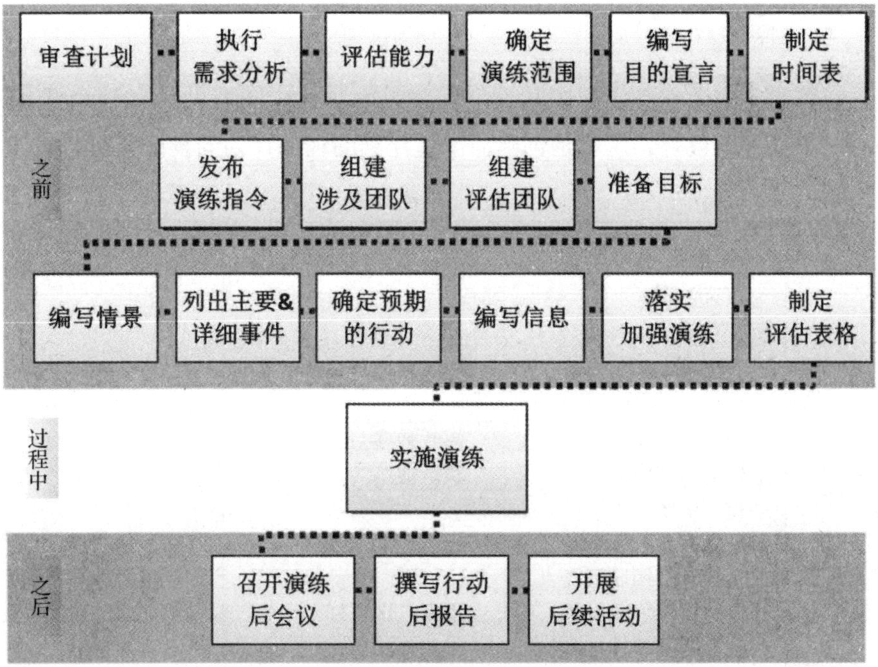

图 8.3　成功演练的任务顺序

演练过程

当进展顺利时，演练看起来很简单，但相比演练过程本身，整个花费的时间要多得多。演练之前有很多的想法和计划，接下来还有更多的工作要做。

演练不是一个有明确开始和结束标记的独立活动。相反，它应该被看作涉及许多任务的复杂过程的一部分。所有这些任务都是相互关联的。它们不仅影响当前演练的成功，还影响未来演练的成功。

为了准备制订演练计划和设计每个演练，重要的是对整个演练过程有清晰的认识。以下是该过程的 3 个图形表示：

- 按任务顺序进行组织
- 按任务类别和阶段进行组织
- 按主要成就进行组织

主要任务顺序

在图 8.3 中，主要任务按其近似顺序显示。这个图有助于对整个任务顺序有一个很好的理解，这也是创建一个更详细的任务计划的良好开端。

表 8.7　任务类别

	演练前	演练中	演练后
设计	· 审查计划 · 评估能力 · 解决成本和负债 · 获得支持/演练指导 · 组织设计团队 · 制订演练时间表 · 设计演练	· 准备设施 · 组装道具和其他增强的事项 · 短暂的参与者 · 执行演练	
评估	· 选择评估团队负责人 · 制订评估方法 · 选择并组建评估团队 · 培训评估人员	· 遵守既定目标 · 文档操作	· 评估目标的实现 · 参加演练后的会议 · 准备评估报告 · 参与后续活动

任务类别

另一种观察演练过程的方式是将任务组织成 2 个维度：

1. 演练阶段（演练前、演练中和演练后）
2. 任务类型（涉及设计和评估的任务）

表 8.7 说明了这种类型的组织。

主要任务成就

设想演练过程最简单的方法之一就是取得重大成就。如图 8.4 所示，这个过程可以分解为构成设计周期的 5 个主要任务成就：

- 基础建立
- 演练制订
- 演练实施
- 演练批判和评价
- 演练后续行动

如图所示，每个成就都是一系列具体任务和子任务的产物。这个过程是循环的，前一个演练的结果为下一个演练提供经验。

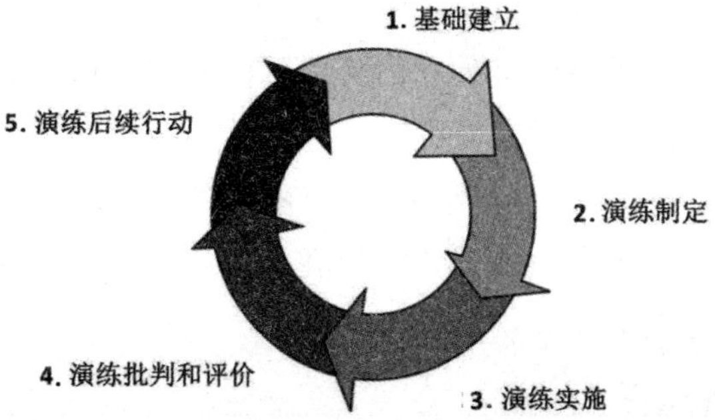

图 8.4　5 个主要任务成就

灵活性是关键

不管设计何种水平的演练，或无论为何组织所使用，该演练过程都是适用的。无论是处于一个拥有丰富资源的较大辖区，还是一个拥有较少资源的较小社区，都可以使用此过程。

潜在的前提是，这个过程必须足够灵活，以满足使用它的组织的独特的演练需求。因此，在考虑每项任务时，务必记住，每项任务都必须以适合你所在辖区特定目标和能力的方式进行设计、定制和应用。

成就1：基础建立

演练旨在激励员工像在真实事件中一样思考或行动。建立基础基本上是为演练奠定基础，为演练做好准备。演练准备包括：

审查目前的计划——它告诉你理想的表现是什么样子（即你的辖区如何在紧急情况下执行政策和程序）？

进行需求评估——你所在辖区面临的风险是什么？你需要在哪些方面聚焦培训工作？

评估辖区进行演练的能力——你的辖区可以利用哪些资源来设计和实施演练？

确定演练范围——你的辖区如何限制这个演练？

选择演练类型——在可用资源范围内哪种演练最符合你所在辖区的培训需求？

处理成本和负债——演练在资金、人力资源和司法责任方面的成本是什么？

制订目的宣言——期望你的辖区从演练中得到什么？

获得支持并宣布演练——如何获得你辖区内的权威人士的支持？你如何利用这些支持来获得参与者的支持？

额外的“基础工作”任务包括组建设计团队和制订工作计划和时间表。

建立基础不需要很长时间，通常可以在你的办公桌上或在其他几个人的帮助下完成。其中一些任务将很快重新审视。

成就2：演练制订

演练，特别是桌面演练，专项演练和综合演练，是通过以下8个步骤来制订的：

1. 评估需求
2. 定义范围
3. 编写目的宣言
4. 确定目标
5. 撰写描述
6. 编写重大和详细事件

7. 列出期望的行动

8. 准备消息

重复的步骤

进行需求评估，确定范围和目的宣言是制订整个演练计划的重要方面。在为每个演练建立基础时，它们会反复地出现。在这里，它们是演练制订的一部分。这是否意味着我们只是不断重复相同的步骤？当然不是。有时候（如在一个简单的演练中），你在早期阶段进行这些步骤就足够了——当你开始完善时，你已经完成了这项工作。其他时候（如更复杂的演练），你可能需要回到需求评估、范围和目的宣言，并在此基础上进一步完善或进一步完善特定的演练。演练越复杂，计划和制订内容就越详细。

成就 3：演练实施

演练当天是你计划的高潮。以下是确保你的演练成功的一些建议：

1. 保持清晰——演练的成功在很大程度上取决于参与者对于他们所期望的事物有清晰和一致的理解。许多演练的失败，是因为演练中使用的基本规则或模拟技术没有得到充分的解释。

2. 持续行动——通过信息保持行动是实现情景的关键目标的一种方式。信息帮助所有参与者在整个演练中保持活跃。这需要在整个演练过程中仔细地监视和控制信息流。

3. 培养现实主义——应该鼓励参与者把模拟的紧急情况看作实际发生的情况。

4. 建立时间表——建立有效的时间表有助于保持事件有序地发生。

5. 审查紧急撤离程序——为确保所有参与者了解真正的紧急撤离程序，应在演练开始之前向他们通报情况。

6. 充分利用问题情况——在演练中可能导致演练停止的情况也具有价值，因为这会给系统增加压力。通常情况下，他们会更有效地测试组织应对真实突发事件的能力。

成就 4：演练批判和评价

除非整体响应系统得到改善，否则演练就没有价值；因此，任何演练的一个重要部分就是评估目标的实现程度。该目标可能与问题有关，例如：

- 需要改善计划
- 需要改进应急管理系统
- 人员培训
- 克服人员配备不足

评估的范围和深度由参与演练的组织决定。控制人员的评价和观察可以满足一些演练要求；然而，对于其他演练，可能需要观察员客观地进行额外的分析。

批判和报告分析解释了演练目标是否达成，并提出解决缺陷的建议。评估人员应该非常熟悉社区的EOP和他们正在评估的领域。评估演练的策略将在本章后面更深入地讨论。

成就5：演练后续行动

后续行动是最重要的，也是演练过程中最容易被忽视的领域之一。同样，没有后续行动，演练建议将使你无法从演练中获得全部的好处。演练后续的行动策略如下：

- 分配责任——明确分配任务和时间表，并为每个建议的改进指定责任人
- 监测——制订监测计划，跟踪建议改进的实施进度
- 完成周期——在下一个演练中建立改进测试。这也许是确保演练实施的最可靠的方法

可能没有必要完全重新测试每个目标。相反，选择一些改进建议，并将其纳入未来的演练中。

本概述简要介绍了演练过程。如前所述，本章后面将详细讨论演练过程的许多方面。

审查目前的计划

EOP描述了组织中的人员在紧急情况下如何响应。它回答了这样一个问题："将使用哪些资源、人员和程序来解决紧急情况造成的问题？"

你的计划可能会有不同的名称（EOP，地区应急计划等），但为了达到一

致性，这些文件将简称为应急预案。

检查应急预案将帮助你发现问题、选择演练、确定目的、制订目标。而演练要测试的表现，则是描述理想表现的应急预案。要把应急预案作为基础文件，你首先要熟悉它。

在应急预案中应该寻找什么

在回顾预案时，问自己以下几个问题是很重要的：

- 目前的预案是什么？
- 哪些资源、人员和程序将用于解决问题？
- 它们对不同的机构有所不同吗？
- 角色会根据紧急情况的类型而变化吗？
- 应急响应人员参加了哪些培训？
- 必要的培训是什么？

评估实施演练的能力

要设计一个模拟真实紧急情况的演练，你必须知道如何计划，并评估需要什么样的能力来满足这些响应。然后，你必须问你的辖区是否有能力实施演练。

在开始演练之前，重要的是要确定你是否拥有资源——技能、资金、人员、时间、设施和支持。设计过程中必须考虑到这些方面的缺陷。当纯粹的热情促使辖区想要进行全面的演练时，有时能力评估将表明辖区是否有能力进行桌面演练。

关于能力和资源的问题

下面的问题，虽然非常普遍，但是可以帮助评估你的辖区的能力级别。例如，可能会发现在考虑计划演练之前，需要发展、支持和培训人员。

- 你辖区的最后一次演练是什么时候？
- 你的辖区有哪些演练经验？你自己的经验是什么？你的员工有什么经验？

- 你能期望分配多少准备时间来进行演练？
- 人们可以花多少时间来进行演练？
- 这些人能提供什么技能？
- 当你进行紧急行动时，你会使用什么物理设施？演练时可以使用它们吗？
- 在真正的紧急情况下，你使用什么通信设施和系统？演练时可以使用它们吗？
- 你期望官员和紧急服务提供商或其他领导对这次演练有何态度？

解决责任和成本问题

应尽早处理责任和成本问题。许多演练中固有的问题，特别是训练和综合演练，可能会造成人员伤害或设备损坏。在计划任何演练之前，请检查你所在辖区的保险范围。在演练进行的每个阶段都会产生费用（明显的和隐藏的）。提前做好计划，确保你的辖区拥有所需的资源。下面介绍一些成本考虑注意事项。

成本考虑注意事项

对各种各样的费用进行预算，以下是一些例子。实际成本将随着演练而变化，并取决于你的辖区的政策。

- 工作人员的薪水
- 合同服务
- 设备和材料
- 燃料运行设备和运输志愿者
- 其他项目

提出一些关键问题，以避免投入更多的资源。比如：

- 如果演练是在周末或者晚上进行，那么是否需要加班费呢？
- 如果演练支持医院认证的演练，谁来支付费用？

员工应该将他们的应急管理职责反映在他们的职位上。

应该为每个负有应急管理责任的员工预留参与培训、计划和演练的时间。

例行参加演练的费用应由辖区官员认可。

确定辖区演练的成本很重要，确定辖区为演练过程做好准备同样重要，见图 8.5。

自我评估：资源和成本

计划

你对辖区的应急预案、政策和程序有多熟悉？

□很熟悉

□只是一般的熟悉

□只熟悉一部分

□需要认真回顾预案、政策和程序

时间

你的辖区实际上要提前多久才能有效计划和设计以下各项演练活动？

· 定向研讨会________________

· 训练____________________

· 桌面演练_________________

· 专项演练_________________

· 综合演练_________________

为制订一个演练，多少准备时间是合理的？

· 实际的天数：

· 演练的时间：

自我评估：资源和成本

经验

你辖区的最后一次演练是什么时候？

你以前的演练经验是什么？（检查所有）

定向研讨会：	□主持人	□参与者		
训练：	□控制人员	□参与者		
桌面演练：	□主持人	□参与者		
专项演练：	□控制人员	□模拟人员	□演练人员	□评估人员
综合演练：	□控制人员	□响应人员	□评估人员	□受害者

参加演练后的汇报：

帮助撰写评估报告：

你所在的辖区还有哪些与演练相关的经验？

续图

设备 你在执行紧急行动时使用了什么通信设施？ 在这个演练中是否需要它们？　　是□　否□ 在这次演练中它们是否可用？　　是□　否□
自我评估：资源和成本 通信：在真实的紧急情况下，你需要使用哪些通信设施和系统？ 在这个演练中是否需要它们？　　是□　否□ 在这次演练中它们是否可用？　　是□　否□ 障碍：进行这次演练是否有任何资源障碍需要克服？　　是□　否□ 如果是这样，那么障碍是什么，又如何克服它们？
自我评估：资源和成本
成本 你所在辖区的这些演练可能会产生哪些类型的费用？（不要列出确切的数字——只列出费用类型，如工资和薪水、交通等） 对于定向研讨会来说： 对于训练来说： 对于桌面演练来说： 对于专项演练来说： 对于综合演练来说： 是否有不同的组织或机构能够降低成本（例如，通过结合演练、分担成本、共享资源）并仍然满足项目要求的方法？ 说明。

图 8.5　为演练设计做好准备

获得支持

从演练设计过程开始，重要的是拥有进行演练的权力。这意味着获得你所在辖区的最高官员的支持。

即使首席官员（CEO）不参加演练，他们的权力和支持也是至关重要的。最高官员可以从那些参与演练的人那里获得几乎即时和完整的配合。没有这个权力，就很难实施一个涉及你没有管辖权的部门、组织或机构参与的演练。

获得 CEO 的支持并不容易，但以下方法将有所帮助：

· 获得对整个演练计划的支持——制订一个全面的、渐进的演练计划，

CEO会更容易接受一个经过验证的、一致的、目标明确的计划，而不是一个孤立的演练
- 保护辖区——尽其所能保护辖区不受法律诉讼
- 推销过程——你的需求评估、能力分析、目的宣言和目标是演练的重要基石，除此之外，它们还提供了一种很有价值的推销专业想法的工具，首先，可以向你的老板推销你的想法；其次，向你的辖区的CEO推销你的想法

提出概念

当向那些官员提出演练的概念时，你的早期准备活动的结果将会增加你的可信度。你的报告应包括以下简要说明：

- 演练的需要
- 组织能力（经验、人员、成本）
- 演练的类型
- 演练的范围
- 演练的目的

宣布演练

在某些情况下，可以通过发出公告——通常是演练指令的形式——获得对演练的广泛支持。它应该来自CEO，但是，你需要做好准备来编写这份指令。该指令的目的是授权你实施演练，并给予你需要获得他人支持的权利。

编写演练指令

演练指令与目的宣言非常相似。该指令应该包含：

- 目的
- 参与机构名单
- 负责设计演练的人员
- 大概的演练日期
- 补充信息联络点

请注意，突发事件的性质和演练的地点没有透露。

20××年2月24日
致：所有机构领导
来自：麦克·法格尔
　　　首席行政官员
主题：应急演练
一场涉及恐怖主义事件的模拟演练已安排在20××年1月12日至18日某个时间进行。
拟议的演练的目的是改善下列紧急行动：
快速评估；
通知和预警；
现场隔离和外围控制；
大规模伤亡的检伤分类。
你的机构参与此演练非常重要。我们鼓励高层管理者的参与。
我相信大家都认识到应急演练对社区应急准备的重要性。我完全支持这个演练，并打算和你们一起参与。
紧急事务管理办公室将协调这项工作。他们会联系你们，为演练的制订和实施进行必要的安排。为了实际和兴趣的目的，演练情况的细节将不会在演练之前公布。
有关更多信息，请致电规划办公室的分机。

图8.6　演练指令样例

关于日期：不推荐完全未经宣布的演练。但是，你是否指定确切的日期将取决于你打算提供“惊喜”的程度，至少应该给出一个日期范围。在选择演练日期时，请查看社区日历以避免与主要事件相冲突。图8.6是一个演练指令的样例。

组建设计团队

计划一次演练需要大量的任务，从设计演练到安排详细的行政事务。这些任务需要一个专门的团队和团队领导的努力。

演练设计小组组长

演练设计小组组长负责整个演练的制订过程，并管理所有行政和后勤事务。在涉及多个辖区的演练中，组长可能需要各个实体的助理或联络人来帮助协调许多细节。

谁应该领导？

因为组长是如此重要，所以，这个人必须具有经验和能力。演练设计小组组长应该是：

- 在整个演练周期中可以投入相当多的时间
- 熟悉应急预案，并对将要参与的响应组织有充分的了解
- 不是参与辖区的主要业务成员。所有主要成员都应该参加这个演练，但是，如果他们参与设计过程，他们可能无法完全参与其中

那应急管理人员呢？

一般来说，处理突发事件的主要负责人应该是演练人员。因此，如果你是辖区的应急管理人员，你不应该领导演练设计小组，而应该指派其他人来制订和执行演练。这样做的原因是，在演练之前，应急管理人员应该只能获得与其他演练人员一样的信息，但仅此而已。

当人员配备不允许应急管理人员指派他人时，他们将不得不扮演双重角色：

- 负责开展演练工作，争取其他机构的支持
- 参加演练，但在有限的基础上

尽管对演练的设计很熟悉，但应急管理人员仍然可以采取一些行动而不影响现实。

演练设计团队

演练设计是一项复杂的工作，不应该由一个人来完成。演练设计团队帮助组长开发演练的内容和程序。

设计团队的责任

设计团队成员：

- 确定演练目标
- 制订情景
- 制订事件和相关消息的顺序
- 协助开发和演练物资的分发
- 帮助进行培训

最终，团队成员可以充当专项演练中的模拟人员或控制人员。

设计团队候选人

理想情况下，小组应该包括每个参与机构的代表和所有参与演练的辖区

的代表。如果这导致一个笨拙的团队，那么选择一个小的核心团队，可以根据需要来吸纳其他成员。

背景

选择具有不同背景的团队成员有助于协调和激发创造力。可能需要一些额外的行政支持，以便资料打字、印刷和其他有关材料的准备工作。

组建设计团队

设计团队是如此的多样化——受到成员数量、团队组成、可用的技能、政治氛围、演练的范围以及许多其他因素的影响——没有单一的方法来组建一个设计团队。

一般来说，组长应该使用团队合作策略，使团队获得成功。组长的话题比较大，难以在本章中展开讨论，但下面有几个建议。

组建团队的策略

- 建立明确的目标
- 就具体的责任和截止日期达成一致，以实现既定的目标
- 为完成任务，就使用实际的时间表达成共识
- 定期开会以监督进展
- 共同努力，分享专业知识和资源，完成工作
- 使用团队互动以对相互的机构或辖区了解更多，你对其他利益相关者了解得越多，你就能越好地合作处理突发事件
- 对新思路、潜在的缺陷、成功、问题和需求保持开放的沟通，共享信息和创造性解决问题是应急管理中的巨大资产
- 使用工作辅助工具，使时间表、责任和进度可见，并保持每个人都步调一致

下面几页显示了一些工作辅助工具的例子。记住，这些只是例子。你所创造的任何工作辅助工具都应该适应你的演练团队的需要。

检查单。一个简单的任务列表可以用来提供流程概要，并确保完成所有主要任务（参见图8.7）。

活动安排。对于相对简单的演练，一个基本的时间表可以用来显示团队的主要活动和完成每个任务的最后期限（参见图8.8）。

一个重大的演练需要更详细的计划，其规划必须得到组织的大力支持。

如图 8.9 所示，甘特图作为这种详细规划的工具非常有用。甘特图显示了在最上方的时间和在左手边的一系列任务。时间可以用天、周或月来表示。每个活动的持续时间由跨越时间线的线条表示。图 8.9 显示了任务分组（计划支持的子任务）和在左列中由首字母表示的人员分配。

任务

☐ 需求评估
☐ 范围
☐ 目的宣言
☐ 目标

人员

☐ 设计小组
☐ 控制人员或主持人
☐ 参与者
☐ 模拟人员
☐ 评估人员
☐ 管理
☐ 安全
☐ 观察人员
☐ 信息
☐ 指令
☐ 媒体
☐ 公开声明
☐ 邀请
☐ 社区支持
☐ 管理支持
☐ 时间线要求

培训/简报

☐ 培训模拟人员，评估人员，控制人员
☐ 演练人员在演练后的简报

情景

☐ 描述
☐ 主要/详细事件
☐ 预期行动
☐ 信息

后勤

☐ 安全
☐ 时间安排
☐ 房间/地点
☐ 装备
☐ 通信
☐ 电话
☐ 无线电
☐ 电脑
☐ 增强
☐ 地图
☐ 表格
☐ 其他

评估

☐ 方法
☐ 地点
☐ 评估表
☐ 演练后汇报

演练后文件/建议

☐ 评估会议
☐ 评估报告
☐ 下次演练的后续想法

图 8.7　演练制订检查单样例

完成的期限	活动的领导者	团队活动
3 个月前	举行第一次计划会议	
2 个半月前	1. 主要政府官员 2. 设施安排 3. 决定模拟结构 4. 召集并向设计小组下达简令	参加小组简报
2 个月前	审查和完成行动方案	1. 制订/审查演练步骤 2. 安排模拟 3. 安排参与 4. 审查演练情景
1 个半月前	1. 获得演练物资 2. 为编写信息想好思路	1. 准备参与信息包 2. 准备行动数据
1 个月前	与小组回顾信息	1. 与组长一起回顾信息 2. 审查评估表 3. 打印表格 4. 准备编写信息
3 周前	为参与者准备简报	
2 周前		1. 将信息整合进时间表 2. 开发培训课程
1 周前	准备演练设施	
2—4 天前	1. 实施培训 2. 培训监察员	协助培训
演练当天	1. 执行参与者简报 2. 执行演练检查 3. 监督演练	协助演练前检查
1 周后	帮助准备起草最终报告	审查最终报告并给出建议
2 周后	修改提交报告	
3 周后	提交推荐措施	

图 8.8　活动时间安排样例

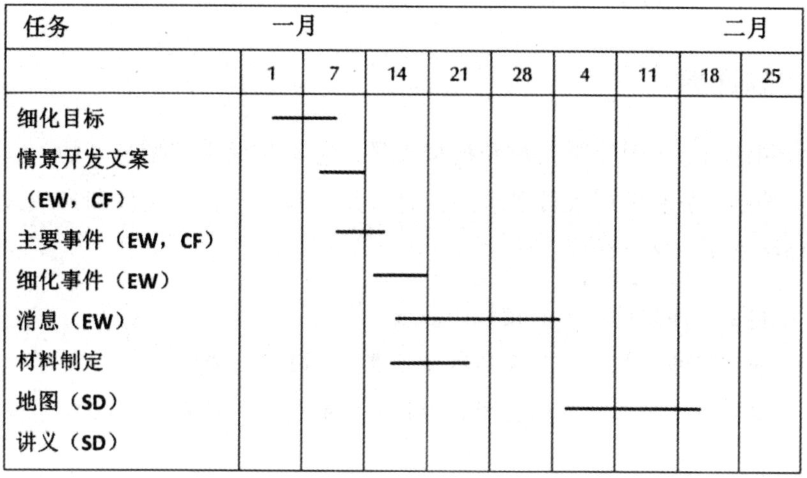

图 8.9 甘特图样例

演练文件

在演练设计过程中制定了 4 个主要文件：

1. 演练计划
2. 控制计划
3. 评估计划
4. 参与者手册

这些文件基本上是针对特定受众的手册，是演练的制订、执行和评估过程中的有用工具。

演练计划

演练计划包含每个人都需要的信息，而且它可实现多重目的。例如，可以用来：

- 为每个相关人员提供演练的一般信息，包括演练概述、参数和时间线
- 作为开发者和参与者的指南
- 协助参与者加强演练

- 作为演练指导的推广工具

控制计划

控制计划适用于控制人员和模拟人员，它不是提供给参与者的。它提供了有关控制人员和模拟人员要求的信息，并解释了与控制人员和模拟人员相关的演练概念。这个计划：

- 建立了演练的控制和模拟的基础
- 介绍了演练控制和仿真的程序、责任、任务和支持
- 定义了支持演练期间控制和模拟所需的通信、后勤和管理结构

评估计划

评估计划为演练评估人员，以及控制人员和模拟人员提供了关于演练评估程序、职责和支持的指导。这个计划：

- 解释了演练的概念，因为它与评估过程有关
- 建立了评估的基础
- 定义了在演练之前、期间和之后需要进行评估的通信、后勤和管理结构

参与者手册

参与者手册为演练者提供了有效的参与演练所需的信息，这些信息也是在演练开始之前进行的参与者简报中所讨论的。表 8.8 列出了这些文件中包含的具体信息。

演练设计就像编写剧本一样，确保所有参与者在适当的时候执行正确的行为并作出正确的决定。桌面、专项和综合演练基于设计过程，该过程包括了本章前面介绍的 8 个步骤。

步骤 1：评估需求

一些辖区会把计划演练作为对压力的回应。例如，有人可能会突然决定，为了应对一些严重的灾难，有必要进行全面的演练。如此仓促的决定通常会导致失败和尴尬。要确定你需要演练的地方以及需要何种演练，最好的方法

是要系统地研究你的情况。

执行需求评估将帮助你确定问题、确定执行演练的原因，并确定需要演练的功能。

从你的计划开始

需求评估应从审查应急预案开始，并应解决：

- 危害——你最有可能面临的风险以及这些危害的优先级别
- 最脆弱的区域
- 最需要演练的功能
- 潜在的参与者（机构、组织、部门、人员）
- 过去的演练
- 演练要求
- 能力

表8.8　演练设计文件内容

演练计划	控制计划	评估计划	参与者手册
· 演练类型和目的 · 情景描述 · 范围 · 参考 · 假设，仿真模拟 · 目标 · 运行概念 · 演练管理结构和职责 · 安全和安保 · 行政和后勤 · 演练管理工作辅助工具	· 演练概念 · 演练前参与者活动 · 假设，仿真模拟 · 管理、控制和仿真模拟的概念 · 控制团队人员 · 控制团队培训 · 控制团队人员职责 · 控制团队程序 · 通信，后勤，行政和其他支持	· 演练概念 · 演练前参与者活动 · 假设，仿真模拟 · 评估管理概念 · 评估团队人员 · 评估团队培训 · 评估团队人员职责 · 评估团队程序 · 评估团队支持	· 演练范围（参与、假设、仿真模拟的概念） · 情景描述 · 参与者程序和职责 · 安全和安保 · 通信 · 报告 · 行政系统 · 推荐的演练前培训 · 参与者简报时间表 · 回顾社区计划，政策程序 · EOC（或其他运行中心）程序

如果你在制订综合演练计划时已经满足了你的辖区的演练需求，那么你将有很好的基础来计划你的下一步的工作。无论何时考虑制订新的演练，咨询和更新评估结果将是一个关键的步骤。

经验教训

在做一个单独演练的需求评估时，一个明显的出发点是对过去演练的评价：

- 谁参加了，谁没有参加？
- 目标达到了什么程度？
- 我们都从中吸取了什么教训？
- 揭示了什么问题，需要解决什么问题？
- 在过去的演练之后，他们做了哪些改进，是否进行了测试？

需求评估结果

总之，如果存在以下问题，你的需求评估应该揭示以下类型的问题：

- 辖区面临的主要和次要危害
- 需要解决的问题
- 问题重演
- 需要演练的技能
- 存在弱点的功能
- 演练之后实施的改进，现在需要测试哪一项
- 未包含在演练中的新设施、人员或设备
- 应急预案中的弱点（如分歧、相互矛盾的政策或模糊的程序）
- 角色澄清的需要
- 需要进行某种类型的演练

步骤 2：定义范围

需求评估可能会揭示一系列广泛的问题。显然，你不能设计一种演练来检验：

- 所有的功能
- 在所有危害的情况下
- 使用所有机构、组织或部门
- 在所有的演练形式
- 利用所有资源

你需要设定优先级并做出选择。很重要的一点是，范围要清晰明确。

如何确定范围

许多因素会决定哪些领域会被纳入演练中，哪些领域不会被纳入演练中。有时候，一个决定会影响另一个决定。其他有助于确定演练范围的因素包括：

- 费用
- 可用性
- 问题的严重性
- 解决问题的能力
- 设计师的技能和经验
- 演练时间的长短

范围包括什么？

范围有 5 个关键要素：突发事件类型、位置、功能、参与者和演练类型。

1. 突发事件类型——演练通常仅限于一个重大事件，尽管其他事件（特别是次要事件）可能会随着情景的展开而发生，可能出于多种原因而选择危害，包括：

    - 将会产生需要实施的行动的突发事件
    - 组织面临的最高优先级的危害
    - 最近没有对危害进行演练
    - 刚刚发生的问题

2. 位置——确定模拟事件发生的位置。对于桌面和专项演练，选择一个可能发生危害的地方。对于一个综合演练，交通问题或安全问题可能使它有必要选在一个类似于理想地点的地区进行。

3. 功能——列出参与者将要演练的操作。确保某个功能中的程序清晰且被严格定义。示例：要演练社区警报系统，以下行动可能是响应功能的一部分：

    - 通知报警机构
    - 打开警报器
    - 通知消防或警察在区域内使用扬声器
    - 通知紧急报警系统（EAS）发送信息来中断程序

4. 参与者——在确定了最重要的功能或需求之后，可以将参与机构和个人的名单缩小到需要执行这些行动的人员。

问问你自己：

- 哪些组织需要参与执行正在测试的功能？
- 哪些组织的代表应该在那里？

例如，在EOC或其他运行中心，通常需要政策制定人员，协调人员和运行人员。在突发事件指挥部，你很可能需要熟悉现场作业并有现场决策权的人员。

5. 演练类型——必须对要执行的演练类型作出决定。

问问你自己：

- 最需要什么样的演练？
- 人员对各种演练有什么经验？
- 我们需要什么样的压力水平？
- 什么类型的演练是监管部门所要求的？

在这些问题得到解决之后，是时候把它们制定成一份目的宣言了。

步骤3：编写目的宣言

正如本章前面所提到的，目的宣言是一项关于演练目标的广泛陈述。目的宣言：

- 管理目标的选择，进而控制后续步骤
- 为CEO和潜在的参与者说明为什么要进行这次演练
- 在与媒体和社区领导人交流计划时是否有用

制定目的宣言

目的宣言很容易构建。一种简单的方法是将范围决定（突发事件类型、位置、待测功能等）整合到一个句子中，然后添加日期。图8.10和图8.11显示了两种示例格式。

正如本章前面所讨论的，演练指令是你辖区CEO的一份备忘录，该备忘录被发送给那些需要支持你的机构或部门。该指令本质上是目的宣言的重述。

当使用目的宣言作为该指令的依据时，应补充以下信息：

- 联系人和电话号码
- 演练的时间
- 演练位置

拟议的应急管理演练的目的是改善下列紧急行动：

洪水阶段监测
疏散警告
学生安置
避难所管理

由下列机构参与：

应急管理
消防部门
公共工程
卫生部门
红十字会
公立学校

在一项模拟洪水暴发的专项演练中

4 月 2 日，在普兰特街桥到 1—740 号公路之间进行。

图 8. 10　目的宣言——样例 1

拟议的应急管理演练的目的是协调城市和县政府、志愿组织和私营企业在应对重大事件时的活动；为员工提供培训；测试和评估报警和警告、疏散和避难所/群众护理附件；通过以下部门或机构的领导，加强机构间的协调与合作：

县长或行政长官	正义县
市长	自由市
应急管理	自由市
应急管理	正义县
消防队长	正义县
执法	正义县治安官
PIO	自由市公报
HazMat 团队联络	代表
化学专家	正义县团队# 3
中毒控制中心	箭头化学公司
美国红十字会	史密斯博士，灾难主任
自由市医院	急诊室主任

这些实体将在 7 月 15 日进行测试，模拟演练中涉及一场危险材料运输事故，地点是位于约翰斯顿大道附近的西南邮路，距离自由市医院大约 300 码。

图 8. 11　目的宣言——样例 2

演练：
范围：
突发事件类型：
位置：
功能：
组织和人员：
演练类型：
目的宣言：

图 8.12　定义演练的范围和目的

图 8.12 对帮助定义演练的范围和目的很有用。

步骤 4：定义目标

在演练的早期阶段，你必须决定演练的目标是什么，这些结果或目标必须明确规定。目标是描述你期望参与者表现出的能力。目标与目的宣言齐头并进，但目标更具体且是基于表现能力的。

为什么要定义目标?

目标在演练过程的 4 个阶段是必不可少的：

1. 设计过程——目标是设计过程的支点。需求评估、范围和目的宣言指导目标制定。后来的行动和决策的成功始于精心编写的目标。描述主要和详细的事件、预期的行动和消息都是基于目标的。从某种意义上说，目标可以被看作预期行动的一般性陈述。

2. 实施演练——在演练过程中，演练的要素应根据目标进行，以确保演练保持正轨。

3. 评估——撰写目标是演练评估过程的开始。观察人员在演练中使用目标来评估表现。演练结束后，评估报告就是基于这些目标。确定评估标准与编写目标是同时进行的。

4. 跟进——在跟进期间，参与者重新培训，计划和实践，以解决未实现的目标。

目标是如何确定的?

在设计师确定问题领域时，许多目标在需求评估过程中就显而易见了。这些需求通常可以转化为目标声明，目标也是通过将目的宣言分解为小部分来达成的。

例子：假设你的最后一个演练显示了警报和通知方面的弱点——具体来说，EOC 没有分析和实施通知程序。由此产生的目标之一，便是证实 EOC 现在可以按照计划通知有关机构。

有多少目标?

在一个小小的演练中，目标只有两三个，或者在联邦、州和地方多方参与的大型国家演练中，目标可以多达 100 个。平均来说，推荐 10 个或更少的目标。

在较大规模的演练中，每个参与组织都应该负责制定自己的具体目标，然后由设计团队将其纳入一个演练包中。

什么是一个好目标?

关于目标，要记住它们必须清晰、简明，并关注参与者的表现。它们应该包含：

- 一种以可用观察术语表述的行为
- 行动实施的条件
- 表现的标准

换句话说，一个目标应该说明在什么条件下谁应该按照什么标准去做什么。图 8. 13 中每个箭头所指向的部分说明了目标的各个部分。

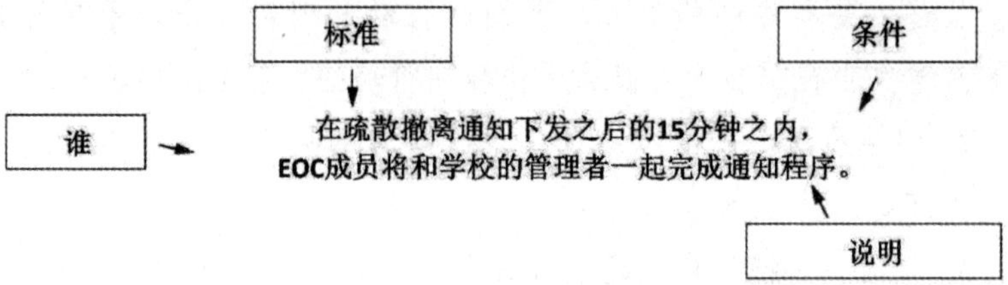

图 8.13　一个好目标的例子

编写 SMART 目标

编写目标的一个有用的指导方针是 SMART 原则，它在表 8.9 中描述。该原则使用简单，易于记忆。

表 8.9　有用目标的 SMART 指南

简单的	一个好的目标是简单明了的，它简明易懂。
量化的	目标应该定义表现水平，这样就可以观察到结果，并且你可以知道目标何时实现。这并不意味着你必须设定一个可量化的标准，这只是意味着人们可以在是否成功的问题上达成一致。
可实现的	目标不应该太难实现。例如，实现它应该在组织为演练所承诺的资源范围内。
现实的	目标应该体现出对情况的现实期望。即使目标可能是可以实现的，但对演练来说可能不现实。
任务导向的	目标应该集中在行为或过程上。关于演练设计，每个目标都应侧重于单个应急功能。

展示	是	否
设施可用状态版	☐	☐
使用状态版	☐	☐
保持状态版更新通过	☐	☐
地图可用	☐	☐
地图更新	☐	☐

图 8.14　具体审查要点的例子

审查要点

确保目标能够提供有用措施的另一种方法是审查具体的要点——评估人

员应注意到的非常具体的项目。例如，以下目标有点过于模糊，无法为评估小组提供指导。

目标：证实支持应急行动的显示器和其他材料的充足性。

如果这个目标得到类似于图 8.14 的评论支持，那就足够了。另外，图 8.15 提供了一些有用的动作动词和具体术语为演练和审查提供特异性。

为演练编写的大多数目标描述的是表现，即个人或组织将要执行的行动。有时候，目标描述了对概念的理解或态度的变化。在编写目标时，请记住使用 SMART 系统，并包括：

- 行动，以可观察的词语陈述
- 条件
- 标准

有用的提示：词语选择

使用具体的词语。避免模糊的一种方法是使用具体的词语，要特别注意描述参与者表现的动词。避免含糊不清的动词，如：

- 知道
- 理解
- 领会
- 显示能力
- 意识到

使用行动词语。如：

- 评估
- 澄清
- 定义
- 确定
- 证明
- 建立
- 评估

- 检查
- 解释
- 识别
- 监察
- 列出
- 通知

- 操作
- 准备
- 记录
- 报告
- 显示
- 测试

图 8.15　使用有用的动作动词和术语

步骤 5：撰写描述

演练是模拟紧急情况的情景。这个情景的一部分就是描述，它是对演练开始之前发生的事件的简要描述。描述有两个重要的功能。首先，它为演练设定了模式。参与者需要积极参与。描述吸引了他们的注意力，使他们想继续下去。其次，描述通过向参与者提供在演练过程中需要的信息来为后期行动做好准备。

描述的特征

一个好的描述：

- 篇幅通常是一到五段话
- 非常具体
- 用现在时态表示
- 用简短的句子写出来，提供即时性和紧张感
- 可能按时间顺序发展情况（有警示时间的事件）
- 可强调应急环境

对于有警示时间的突发事件（如飓风），描述往往按时间顺序来概述发展状况。

对于意外事件（例如，化学品泄漏或恐怖主义炸弹袭击），描述可能会缩短。或者，可以提供更多的突发事件环境（例如，附近的学校、存储的其他化学品、接近高峰时间）的细节以创造紧张感。

提示：概括描述——你可以通过简短的回答（一个或两个词语）来概括描述以下问题：

- 什么事件？
- 多快、多大强度、多深、多危险？
- 怎么发现的？
- 已经做了什么应对？
- 已经报告了什么损害？
- 事件顺序是什么？
- 什么时间？
- 有没有预先警告？
- 在哪里发生？
- 相关的天气条件是什么？
- 还有哪些其他因素会影响应急响应程序？
- 未来的预测是什么？

然后，当你准备好写出描述的文本时，只要把每个关键词转化为一个简短的情景。

以下是两个描述样例。当你阅读描述时，试着注意上述问题的答案。

描述样例：飓风

美国国家气象局（National Weather Service）的国家飓风中心（National Hurricane Center）发布了美国南部沿海地区的风暴可能会形成飓风的消息。热带风暴“安妮”升级为“安妮”飓风，NWS在美国沿海的三个州发布了飓风预警。在过去的一天里，风速和向西北移动的速度有所下降，但经过一整夜的变化，已经稳定在西北沿海地区，这要求对该州的5个沿海县立即发出飓风警告。在涨潮期间，预计风速将达到120英里每小时，最高水位预计将超满潮水位的12至15英尺。受威胁的地区包括地势低洼的新开发的度假胜地，大量涌入的周末露营者被建议撤离该地区。通往堰洲岛的桥梁很窄，可能会因15英尺的水位而无法通行。

飓风“安妮”被认为是一场非常危险的飓风，伴随着大风和随之而来的风暴潮，将袭击位于Stevens Bay和更远的内陆地区的沿海社区，受影响人口在5000到25000人之间。

在发布飓风预警后，应急服务人员通知民选官员和位于观察区域内的机构负责人。新闻媒体也得到了通知，并提供广播通知。当在24小时内发出登陆警告时，应急管理人员让工作人员保持警惕，但没有启动EOC。

要求所有适当的应急服务人员在警报发出后的大约4小时，即7时30分举行会议。按照目前的情况，飓风将在大约23时30分登陆。然而，涨潮和潮涌的洪水位可能会在16时就影响到桥梁。所有适当的工作人员和应急响应人员现在都在EOC集结。

描述样例：空难

一架从巴拿马飞往旧金山的波音747正在经历飞机引擎故障，将不得不紧急着陆，计划在以北200英里处的一个大型机场降落。然而，与飞行员的最新通信表明飞机失去了引擎动力，由于高度迅速下降而无法到达大型机场。尽管你的城市机场太小，无法处理一架 747 飞机，但你是 350 名乘客和 10 名机组人员的唯一希望。

机场环境很清楚，周围地区很干燥，一股干热的风从北方吹来。

主要的跑道位于一个相对无人居住的郊区。然而，飞行员能够控制巨大的飞机并停留在着陆空间的可能性很小。该降落航路通过了人口密集的郊区住宅开发项目。

机场管制塔提醒自己的坠机/消防救援单位，并要求当地紧急服务机构在消防、警察、医疗、福利和搜救能力方面提供后备援助。

步骤 6：编写重大和详细事件

编写一个演练情景就像写剧本。在编写剧本时，剧作家将事件组织成行为和情景。同样，演练设计人员将事件分成重大和详细事件。重大和详细事件是在紧急事件之后发生的大事件或小事件。将其视为需要现实行动的问题对于满足演练目标可能会有帮助。

编写事件的目标是提供一个结构，该结构将模拟的事件与人们希望采取的行动联系起来，并提供统一的演练。如果没有重大事件提供的整体组织，演练可能会随机分解。

如果你要产生一个令人信服的、统一的方案，而不是一系列不相关的繁杂事件，仔细编写行动方案是非常重要的。创造一个受目标支配的演练也是必要的。

编写重大事件

重大事件是突发事件造成的大问题。根据案例研究或运行计划，这些事件应该是可能发生的，要求采取现实行动的事件。

通常，最重要的事情是把重大事件分成两个阶段：

1. 确定几个重大事件——一个序列中的高点——可能紧随描述事件。

2. 决定哪些事件可能会产生能够检验目标的情况。然后，专注于那些最能支持目标的事件。

以下例子中的重大事件表明大多数事件需要来自一个或多个部门或机构的行动。

对空难情景进行重大事件排序

1. 机身分解并撞上下面的建筑物。
2. 喷气燃料点燃了该地区的几个房子。
3. 大约60名幸存者被认为困在飞机的前部。
4. 几名地面上的旁观者受伤。
5. 一群人在坠机现场附近聚集。
6. 遇难者家属开始在坠机现场聚集。
7. 乘客伤亡估计上升到200至220人，至少70人严重烧伤。

因为你的目标是开发一个测试某些功能和部门的演练，所以重大事件应该从你的目的宣言中获得。

示例：

- 事件#1 测试损害评估、命令和控制
- 事件#2 测试消防、警察和医疗服务的部署
- 事件#3 测试搜救和医疗人员程序

编写详细事件

详细事件是人员必须响应的具体问题情况。每一个详细的事件都应该被设计来促使一个或多个参与这个演练的组织的一个或多个预期的行动。当设计任务很小的时候，可能不需要区分重大事件和详细事件。但是，对于专项演练，如果可以基于详细事件列表来编写消息，则编写消息会更容易。

有几种方法来开发详细事件。例如，你可以：

- 同时计划详细事件和预期的行动
- 倒推——首先确定一个你希望参与者执行的动作，然后列出一个会激发动作的问题
- 列出每个重大事件可能发生的具体问题，然后确定相应的期望行动

无论你使用何种方法，结果都应该是与你希望参与者的表现紧密相关的特定事件的列表。

步骤7：列出期望的行动

期望的行动是你希望参与者为了证明能力而采取的行动或决定。有必要

确定期望的行动：

- 写消息——因为演练的重点是让参与者以某种方式思考和做出反应，所以，必须仔细制订脚本以确保消息得到计划的结果，期望的行动列表将使你能够编写有效的消息
- 确定应该评估的内容——演练评估的重点是参与者是否在紧急情况下做出适当的反应，行动清单将成为评估的核心

行动类型

参与者可以执行4种类型的行动：

1. 验证——收集或验证信息。
2. 考虑——考虑信息，在参与者之间讨论、协商、咨询计划。
3. 推迟——推迟行动，把行动放在优先清单。
4. 决策——部署或拒绝资源。

通过参考应急预案，你将知道针对特定事件要采取哪些适当的行动。

与目标的关系

期望的行动与目标密切相关。目标陈述了理想的行动；期望的行动是目标的细分——一个组织或个人为实现目标而采取的行动。表8.10说明了这种关系。

一般来说，每个细节事件都会导致来自不同组织的一个或多个预期行为。当你准备期望的行动的列表时：

- 只列出涉及参与部门或机构的那些——在演练范围和目的宣言中确定的那些
- 列出所有演练参与者的行动，每个详细事件不必让所有参与者做出应对

图8.16将帮助你编写重大和详细事件。对于你刚刚列出的每个详细事件，确定期望的行动、组织的责任和要达到的目标（见图8.17）。

表 8.10　目标和期望的行动的一个样例

功能	在机场和辖区的应急系统之间进行协调和沟通。
目标	根据 SOPs，一旦有空难发生，响应单位将在三分钟内集结。
事件	失去动力的飞机的降落迫在眉睫。
期望的行动	机场塔台： · 通知警察、消防、医务人员前往机场 · 提醒医院注意可能发生的大规模伤亡事故 调度中心： · 提醒警察、消防和医疗监察员 医院 · 酌情通知其他医疗机构 空难火灾救援： · 启动突发事件指挥系统 · 通知调度指挥站和集结地点

重大事件#1：
详细事件： 1. 2.
重大事件#2：
详细事件： 1. 2.

图 8.16　编写重大和详细事件

步骤 8：准备消息

消息用于将详细事件传递给参与者。可以使用一个消息来描述事件，或者需要几条消息来通知事件的参与者。消息服务于一个目的：唤起一种响应，即作出决定并采取符合演练目标的行动。

在一个综合演练中，控制人员可以将事先编好的消息输入行动中。接受这些消息的参与者会在真正的紧急情况下作出决定或采取行动。

传输消息

消息可以通过各种方式传输，包括：

- 座机/手机
- 无线电
- 亲自
- 书面
- 传真

在专项或综合演练中传输消息时，重要的是尽力使用可能在真正紧急情况下的传输方法。

详细事件	期望的行动	组织

图 8.17　期望的行动计划

与期望的行动的关系

消息与期望的行动有直接关系。每个消息的设计目的是生成一个或多个期望的行动。表 8.11 列出了一些可以实现期望的行动的消息的想法。

表 8.11 消息和期望的行动的样例

功能	在机场和辖区的应急系统之间进行协调和沟通。
目标	根据 SOPs，一旦有空难发生，响应单位将在三分钟内集结。
事件	失去动力的飞机的降落迫在眉睫。
期望的行动	机场塔台： · 通知警察、消防、医务人员前往机场 · 提醒医院注意可能发生的大规模伤亡事故 调度中心： · 提醒警察、消防和医疗监察员 医院： · 酌情通知其他医疗机构 空难火灾救援： · 启动突发事件指挥系统 · 通知调度指挥站和集结地点
可能的消息	· 从飞机到塔台的无线电呼叫 · 塔台电话通知警察、消防和救援 · 飞机请求跑道指令 · 医院打电话来询问信息 · 媒体给调度中心打电话 · 降级与飞机的无线电通信 · 飞行员感到飞机上出现巨大的震动/噪音

消息变量

消息——不管是简单的还是复杂的——有 4 个主要的变量，下面列出它们。不是所有的变量都会在每一条消息中明确地表述出来，但是，在你写的时候应该记住这些变量，因为这些变量形成了经典的沟通定义：谁给谁发送了什么，有什么影响。

- 消息来源（谁）：谁发送消息（必须是可信的来源）
- 传输方法（如何）：如何传输消息（必须是可靠的传输方式）
- 消息内容（什么）：传达的信息（信息中是否包含收件人作出决定所需的信息）
- 接收人（谁）：谁收到消息（谁会可靠地接收它，谁最终需要接收它来采取行动）

所有这些变量都会影响所采取的行动。一些消息样例如下。

示例消息# 1

来自：警察

致：EOC 警务人员

房车车门已被强行打开，司机已离开。运输文件显示运输物品是盐酸。盐酸流入下水道。试图打开后面的拖车门。

示例消息# 2

来自：环境保护（现场）

致：EOC 环境工作人员

居民区管理人员要求提供有关饮用水安全、游泳池水和撤离后的住宅的信息，以便返回家中。

示例消息# 3

来自：EOC 消防员

致：消防/救援通讯

气象服务机构报告东北偏东方向的风速为 10 至 15 英里每小时，阵风风速为 20 至 25 英里每小时。预报持续降雨期间可能会有暴雨，暴风雨期间可能会有 45 英里每小时的强风。当前温度：82 度（华氏温度，译者注）。

示例消息# 4

来自：化学设施安全官员

致：消防部门的队长

负责关闭靠近着火区域的化工工厂阀门的主管尚未报告，尚不清楚阀门是否关闭、人员是否撤离疏散。

示例消息# 5

来自：贝奇・埃姆斯

致：乡消防的 PIO

我的名字是贝奇・埃姆斯。我是《每日快讯》的记者。你能给我一个关于汉密尔顿、约旦、肯珀和这个地区的湖泊的洪水情况报告吗?

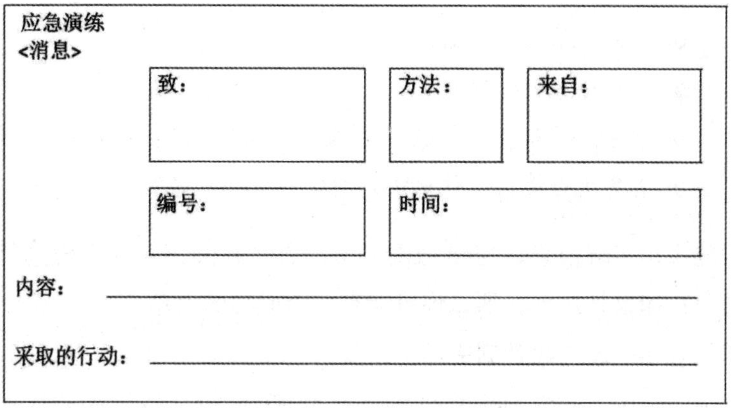

图 8.18 消息格式样例

消息格式

演练设计人员经常使用带有空间的标准形式来表示 4 个变量：

1. 至
2. 从
3. 方法
4. 内容

一个标准的消息表格也可以有一个消息编号的空间（见图 8.18）。

自发消息

在专项演练中的大部分演练消息将被事先编写好。在设计一个专项演练的过程中，尝试预测可能出错的事情并为控制人员和模拟人员提供处理这些情况的方法的想法是一个好主意。

然而，在实际的演练活动中，参与者并不总是按照你的期望做出响应。然后，控制人员和模拟人员就有必要进行现场发挥。通常，控制人员将决定一个适当的响应。但是，如果行动激烈，模拟人员也可能需要作出快速的决定。如果控制人员和模拟人员熟悉情景和目标，他们的自发消息仍然可以达到演练的目的。

撰写消息

在撰写消息时，从期望的行动开始。

- 想想谁可以发出一个消息，这个人可以说什么来激发期望的行动
- 想想4个消息变量：
  - 谁会可信地发送消息？
  - 信息将如何传输？
  - 谁会收到消息？如果不是决策者，那么消息将被重新定向到哪里？
  - 消息是否提供了作出决定所需的全部信息？

保持现实，实践消息，与熟悉该组织的人一起阅读。这个消息能激发期望的行动吗？如果是这样，那么你可能有一个成功的消息。

将其组合在一起：事件列表的主情景

在专项演练中，通常使用事件列表（MSEL）的主情景来监视活动的进度，以使其保持在计划和轨道上。这张列表应该提供演练的全貌，不应显示给参与者。表8.12是MSEL表的样例。

表8.12　用事件列表的主情景样例

时间	消息/事件	期望的行动
07：35	飞机向塔台报告：失去动力，高度下降	1. 塔台通知调度中心 2. 调度告诉警察、消防和医疗部门到达机场
07：40—07：50	飞行员报告出现巨大的震动/噪音；请求跑道指令	1. 塔台指定跑道；通知调度跑道信息以及可能出现大规模人员伤亡事故 2. 调度通知警察、消防和医疗跑道信息 3. 调度通知医院 4. 失事消防救援单位启动ICS；通知ICP调度和集结地点 5. 调度将ICP和集结地点告知警察、消防和医疗
07：55	医院给调度打电话寻求更多的信息	1. 调度获得可能的伤亡人数并通知医院 2. 医院通知其他医疗单位
08：00	媒体给调度打电话寻求更多的信息	（等等）

结论

1989年7月，一架美联航的客机在艾奥瓦州苏城坠毁。着陆尝试失败后，

飞机在跑道上起火。虽然有 109 名乘客死于这场可怕的悲剧，但是，由于应急响应人员的努力，186 名乘客得以生还。他们的生还主要是由于 3 个因素：

- 机组人员在事故发生前的响应
- 训练有素的救援队在地面等候
- 所有应急响应机构之间的集中沟通

这些因素都得益于培训，高水平的培训不是巧合。坠机前几年，一个灾难服务中心成立。来自 40 个地方机构的代表定期会晤，审查应急预案并制订切合实际的演练。

在飞机失事前两年，该社区进行了一次商业飞机失事的综合演练。模拟事件揭示了一些问题，包括通讯混乱和现场设备不足。为了解决这些问题，制订了一项后续演练计划，因此，在真正的紧急情况下，这些问题不再是问题。

全国各地的许多社区都有类似的经历，它们显示了实施 EOP 的价值。研究表明，在一场灾难中，人们通常会对他们的训练方式做出响应。因此，演练能带来更好的准备和更好的整体响应是有道理的。

第九章　三种类型演练

迈克尔·法格尔

第 8 章介绍了演练计划如何制订。本章继续深入讨论演练的重要性，并详细介绍 3 种类型的演练——桌面演练、专项演练和综合演练。桌面演练模拟非正式、无压力环境下的紧急情况，参与者通常聚集在一张桌子旁讨论紧急情况下的一般问题和程序。演练的重点是培训和熟悉角色、程序或责任。

桌面演练

桌面演练（通常简称为桌面）主要是由主持人主导的讨论，其目的是利用群体解决问题。该演练没有模拟人员，也没有尝试安排复杂的设施或通信设备。可以选择一到两名评估人员来观察程序和实现目标的进展。桌面演练的成功取决于参与者的反馈意见以及此反馈对评估和修改政策、预案与程序的影响。

优点和缺点

桌面演练作为一种训练工具是非常有用的，但同时具有优点和缺点，如表 9.1 所示。

表 9.1　桌面演练的优点和缺点

优点	· 只需要在时间、成本和资源方面做出适度的承诺 · 是审查预案、程序和政策的有效方法 · 是告知重要人员应急责任、程序和相互通知的好方法
缺点	· 缺乏现实感，因此，不能真实地检验应急管理系统的能力 · 只提供一个对预案、程序和工作人员能力检验的浅显的演练 · 没有提供一个实际的方法来演示系统的过载

桌面演练如何运作

在许多方面，桌面演练就像解决问题或头脑风暴会议。与专项演练不同的是，一次解决一个问题，并且没有压力地进行问题讨论。

问题描述和消息

桌面演练不是紧密的，所以，可以采用各种方式来进行问题描述：

- 主持人可以口头描述问题，然后由小组逐一讨论
- 问题可以先向个人口头描述，然后向群体开放
- 可以向个人提供书面的详细事件并讨论相关问题，让他们从自己组织和角色的角度来回答问题，然后再进行小组讨论
- 另一种方法是向参与者发送规定的消息，主持人向个人参与者发放问题，一次一个，然后，该小组利用应急行动预案（EOP）或其他操作方案来讨论由消息提出的问题，该小组确定需要什么附加信息并请求该信息，小组可能会采取一些适当的措施
- 接收消息的参与者单独处理它们，为他们所代表的组织作出决定，然后，参与者们一起工作，共同寻找信息和协同决策

一些主持人喜欢将方法结合起来，演练开始时，先将一般问题给到关键人物，然后将消息逐次传递给其他参与者。

处理问题方面，花时间解决问题通常是明智的，而不是匆忙地从一个问题或消息转到下一个，即使参与者有时会想要绕过棘手的问题。

设施和材料

建议将应急运行中心（EOC）或其他运行中心用于桌面演练，其原因有二：

1. 它提供了最现实的环境。
2. 需要的预案，显示和地图可在该处。

然而，任何可以舒适地容纳预期人数的参与者在面对面环境中进行讨论的会议设施都是合适的。参与者的数量和情景将决定演练的桌子数量与安排。一些主持人喜欢安排几个小组，其他主持人更喜欢 U 形布局。提供的参考资料应包括在 EOC 中可用的应急预案、图和其他参考资料。

促进桌面演练

桌面演练为团队解决问题提供了轻松的环境。专项和综合演练是互动的，而桌面演练由主持人来管理。主持人有许多责任，包括：

- 阶段设置（例如，引入描述）
- 让每个人都参与讨论，并从小组中提出（而不是提供）答案和解决方案
- 帮助深入解决问题
- 控制演练的步调和流程并分发消息

主持人必须具备良好的沟通技巧，并且要充分了解当地预案和组织责任。虽然主持人可以被认为是讨论的主导者，但角色可以更广泛。以下是促进桌面演练的一些指导原则。

设置阶段

开场白和活动影响整个演练。参与者需要知道将要发生的事情，并在那里感到舒适。

阶段设置指南

- 欢迎——首先诚挚地欢迎参与者并让他们放松
- 简报——向参与者简要介绍将会发生的事情，这包括清楚地解释：
    - 目的和目标
    - 基本原则
    - 程序
- 描述——通过阅读描述并介绍第一个问题或消息开始演练
- 破冰——尝试采用针对高级官员或整个小组的问题进行破冰，然后，其他问题陈述或消息可以发给其他个人或组织

桌面演练参与

重要的是每个人都要参与，不会出现个人或部门主导讨论。下面的列表总结了所有参与者的建议。

所有参与者都参与的方法

- 组织模式和消息，以便所有组织必须解决一个问题或难题
- 多鼓励那些有点冷淡的人

- 当参与者处于困境时，避免用正确的解决方案介入，因为这往往会妨碍讨论，相反，要试着从参与者那里获得答案，如果他们觉得人们正在专心地聆听，他们将更有可能参与进来
- 鼓励你想要参与者表现的行为
    - 给予目光接触
    - 以积极的方式确认评论

深入解决问题

桌面演练的目的通常是解决问题或采用小组来制订预案。这意味着追求真正的解决方案，而不是肤浅的东西。

一些主持人犯了试图快速通过情景的错误，因为他们认为自己不得不满足所有目标并且处理完所有消息。如果没有解决问题的话，这不是一个好方法。

请记住：如果你花时间在一个大问题上，保持对参与者的兴趣并达成共识，那么桌面演练就是成功的。推动参与者跳过肤浅的解决方案。一些精心挑选的开放式问题可以使讨论获得符合其逻辑的结论。

为了保持高度的兴趣，让每个人都参与，主持人需要控制和维持行动。有几种方法可以做到这一点。

控制和维持行动的方法

- 使用多个事件阶段——在事件阶段制订情景描述（例如，最初的描述可能会涉及警告，稍后的描述可能会涉及搜救），然后，随着讨论的进展，完成一个问题后就引入下一个部分
- 改变节奏——添加或删除问题陈述和消息，以改变行动的速度，偶尔会同时发出两条消息以提高速度和兴趣
- 维持平衡——在过度地谈论一个问题和过快地讨论以致于什么问题都未能获得解决之间维持一个平衡，不要犹豫，严格控制演练
- 注意沮丧或冲突的迹象——务必记住，桌面演练基本上是培训，而不是测试；人们可能会有脆弱的自我感受，并且基本没有演练经验，如果你看到越来越多的挫折或冲突，停止演练，作为讨论领导者来谈论你的体验，有助于帮助参与者解决冲突并感到舒适
- 保持低调——牢记桌面演练的低调性，避免不好的体验

设计一个桌面演练

第 8 章讨论的 8 个步骤可以用于设计桌面演练。它们是：

1. 评估需求
2. 定义范围
3. 编写目的宣言
4. 确定目标
5. 撰写描述
6. 编写重大和详细事件
7. 列出期望的行动
8. 准备消息

对于桌面演练，这个过程可以稍微简化。由于桌面演练只是部分模拟，所以，只需要很少的脚本。唯一的角色是主持人、参与者（以他们现实生活中的角色做出响应）以及一到两个记录人员。记录人员记录时间和决策，通常不需要正式的评估表格。

应用设计步骤

前 4 个步骤按第 8 章所述进行处理。其余步骤可简化如下：

- 描述——桌面描述有时更短一些，它几乎总是以印刷形式提供给参与者，虽然它可以通过电视或收音机的方式呈现；当演练的目的是讨论一般的响应时，描述可以分成几个部分，在每个部分之后进行问题讨论
- 事件——事件应该与演练的目标密切相关，大多数桌面演练只需要一些重大事件或详细事件，它们很容易变成问题陈述
- 期望的行动——期望的行动清单对于制订问题描述和消息很有用，清楚你希望人们做什么总是很重要的
- 消息——桌面演练可以通过一些精心编写的消息或问题描述来获得成功，与往常一样，消息应该与目标密切相关，并且应该给予所有参与者参与的机会，这些消息可能涉及大问题或小问题，这取决于演练的目的，通常它们指向一个人或部门，尽管其他人可能被邀请加入讨论

写一些比你想象中需要的更多的消息是一个好主意。如果仔细考虑这些消息，它们将会产生一个相当长的讨论。最好有 10 个或 15 个好消息，而不是 20 个或 30 个匆忙写下的消息。

专项演练

专项演练以尽可能最真实的方式模拟紧急情况，而不是将真实的人员和设备移动到实际场地。顾名思义，其目标是在紧急事件的背景下测试或评估一个或多个功能的能力。

重要的是不要将专项演练与应急功能相混淆。所有演练（桌面、专项和综合）测试和评估 EOP 中包含的功能。在这个过程中，专项是指应急响应或恢复所需的行动或操作。FEMA 认可的 13 项功能是：

- 警报通知（应急响应）
- 预警（公共）
- 通信
- 协调和控制
- 紧急公共信息
- 损害评估
- 健康和医疗
- 个人/家庭援助
- 公共安全
- 公共工程
- 运输
- 资源管理
- 政府的连续性

第 8 章讨论的专项演练的关键特征是：

- 互动演练，设计用来挑战整个应急管理系统；可以在没有高成本或安全风险的情况下测试与综合演练相同的功能和响应；通常在 EOC 或其他运行中心进行
- 涉及控制人员、演练人员、模拟人员和评估人员

- 由于实时行动和问题的真实性，气氛是紧张和充满压力的
- 演练是漫长而复杂的；需要细致的脚本、详细的计划并注意细节
- 面向政策、协调和运行人员（演练人员）
- 演练人员通过真实的方式来响应模拟人员精心策划和排序的消息，进而练习响应
- 消息反映了一系列正在进行的事件和问题
- 演练人员的所有决定和行动都是实时发生的，并从其他演练人员那里产生真实的响应和后果；指导原则：模仿现实

专项演练的最佳用途

专项演练可以测试将在综合演练中测试的相同功能和响应，而不会产生高成本或安全风险。

专项演练非常适合评估：

- 应急管理的方向和控制
- 充分考虑个人或多个功能的预案、政策、程序和角色
- 个人和系统表现
- 决策过程
- 各组织之间的交流和信息共享
- 资源和人员的分配
- 总体资源是否足以应付紧急情况

表9.2 比较了桌面演练和专项演练。

表9.2　桌面演练和专项演练

	桌面演练	专项演练
真实程度	缺乏真实感	在未部署资源的情况下尽可能实现真实
格式/结构	小组讨论，基于描述和问题陈述消息	互动；模拟人员提供“问题”消息，参与者实时响应
氛围	低强度的，放松	紧张，有压力的

续表

	桌面演练	专项演练
谁参加	主持人、参与者（决策水平）	控制人员、参与者（政策、协调、操作人员）、模拟人员、评估人员
谁主导	主持人	控制人员
在哪举行	EOC 或其他运行中心以及会议室	EOC 或其他运行中心
设备部署	无	无
测试协调	有	有
测试资源的充足性	无	有
测试决策过程	有	有
相对复杂性/成本	小组，模式简单，成本适中	大规模、复杂模式、设计和实施成本适中（高于桌面演练、低于综合演练）
正式评估	没有	有

参与者角色

如前所述，专项演练涉及演练人员、模拟人员、控制人员和评估人员。在一个小的辖区，可以有一到两个人担任控制人员、模拟人员和评估人员。在较大的辖区，这些角色可能由很多人来充当。

演练人员

专项演练中的演练人员是那些掌握关键决策或处于协调位置的人，通常会在运行中心发挥作用。

提到运行中心，我们指的是在真正的紧急情况下指定的用于决策、协调、控制和总体规划的中心位置。对于政府辖区，它指的是 EOC；对于志愿机构或私营部门来说，这将是关键决策者在紧急情况下运作的中心位置。

决策者。主要决策者通常包括政府和关键响应组织的领导：市长或其他行政长官；消防、警察、EMS、公共信息官员（PIO）等紧急服务的负责人和协调员；等等。在非政府组织中，首席执行官和其他组织领导将参与其中。

协调和行动。在协调和行动小组中服务的是与政策制定者合作的各个部门的人员。在大型演练中，一个单独的行动组执行指令。在小型演练中，协调和行动的角色可能会由政策制定者充当。选择谁应该参加演练的最佳指南是应急预案。

职责。演练人员唯一的任务就是对他们在演练中收到的消息进行响应。演练人员的所有决定和行为都是实时发生的，并从其他参与者那里产生真实的响应和后果。

模拟人员

为了创建真实的环境，模拟人员会描述那些通常与运行中心的演练人员交互的组织。他们通过传递需要演练人员采取行动的事件或问题的消息/描述来实现这一点。

有些消息是事先写好的，其他则是演练人员决策的自发反应。它们是通过无线电或电话，或通过模拟无线电和电话传输的书面记录来输入的。

职责。模拟人员负责组织或个人在 EOC 之外的所有行动。他们：

- 根据事件序列中的时间安排，将代表公民、机构或其他组织的预先编好的脚本消息发送给演练人员
- 模拟机构或其他组织所采取的所有行动
- 根据需要即兴发送消息，模拟人员可能需要自发响应的示例包括：
  - 当运行中心的成员发布指令时，该指令会导致情景中没有预料到的事件的发生
  - 当演练人员要求更多的信息时
  - 当演练人员决策与下一个事件在逻辑上不相关时，通知控制人员有关任何偏离情景的情况或特殊问题

当模拟人员被给定指令时，它们被要求以专业的方式遵循和执行指令。

选择。模拟人员必须能够在刚刚描述的情况下灵活地进行即兴发挥，因此，熟悉他们所模拟的组织以及事件和消息序列是非常重要的。因此，将从他们所描述的组织或设计团队中抽取模拟人员是很有用的。

数量。对于一个演练所需要的模拟人员的具体数量，很难给出一个经验法则。模拟人员的数量将根据以下几点：

- 演练人员数量
- 演练时间的长短
- 模拟人员的知识和培训

· 可用的沟通渠道

为了达到最好的效果，尽可能让每个组织至少有一个模拟人员在运行中心，其中有一些可以扮演公民或其他私人组织的角色。

组织。根据功能对模拟人员进行分组是一个很好的方法，这简化了演练，减少了需要的模拟人员数量。一种方法是将他们组织成三组：

1. 不参与演练的政府机构。

2. 参与组织：参加演练的现场单位（警察、消防、公共工程等）、私人医疗和支持组织。

3. 其他私人设施和个人：公民和非政府组织。

表 9.3 说明了这种方法如何用于社区。

表 9.3　社区模拟的好处

不参与的政府	参与组织	其他私人设施/个人
一个或两个人模拟： · 联邦监管机构 · 州或地区的 EOC · 县的 EOC · 其他城市的 EOC · 州/联邦官员 · 照顾和庇护 · 资源和支持	每个组织有一个人模拟： · 市政府部门和机构 · 县部门 · 医疗/保健服务 · 志愿者组织	一个或两个人模拟： · 行业 · 商业企业 · 媒体 · 公民

控制人员

控制人员监督演练的模拟或整体的进展，确保它按计划进行并达到目标。控制人员必须能够将整个演练视为一个整体，并迅速地在他们的立场上思考。演练人员通常会作出未预料到的决定，而控制人员必须能够应对这些。

职责。控制人员的主要职责是：

· 确保模拟人员和评估人员在演练前得到适当的培训
· 引导演练人员进行演练，并呈现描述
· 利用事件主要情景列表作为指南，监视事件顺序和监督消息输入
· 在需要的时候调整演练的节奏，当进度拖沓时，加入更多的消息，而当进度太快时，则减少消息输入

- 在发生意外的行为或资源需求时作出决定
- 在整个演练过程中保持秩序和专业精神

选择。控制人员通常可以从演练设计团队中得到。因为团队成员已经熟悉了这个演练，所以，他们非常适合保持演练朝着预期的结论前进。

准备。为了做好准备，控制人员应具备以下项目：

- 目标列表
- 事件主情景列表
- 消息
- 演练人员的名单
- 可用于辖区或组织的资源列表

在演练前召开简报会（类似作战指示，译者注）来指导工作人员通常很有帮助。在简报会上，控制人员应该对模拟人员进行培训，确保他们熟悉他们将负责实现的情景、目标、资源和消息。评估小组组长应向评估人员提供类似的培训，包括演练目标、评估人员职责和时间表。

评估人员

评估人员观察参与者的行动和决定，并在之后报告哪些进行得好，哪些进行得不好。要做到这一点，评估人员需要熟悉目标、演练情景以及正在进行演练的辖区或组织。

职责。评估人员的主要职责包括：

- 观察演练进度和记录观察结果（通常在提供的评估表上），注意在这个过程中保持不显眼的状态
- 注意演练的目标是否得到很好的满足，如果没有得到满足，那么努力发现问题
- 评估演练人员的行为，而不是演练人员本身；记录正面和负面的观察结果
- 发现演练中的任何问题都要通知控制人员
- 准备简要的书面评论，这些评论可以包含在由应急管理人员或其他责任方准备的最终评估和建议报告中

专项演练如何运作

简要回顾一下专项演练是如何运作的。如果你找到机会去观察一个专项演练，你将会更好地理解它，当然，更好的是参与一个专项演练。

开始

专项演练的开始将取决于它的目标。如果测试通知功能是目标之一，那么“没有通知”的演练是有用的。在这种情况下，参与者只被提供了演练的大致时间表（从一天到几周）。演练开始的确切时间将是一个意外，这允许演练评估人员观察在指挥地点如何有效地进行通知和集合。在不检验通知功能的演练中，通常提前宣布演练时间。

简报

专项演练的参与者可能只对将要发生的事情有一个模糊的概念。然而，如果参与者收到的简报包括如下内容，那么该演练就可能获得成功：

- 目标概述
- 演练将如何进行
- 要模拟的时间段
- 基本规则和程序

保持简报简短

避免任何干扰真正紧急情况氛围的事情（例如，在演练材料中包括书面声明、以涵盖卫生间和休息时间等行政细节）。

描述

演练通常从描述的介绍开始。它可以通过朗读、表演或电视、电脑、收音机以及幻灯片等方式呈现。

消息传递和响应

行动开始于模拟人员和演练人员的活动：

- 模拟人员向演练人员传达消息，参与者像在真正的紧急情况下那样做出响应
- 演练人员向模拟人员提出要求，模拟人员做出令人信服的响应

这种正在进行的交换是根据仔细排列的事件情景来实现的，这些情景支

配发生什么，每个事件何时发生以及用来通知演练人员的消息。

消息可以通过书面、电话、无线电或当面的方式传递。可能的话，使用电话会增加紧急情况的真实感觉，而耳语般的消息或书面记录也可以起到好的作用。

演练的成功取决于演练人员能够在多大程度上、仿若处于真正的紧急状态中一样履行其职能。应该鼓励演练人员将每条消息视为实际事件。

鼓励自发性

演练人员应该能够在紧急情况下在其通常可以使用的全部响应范围内作出决定。他们做决策、交流或履行职责的能力不应该受到演练情况的限制。

为了鼓励演练人员自发性，演练的控制人员和模拟人员必须经过良好的训练并准备好处理意外情况。虽然这个要求为演练人员提供了一个更好的演练，但它确实给控制人员和模拟人员带来了负担。在情况需要时，他们必须在某种程度上准备好应对事情的发展。

控制行动

当模拟人员和演练人员正在传递消息并对此做出响应时，控制人员会仔细监视互动情况和进度。

处理自发决定

应该使控制人员意识到重大的自发决定，并在必要情况下进行调整。

调整节奏

控制人员可以通过调整消息流来控制演练节奏——当节奏太快时减慢速度，或者当演练拖拉时加快速度。控制人员也可以在参与者之间调整节奏。请记住，一个不活跃的组织可以分散他人并降低演练的强度，通过确保消息的平稳流动来避免无聊。

调整消息节奏的策略

降低节奏，通过：

- 重新安排事件以允许更多的响应时间；在发送消息之前让模拟人员等待
- 放弃那些相对不重要或不影响其他决策的消息；放弃那些对目标没有贡献的消息

加快节奏，缩小差距，通过：

- 加快消息传递速度（从计划中改变）
- 确定是什么导致了差距，并准备在需要时自发地增加或修改消息；看看那些有差距的组织，看看它们是否被无意地忽略了，如果是这样的话，增加消息（然而，该组织在某一特定时期内几乎没有什么可做的）
- 在需要的时候，持续提供手头的备选消息
- 添加侧面事件——一个组织在紧急情况下还不得不持续进行的日常行动（例如，插入一起交通事故来增加警察和消防部门的压力；报告一起不相关的心脏病来增加医护人员的压力）
- 增加次要突发事件——从演练事件的主要流程中发展而来的事件（例如，插入停电、停水、煤气泄漏、媒体呼叫和类似事件，以保证演练人员也被卷入自己的重大事件之中）
- 增加可能导致非活动小组参与短期准备活动的特殊计划要求（例如，让医院测试应急发电机）
- 增加错误的消息——消息发送给错误的机构。这样的消息可以用来衡量机构对角色定义的清晰度，并测试他们是否能够正确地转发消息

通过以下方式减轻特定组织的负担：

- 重新分配——确认所有消息都分配给了正确的组织，然后重新分配可能被其他组织使用的消息
- 细化——将消息分成两部分：一是对演练流程来说必要的部分；二是很高兴拥有的部分，然后，从后一组中去掉一些

通过维护一个类似于表9.4的表格来维持一个均匀的消息流。

表9.4　消息流程图样本

检查消息被安排发送到每个组织的时间。						
	参与机构/组织					
	消防	EMS	公共工程	EOC	设施 CEO	学校
演练开始						
10：00	√	√				
10：03			√			
10：06		√		√		

续表

检查消息被安排发送到每个组织的时间。						
	参与机构/组织					
	消防	EMS	公共工程	EOC	设施 CEO	学校
10：09	√			√		
10：12			√	√		
10：15		√			√	√
等等						√

跳跃时间

专项演练可以描述事件和情境，这些事件和情境实际上会在较长的时间段（一两周或更长时间）内发生。为了在两天的演练中包括紧急情况的多个阶段（准备、响应、恢复和缓解），必须定期停止演练，并将时间提前几个小时或几天。应该尽量减少跳跃时间的转换，以覆盖演练的范围，它们通常可以被设计成与自然的断点相一致。

谁负责时间跳跃？控制人员负责管理跳跃时间转换并准备过渡更新以在恢复演练之前呈现给参与者。

模拟人员负责更新模拟显示以反映先前事件和参与者行为的结果。在过渡期间采取的行动将在过渡日显示完成。

图 9.1 展示了一个专项演练的跳跃时间转换表。

地点

实施演练的地方。在可能的情况下，专项演练应该在可能会发生真实突发事件的相同设施和运行条件下进行——通常是在 EOC 中。

人们经常反对在 EOC 进行演练，因为没有足够的椅子、电话或卫生间。如果是这样的话，在演练中找出答案是明智的。如果不能在那里进行实践，就别指望能在那里进行应急响应。

房间安排

根据专项演练的规模，可以安排不同的房间进行演练。下面这些是基本要求：

- 演练人员的空间——通常是一张有足够工作空间的桌子

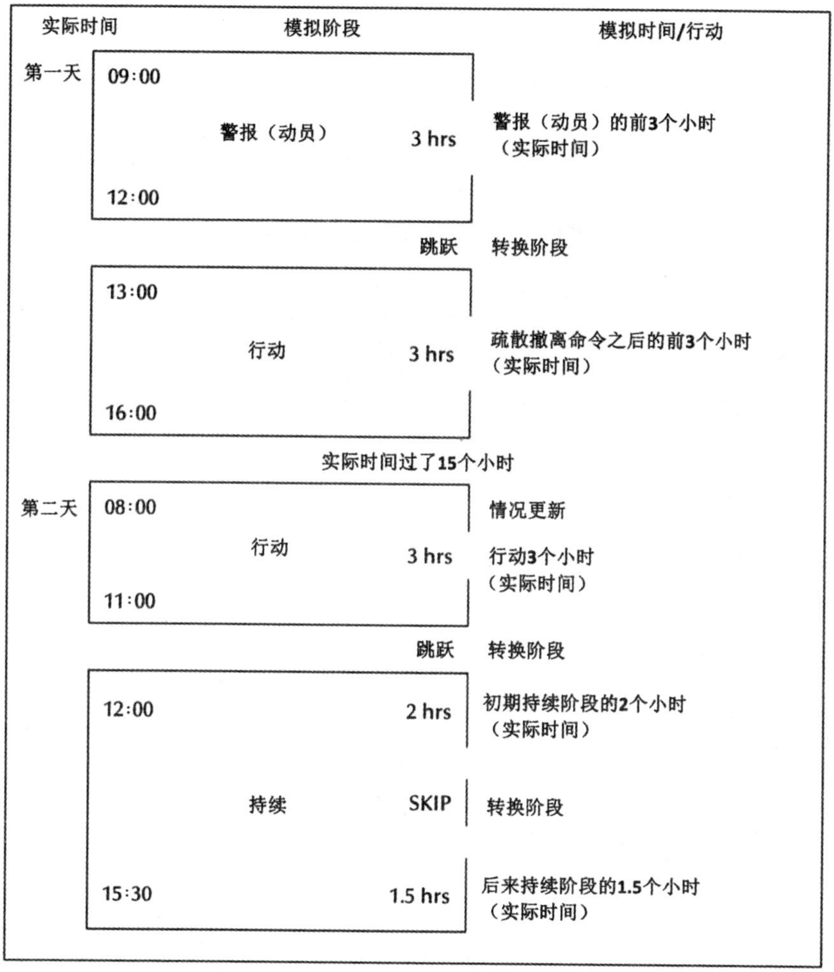

图 9.1　为期两天的专项演练的跳跃时间转换表

· 模拟人员的区域
· 供评估人员观察的房间
· 控制人员可以操作的地方

在非常小的演练中，一个房间足够了。图 9.2 显示了一个小型专项演练的简单布局。图 9.3 显示了一个更适合复杂演练的布局。有两个房间，模拟室和运行中心，后者就是演练人员所在的位置。

如果有超过一个或两个部门或功能被演练，强烈推荐启用一个模拟室。这个模拟室应该舒适地容纳所有的模拟人员，这样他们就可以发送、接收、

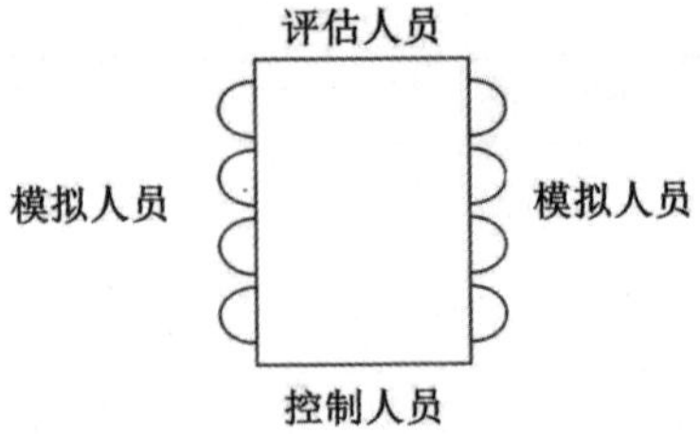

图 9.2　小型专项演练布局样例

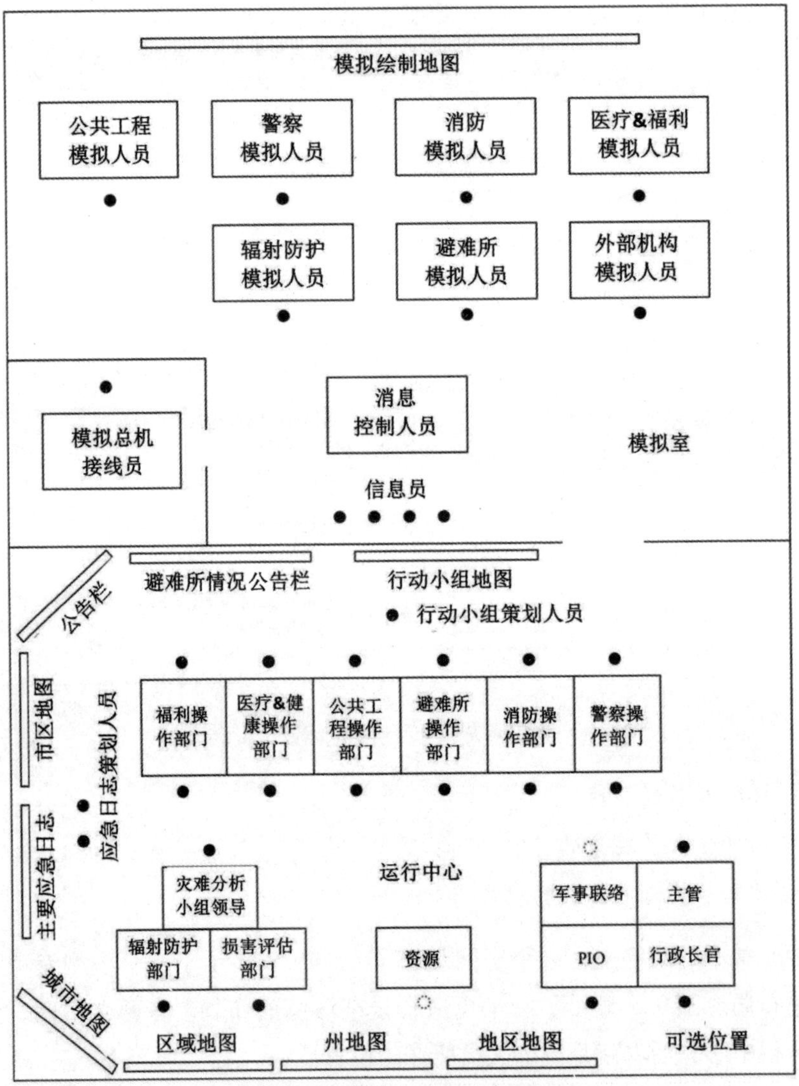

图 9.3　复杂专项演练布局样例

跟踪消息，以及与演练人员进行其他交流。如果要在演练中启用模拟室，它应该配备电话或无线电。如果要采用人工发送消息，模拟室必须靠近演练人员。

任何布局都应该适应特定的演练和当地的物理设施。无论布局如何，参与者的工作空间都应预先指定，并提供工作用品。（在图 9.3 中，请注意模拟人员和参与者的工作空间分配。）

通信设备

当目标是进行全面模拟时，通信设备非常有用。但是，同时使用电子设备和书面消息通常是明智的。在压缩时间段内工作时，很容易出现以下问题：

- 为模拟者开通电话银行
- 演练人员的电话过载
- 设备故障

由于这些原因，一些应急管理人员留下了大量的通信设备进行训练。无论如何，电子通信的使用应该谨慎地或者有选择地计划。

设备安装。当电话是演练期间的主要沟通方式时，可能会使用现有的电话。或者，可能需要安装特殊线路和扩展现有线路以提供必要的通信连接。在一些使用中心交换系统的设施中，运营商可以处理所有呼叫。

对成功通信联系的建议

- 准备一个专门的演练电话号码目录
- 目录中包含通信程序
- 如果你没有电话，可以使用多种其他形式，例如：
  - 书面消息
  - 模拟电话（发送者在听筒中窃窃私语）
  - 手势信号（想要呼叫模拟人员的演练人员举起手来示意模拟人员过来）
  - 模拟扬声器电话或收音机（模拟人员向演练人员大声说话）
  - 如果你使用书面消息，请提供标准化的消息表格

显示和材料

显示和材料——地图、图表、消息表格、列表等——在专项演练中很重

要。这些材料用于提供情景的详细信息并跟踪活动。通常来讲，最好使用你每天使用的东西。在演练中，没有时间获得新的地图和信息表格以及测试你正在使用的材料。

设计过程

第 8 章中介绍的完整的 8 步设计过程用于开发专项演练。虽然简化版的程序可以用来开发桌面演练，但专项演练需要仔细注意每一步。

演练材料

专项演练的成功取决于一个精心编写的情景，其中包括：

- 一个令人信服的描述
- 从描述中产生的主要和次要事件都经过精心挑选，以支持演练目标
- 从演练开始到结束，以现实和令人信服的顺序安排事件
- 期望的行动与目标紧密联系
- 大量的特定消息（在更大型的演练中，可能需要上百条或更多消息）被设计得非常好，演练人员将以期望的行动做出响应

预料意想不到的事

无论你多么擅长写出令人信服的消息，有时候演练人员都会以意想不到的方式响应。虽然你应该尽可能地限制意外情况，但是，偶尔自发性响应比应急预案中规定的更好。为此，你应该掌握包含所有消息/事件的情景、消息传递时间和期望的行动列表。

完成情景后，你将使用开发材料为演练人员创建材料，包括演练计划、控制计划、评估计划和参与者手册。

图 9.4 将帮助你准备一个专项演练。

综合演练

综合演练是演练过程的顶点——这个演练将最准确地描述真正的紧急情况。综合演练尽可能接近真实的事物，这是一个漫长的练习，要在现场进行，尽可能使用真实事件中要求的设备和人员。

从某种意义上说，综合演练将专项演练的交互性与现场元素相结合。它与训练的不同之处在于训练侧重于单一操作并且只演练一个组织。最终，每

个应急响应组织都必须进行综合演练，因为在某种程度上，需要尽可能地在接近真实的环境中测试能力。

但是，综合演练不仅仅是现场演练。正如我们前面所讨论的那样，必须满足各种监管机构对综合演练的要求。例如，要获得 FEMA 的认证，综合演练必须满足 3 个要求：

1. 它必须演练大部分功能。
2. 它必须协调几个机构的工作。
3. 为了达到充分协调，必须启动 EOC。

综合演练的关键特征

第八章讨论了综合演练的一个关键特征。为了回顾，以下是要点的简要总结：

- 互动演练，旨在从高度逼真和紧张的环境中挑战整个应急管理系统
- 测试和评估应急管理计划或运行计划的大部分功能
- 发生在 EOC 或其他运行中心和现场
- 通过以下方式达到现实：
  - 现场行动和决定
  - 模拟“受害者”
  - 搜救要求
  - 通信设备
  - 环境部署
  - 实际的资源和人员分配
- 涉及控制人员、演练人员、模拟人员（与专项演练中的模拟人员不同）和评估者
- 演练人员代表所有级别的人员，包括响应人员
- 消息可以是可视的（例如，上演的情景、乔装的受害者道具）和脚本
- 演练人员的所有决定和行动都是实时发生的，并产生真实反应和后果
- 需要投入大量的时间、精力和资源（1 到 1 年半来制定一个完整的演练包），注重细节至关重要

设施和设备
- 为模拟人员和演练人员提供足够的工作空间
- 模拟室（如果需要）在演练室附近
- 消息中心
- 观察人员空间
- 清除工作表面
- 通信设备（电话、总机）
- 停车场
- 足够的通风和照明设备

显示和材料
- 显示容易看到或可访问
- 地图（地区、州、地方、区域、市区、行动小组）
- 主要事件日志
- 公告栏
- 状态栏
- 模拟绘制地图
- 黑板，活页纸
- 消息表格
- 铅笔/纸
- 名片

开始
- “未通知”或计划好的（根据目标）

简报（简短的）
- 目标
- 过程
- 时间周期
- 基本原则和流程

描述
- 口头、打印、电视、计算机、幻灯片或剧本
- 时间跳跃（如果需要）

消息
- 大量（根据范围）
- 预先编写
- 为适应事件流而选择预先编写的消息

消息传递
- 书面
- 电话
- 其他（口头、扬声器/无线电、手势信号）
- 模拟人员为自发性信息做好准备
- 书面消息的标准表格

调节步骤的策略
- 重新安排
- 增加/删除消息
- 误导消息
- 重新分配消息

图 9.4　专项演练设计检查单：特殊的考虑

综合演练的目的

进行综合演练有很多原因。综合演练：

- 使辖区或应急管理系统能够评估其一次使用多项功能的能力
- 不仅对政策和协调官员，还对现场部队之间的协调进行测试很有用，同时，它可以测试组织间的协调
- 可以查明资源和人员能力，揭示不足之处
- 大大扩展了演练计划的范围和可见性
- 如果计划周密，可以吸引公众的关注并提高可信度（但要取得成功，它必须是随着辖区能力的增强而制订全面和渐进的演练计划）

实施综合演练的要求

有些人错误地认为，当一个综合演练开始时，它可以自行运行。事实上，综合演练需要时间、金钱、人员和专业知识，如果没有必要的准备，就不应该进行。这些是最重要的要求：

- 丰富的各种演练——训练、桌面和专项演练的准备经验
- 所有应急服务机构的承诺
- 由当选和任命的官员提供支持
- 充足的物理设施，包括 EOC 和现场指挥部的空间
- 充足的通信设施（如无线电和电话）
- 有处理成本（明显和隐藏）、劳动、时间承诺等方面的计划
- 仔细考虑和计划的地点以及后勤

表 9.5 简单地对比了专项演练与综合演练。

表 9.5　专项演练与综合演练的对比

	专项演练	综合演练
真实度	在不部署资源的情况下尽可能真实	尽可能真实；部署资源
模式/结构	互动；模拟人员提供“问题”消息，演练人员实时响应	互动；模拟人员在现场扮演角色，演练人员响应
氛围	紧张，有压力的	高度紧张，有压力的

续表

	专项演练	综合演练
谁参加	控制人员、参与者（政策、协调、运行人员）、模拟人员、评估人员	控制人员、参与者（所有级别）、模拟人员、评估人员
谁领导	控制人员	控制人员
谁主持	EOC 或其他运行中心	EOC 和现场
设备部署	无	有
测试协调	有	有
测试资源的充分性	有	有
测试的决策过程	有	有
相对的复杂性/成本	大规模，复杂模式，中等成本	规模很大，非常复杂，成本很高
正式的评估	有	有

综合演练的角色

综合演练包括一个或多个控制人员、参与者、模拟人员、评估人员和安全员。

控制人员

一个或多个控制人员管理该演练。在某些情况下，有多个现场或辖区时，可能会有多个控制人员。在这种情况下，所有的控制人员都在主控制人员的指导下进行合作。控制人员（或主控制人员）负责确保活动按时开始。控制人员还指定了一个演练控制点，在该点所有通信都应该被监控。

参与者

综合演练包括所有级别的人员，包括：

- 政策制定者——负责制定广泛政策决策的人，他们可能包括首席执行官、员工、公共信息官员、应急管理人员、关键部门负责人和其他当选官员
- 协调人员——来自各个部门负责协调政策制订以及制订资源计划的人员

- 运行人员——那些执行指令的人员，有时协调人员和运行是同一个人
- 现场人员——消防、警察、EMS、搜救、志愿者团体、私营企业中参与响应的人员以及其他人员等

模拟人员

在综合演练中，模拟人员与专项演练中的模拟人员是不同的。在综合演练中，模拟人员是假装紧急事件受害者的志愿者。对于现实来说，他们可能会表现出受伤、无意识、歇斯底里或死亡的情绪。

评估人员

评估人员观察行动并记录所有重要事件，这是很重要的，因为很多行动都不是预先设定的，而是对其他行为的自发反应。

安全员

在综合演练中有许多潜在的安全问题，因此，应该指定安全员，这个人的首要责任就是从安全的角度来分析整个过程。

综合演练如何运作

综合演练以一种类似于专项演练的方式开始；是否宣布开始或“没有通知”开始部分取决于目标。演练设计人员将决定如何和何时开始演练。触发事件可能只是来自调度的一个电话、一个电台广播，或者来自普通公民的一个电话。演练的开始对于每个参与者来说应该尽可能的真实（也就是说，人员应该通过正常渠道接收通知）。

参与现场响应的应急服务人员必须前往指定的地点，在那里，模拟的紧急情况以“视觉叙述”的形式展示在他们面前，他们将对此做出反应。

关键决策制定者——那些在紧急情况下通常会在 EOC 或指挥中心之外的人——前往EOC完成他们的任务。根据事件的需要来设立指挥中心。

行动

综合演练的行动发生在 EOC，在一个或多个现场地点以及在相关的指挥部。在事件现场和指挥部所发生的行动作为对在 EOC 进行的模拟的输入。尽管医疗人员、医院、EMS、消防和其他地方应急行动机构通常不需要 EOC 的集中指挥，但他们需要与指挥部的官员进行协调。

持续的行动

行动以各种方式维持，包括：

- 控制人员输入预先编写的消息
- 来自需要在 EOC 中采取行动的现场的消息和操作
- 对各种消息和行动的自发响应

现场指挥部可以作为 EOC 消息输入的一部分。指挥部可以写入情景，并有一组预先编写的脚本消息通过无线电传输，或者指挥部控制人员可以监控事件的顺序并发送自发消息。

演练地点

现场

主要事件现场将取决于演练情景和目标。例如，如果主要事件涉及飞机坠毁，则演练可能发生在机场。模拟的恐怖袭击可以在公共场所举行，如会议中心或购物中心。飓风或洪水演练可能分散在许多地方。

大多数活动将涉及其他地点，如次要事件现场，医院、太平间、避难所和其他支持地点，并且指挥部要设立在事发地点附近。事实上，综合演练之所以复杂的原因之一是活动在不同的地点进行，所有的地点都必须协调一致。

应急运行中心

启动 EOC 或其他运行中心是综合演练的核心（就像在专项演练中一样）。EOC 目的是为 CEO 和员工提供政策和协调机制，以有效应对紧急情况。

在本质上，EOC 是政府在紧急情况下的声音。紧急情况增加了政府的压力——对服务的需求不断上升，而提供服务的能力却降低了。收集信息、作出决定、指挥必要的行动均需要在关键官员之间进行密切协调。如果官员和支持人员都集中在一起（在一个集中地点）并进行直接的沟通，那么这种协调是最好的。

集中地点使得完成一些不可能（或非常困难）的任务成为可能。例如：

- 信息可以在一个地点收集、验证和记录
- 官员可以及时、明智地部署资源
- 可以有效地管理方向和控制

· 官员可以协调行动和决定

当关键角色协同合作时，更容易设置有意义的优先级。

EOC 的规模和配置因辖区或响应系统的规模而异。EOC 可能占用一整层楼，也可能位于一个小房间里。

设计综合演练

综合演练的设计可能相当困难，往往需要几个响应组织的专业知识。在制订第一次综合演练时，通常建议从小规模演练开始，再进行更复杂的演练。许多潜在的困难与后勤问题有关，但其余的则与设计有关。

整个 8 步设计过程被用来设计综合演练，虽然这 8 个步骤在设计桌面演练和专项演练时有一些不同。不同之处在于，桌面和专项演练依靠语言来获得真实感，而综合演练——就像真正的紧急情况——从实物中获得真实感。从书面情景转变到以真实位置、真实的人（其中一些模拟受害者）和真实的设备为表现的视觉现实。

让我们仔细看看每个设计步骤是如何应用于设计综合演练的。

前 4 步

与任何演练一样，前 4 个设计步骤如下：

· 评估需求

· 定义范围

· 编写目的宣言

· 确定目标

对于一个综合演练，这些步骤需要更深入的分析和注意更多的细节。这些步骤的结果很大程度上取决于你必须明确演练所要达到的目标是什么。如果这些中的任何一个都是模糊的，那么问题将在以后被严重放大。

步骤 5：撰写描述

描述在综合演练中的处理有所不同。由于不需要冗长的口头描述来设置情景，所以，描述更短。

步骤 6：编写重大和详细事件

重大和详细事件仍然存在于一个综合演练中，但其中许多是作为实际发生的事件而不是口头描述。例如，地震情景可能不得不依靠语言来模拟一些事件。其他地震事件可以用倒下的原木、建筑物周围的砖块、在梁下休息的假人、受伤或受惊的人以及其他道具来模拟。即使在视觉上呈现事件，它们也不能是随机的和随意的。每个事件都必须经过精心策划和布置，以支持目标并产生期望的行动。

步骤7：列出期望的行动

与任何演练一样，期望的行动必须根据演练目标明确地确定。期望的行动的详细清单是进行演练评估的重要基础。

步骤8：准备消息

在综合演练中有两种消息：可视化的和预先编写的。很多行动都是在初始消息和情景设置中产生的。设置的情景包含了许多参与者需要响应的“可视化”消息，也可能需要一些预先编写的消息来推动行动。

对于每一个事件，试着预测所有可能的反应，但重要的是要有足够的灵活性来适应未能预料到的应参与者的行动和决定。有时，出乎意料的反应将是对期望的行动的改进。

如果你的情景（事件）计划得很好，即使一些决定偏离了方向，那么演练也将会按照你计划的大致方向进行。

看细节！确保你创造的情景足够好，可以获得期望的效果。例如，如果你的受害者对药物一无所知，要么提前培训让他们了解症状，要么用症状和生命体征来标记药物，用化妆来模拟受伤。在演练结束时，你不希望参与者说：“哦，我不知道你拿到的是什么。”

特别注意事项

综合演练对后勤是一个巨大的挑战，很容易忽略细节。促进清晰和创造性思维的一种方式是“到现场”——无论是身体还是精神上。通过这样做，你可能会发现潜在的问题并做出更切合实际的预案。在思考现场时，你应该考虑：

- 选址
- 情景管理
- 人员和资源
- 响应能力

· 安全和法律责任
· 紧急呼叫
· 媒体

选址

为演练选择正确的地点应该是你做的首要决策之一。因为演练需要调动人员和资源，空间和真实感是关键。

选址标准

· 可信度——此类突发事件是否有可能发生？（一个可信的突发事件可以引起更多的合作和参与）
· 真实感——在不会干扰正常的交通或安全的情况下，地点是否能尽可能真实？
· 示例——在模拟高速公路的主延伸段上油罐车翻车时，不能让高峰时段的交通堵塞数小时，你需要找到一个类似的位置来触发撞车事故；对于飞机坠毁，尝试选取一个二级机场，而不是一个国家级的机场
· 充足的空间——是否有足够的空间来容纳受害者、应急响应人员和观察人员？是否有足够的空间来容纳应急响应人员和观察人员的车辆？

现场管理

现场管理涉及若干问题，其中包括：

· 现场的后勤
· 创造一个可信的突发事件情景
· 受害者人数
· 道具和材料的管理
· 控制人员的数量

图 9.5 包含了你应该考虑的与情景管理相关的问题。

后勤
□ 在哪里安置参与者？
□ 是否有移动 EOC，将停在哪里？
可信度
□ 你将如何模拟突发事件？（例如，如果你将模拟火灾，你会用什么来发烟？你将如何模拟溢出的化学物质、碎玻璃、洪水损坏等？）
□ 谁将扮演受害者？（为了更加真实，请选择具有不同年龄段、不同体型和身体特征的受害者。）
□ 你将如何确保受害者真实地演绎他们的角色？
受害者数量
□ 此类突发事件需要多少名受害者？
□ 医院以及其他资源处理受害者的能力和容纳能力如何？
□ 历史上的事件表明的伤害类型和数量是什么？
道具和材料
□ 需要什么类型的道具和材料来模拟伤害、损坏和其他突发事件的影响？（例如，受害者的乔装、假人、建筑材料。）
控制人员
□ 需要多少控制人员来管理演练现场？（在多现场的演练中，每个现场都需要一名控制人员。）

图 9.5　现场管理检查单

人员和资源

情景将有助于确定演练将涉及多少人（参与者和志愿者），需要多少和哪些种类的设备以及潜在的成本。在规划人员和资源时应考虑以下因素：

- 有多少人参加？（有时需要将演练缩减至半天或更短时间以增加参与度）
- 有多少志愿者？
    - 情景设置
    - 受害者
    - 公众成员
- 将使用什么样的设备？
- 每种设备有多少件？
- 车辆和设备需要多少燃油？
- 将需要什么样的材料和补给，以及它们将如何获得？
- 开支：
    - 加班工资

- 车辆和设备燃料
- 材料和补给

设备

在设备方面要保持情景的合理性。你需要确定你是否有足够的资源来满足正常的应急需求，但不要得意忘形。让你的员工使用实际的设备，不要让他们在模拟中使用不存在的设备。

响应能力

在规划人员和资源时，要考虑到演练会如何耗尽参与的组织的实际应对能力。在演练中使用应对真正紧急情况的能力是不明智的。这里有一些建议：

- 如果发生真正的紧急情况，确保有足够的人力和资源来继续履行职责（在某些情况下，取消程序将解决部分问题）
- 考虑使用两班制人员或其他辖区以及组织的互助
- 考虑使用志愿者作为一个较小响应的轮班

安全

综合演练中所有行动的安全是绝对必须保障的。在整个规划和实施过程中都要有安全意识，以确保安全问题得到注意并解决。应指定一名安全官员，其主要职责是从安全角度分析整个演练。

建议的安全措施

- 把安全作为演练制订的一项活动
- 为演练团队的每位成员在他们负责领域内分配检查演练安全的责任
- 确定所有可能的安全危害并消除每一个危害
- 处理安全问题，作为预先演练简报的一部分
- 在模拟人员和评估人员信息包中含有安全因素
- 在演练之前检查每个场地的位置，以确保已采取安全预防措施
- 如果出现安全问题，确保安全官员具有终止一项活动甚至整个演练的权力
- 在发生实际的紧急情况时提供演练关闭程序

突发事件终止

一定要保留足够的人员来处理日常问题。但请注意，在任何演练中都可

能发生真正的紧急情况——特别是长时间的演练。在某些情况下，可能需要停止演练来处理真实情况。每次演练都应该有一个计划好的取消程序，这将使人员和设备迅速恢复到正常状态。程序应该包括控制人员或安全人员可以用的代码词或短语来指示：

- 演练已经终止
- 人员应该回到正常的职位
- 所有无线电通信将恢复正常

终止程序应该被测试。

法律责任

责任的法律问题，包括演练实施中的伤害责任，必须由当地律师进行研究。

媒体

无论你是否愿意，任何规模的综合演练都会引起媒体的关注。如果演练设计得好，更有可能得到有利的媒体报道。所以，把媒体纳入你的演练计划，他们对获得方案的支持非常有帮助，他们的存在将增加真实感。

为观察人员和公共信息人员提供津贴。事先决定你将在哪里找到他们，并给他们观察的机会。

国土安全演练和评估计划（HSEEP）的评估、指南将帮助你的辖区做好进行综合演练的准备。

演练评估

评估是观察和记录演练活动的过程，将参与者的表现与目标进行比较，找出优缺点。评估是一个复杂的话题，本章只提供一个总体概述。我们将简要讨论评估的重要性，以及评估的重要性与演练制订、评估团队的结构和职责、评估方法的关键方面、评估结束后的评估任务之间的关系。

在制订过程中整合评估

演练的制订是一个持续的过程，在演练开始之前就应开始，并在演练结束后继续。它会一直持续到所需的改变已经做出，并将建议纳入下一个演练中。

评估并不是当所有的演练活动结束时才进行的。它始于演练设计开始时、演练目标开始制订时。在表 9.6 中，注意在 3 个演练阶段中出现的各种评估活动。在本章的剩余部分中，我们将简要介绍表 9.6 中列出的每一个主要评估活动。

为什么要进行演练评估

为了使应急管理系统有效，对人员、预案、程序、设施和设备进行定期检查和测试是至关重要的。然而，除非每个演练都进行结构化评估（这使得应急管理组织能够确定成功和不足），否则再如何演练也不会有建设性。

表 9.6　演练评估类别

任务类别	演练前	演练中	演练后
设计	· 审查计划 · 评估能力 · 解决成本和责任 · 获得支持演练指令/问题 · 组建设计团队 · 制订一个时间表 · 设计演练（8 个设计步骤，包括制订目标）	· 设备准备 · 组装道具和其他增强道具 · 临时参与者 · 实施演练	
评估	· 选择评估团队领导 · 制订评估方法 · 选择并组建评估团队 · 培训评估人员	· 观察指定的目标 · 文件操作	· 评估目标的实现 · 参与演练后的会议 · 准备评估报告 · 参加后续的活动

好的评估可以帮助组织确定：

- 演练是否达到了目标
- EOP、过程或指南需要改进
- 应急管理系统需要改进
- 培训和人员配备不足
- 需要操作的设备
- 需要持续对预案和应急管理功能进行演练

如果要实现这些目标，评估方法必须是系统的方法——有序、彻底和有组织地进行。

评估团队

在演练设计的早期阶段，一些人将被召集到一个设计团队中，由一个设计团队的领导者或演练主管领导。该团队的一名成员将成为评估小组组长或首席评估员，而这个人将会选择评估团队的成员。

团队结构

评估小组的规模和组成将取决于演练的类型、复杂性与人员的可用性。一个小型的演练（目标有限，参与组织很少，只涉及少数几个现场），可能只需要一个组长和3到6个评估人员，这个小组成员将直接向组长汇报。

一个大型的、综合演练可能需要一个评估主管监督不同现场的几个团队领导，这几个团队领导则监督几个评估人员。有了这样一个规模的团队，各个评估人员将被分配到指定的现场服务，并在他们之间建立一种协调或沟通的手段。组织结构图有助于保持直接的权威。

团队领导者的角色是什么？评估小组组长主要负责评估方法，选择和培训评估小组，以及准备评估报告。

谁？理想情况下，团队负责人应该具有评估、管理、演练设计或参与、培训或教育方面的经验。通常，他们应该是演练设计团队的成员。在某些情况下，可能需要从设计团队之外引入一些人。但如果在设计团队中有一个志愿者培训和演练官员，并且他愿意服务，通常不必从设计团队之外引入人员。（设计团队的其他成员可能会由于工作负荷过重而不愿意参与到演练制订中来。）

什么时候？在设计过程中尽早选择评估组长有几个优点：

- 它将确保评估成为演练制订过程的一个组成部分
- 它将维持评估功能的完整性，防止其与控制和模拟功能重叠
- 它将确保至少一个人能够把时间和精力花在评估的大任务上

团队成员的选择——评估组长负责挑选和培训评估团队成员。理想的评估人员有许多技能和个人特质。虽然不可能找到一个具备所有这些特征的人，但是组长将会根据以下几点寻找：

技能

- 在评估方面有适当的技术专长
- 口头和书面的沟通技巧
- 组织能力
- 能够发现事件和目标之间的关系
- 能够适应快速变化的情况

特质

- “人际交往能力”的敏感度
- 客观性
- 自我激励
- 乐于助人
- 诚实正直（实事求是，保密）
- 熟悉预案

通常，一个评估团队可以通过使用一些想象力和四处搜寻来组建。评估人员可以从各种渠道获得，包括：

- 邻近的辖区
- 不参加演练的应急服务人员
- 专业的评估人员
- 州或联邦工作人员
- 学院或大学教师
- 公共服务机构

团队成员的培训——评估团队的培训通常可以在定向会议上完成。会议的性质和长短取决于成员的经验和技能。大多数评估人员——不管多么有经验——都需要关注以下方面的信息：

- 演练情景
- 演练规则
- 目标
- 评估要求和程序

- 评估表格

没有经验的评估人员可能需要一些实践性的训练。来自组织/辖区之外的评估人员需要有关组织/辖区的信息。

尽量不引人注目。有证据表明，评估人员的存在会影响被观察者的行为，可能会导致数据不准确。因此，评估团队应该制订出尽可能不引人注目的观察方法。例子包括：

- 当演练开始时已经就位，以免引起注意
- 推迟记录几分钟，直到演练人员参与到演练中并停止注意他们

评估方法

评估方法只是用来评估一次演练的程序和策略。该方法包括：

- 评估小组将如何组建
- 目标有待衡量
- 评估信息包

团队结构的各个方面将对评估进展产生重大影响。因此，以下决定是评估方法的一个重要部分：

- 评估人员的数量及其与评估相关的经验和知识
- 在多个现场组织评估人员（即分队）
- 职权范围（如评估人员、监督人员或团队领导、首席评估人员）
- 团队成员之间的沟通和协调

评估标准

制订方法的第一步是确定演练成功的标准。这些标准与目标和期望的行动密切相关。

在演练设计开始时，就确定了总体目标。然后，在制订情景时，总目标被分解成更小的目标——期望的行动。从期望的行动中，可以制订具体的审查和其他评估措施。

正如本章前面所讨论的，必须清楚准确地陈述目标，描述可以观察和测量的行为。使用SMART原则将确保目标是：

- 简单的
- 可测量的
- 可实现的
- 实际的
- 任务导向的

你现在可能希望回顾一下这些材料，以便重温关于良好目标的重要内容的记忆。

评估信息包

评估信息包，或评估计划，包含所有收集数据的计划，包括目标和审查要点、检查单或其他评估表格和观察技术。

数据可以通过各种方式收集，比如评估表格、撰写描述、录音磁带或录像带。每种方法都有各自的优点和缺点，应该在制订方法时加以考虑。

建议评估策略

计划观察过程。一种方法是使用以下 4 个步骤：

- 回顾演练的具体目标、详细事件以及建议的行动或决定
- 当演练人员应该被观察时，确定希望他们所采取的行动或作出的决策
- 确定评估人员观察的位置
- 向评估人员简要说明期望的行动或决定

提供评审要点指导评估人员。它们使有针对性地收集数据成为可能。例如：

目的：证明有足够的显示器以支持演练期间的紧急操作。

审查要点	是	否
设施可用的状态板	—	—
所使用的状态板	—	—
状态板不断更新	—	—
可用的地图	—	—
最新的地图	—	—

提供评估表格。它们可以包括简单的调查问卷、检查单或记录观察结果的评分表。他们不需要很复杂，但必须客观、简单、具体。

关键事件监测

大多数的演练情景都包括一些事件，它们被专门设计用来增加计划中某些活动的压力。这些事件被称为关键事件。评估人员应特别注意这些事件。

当输入关键事件消息时，评估人员监视参与者对事件的响应。所有响应都应记录在关键事件响应表格中。此表格提供了记录不同地点的 EOC 内外部的多种响应的表格。

问题日志

问题日志允许参与者、控制人员和模拟人员记录任何可能观察到的导致问题的行为。

然后，可以在演练之后分析这些潜在问题，以确定哪些问题严重到需要采取纠正措施并确定其来源——计划、准备、培训或模拟。

表单示例

这里提供的以下表格作为工作辅助工具。

- 评估人员检查单
- 描述小结表格
- 关键事件响应表格
- 问题日志
- 演练汇报日志
- 演练评论表格

演练后简报

有两种类型的演练后会议：演练人员汇报和评估小组会议。

演练人员汇报

演练后应立即组织演练人员做简短的汇报。这种汇报给了他们一个机会来诉说事情进展，他们认为应该改变什么，以及他们可能做出的承诺。

这就是汇报的一般情况：

- 控制人员主持汇报，首先回顾目标，并对成功和不足进行评论
- 控制人员要求每个演练人员简短地回答（每个人大约两分钟）

当参与者评论他们的表现时，控制人员试图在积极和消极的评论之间保持平衡，并鼓励每个人做评论。在汇报期间的评论应记录在案，以便写入演练后报告。演练汇报日志可以作为此用途。本节末尾提供了一个示例。

汇报是专门为参与者开设的。如果评估人员想说几句话，他们应该把注意力集中在演练的所有积极方面。

准备一份简单的调研问卷（如图 9.6），让参与者在演练后填写，这是一个好主意。不愿意参加小组讨论的人通常会回答调研问卷。一种可能的格式是一组只需要勾选回答的客观问题，紧跟着会有一些关于演练表现的一般开放性问题（例如，通知流程有哪些优缺点）。

请花几分钟的时间来填写。你的意见和建议将帮助我们在未来准备更好的演练。

请对本次演练进行打分。

1	2	3	4	5	6	7	8	9

非常糟糕　　　　非常好

跟之前的演练相比较，本次演练：

1	2	3	4	5	6	7	8	9

非常糟糕　　　　非常好

演练是否有效地模拟了紧急环境和应急响应活动？是________ 否________

如果没有，简要描述原因：

演练中呈现的问题是否很好地检验了实施应急预案的能力？是________ 否________

如果没有，简要描述原因：

图 9.6　演练评估

保持汇报的进度

汇报的目的是考察参与者的表现。然而，参与者通常会想要批评这个演练本身：它太长、太短，消息太多或太少。我们的目标是让参与者不偏离目

标，尽可能专注于行动。向他们解释将有机会为演练设计提供输入。图 9.6 在演练后的汇报中是有用的。

评估团队会议

举行评估小组会议的目的是分析演练并为撰写评估报告做准备。评估小组会议可包括以下内容：

- 评估小组在演练不久后举行一次会议，以交换意见
- 一个更正式的团队会议将在一周或晚些时间来举行，目的是分析发现的问题，并准确地描述哪些工作有效，哪些没有效，团队分析评估响应和其他数据，并讨论每个目标的实现情况
- 需要额外的会议来分析数据和准备报告

演练设计团队可以在一个或多个会议上加入评估小组，提供反馈和建议。报告应该在演练后的 1 到 3 周内准备好，因为此时的记忆仍然是新鲜的。

行动后报告

评估小组会议的结果汇编在行动后报告中，这记录了演练的有效性。它是规划未来演练、升级 EOP 或更新应急预案和采取纠正措施的基础。行动后报告是评估小组负责人或首席评估员的责任，他们与评估小组合作完成。

格式

报告可能采取多种格式。例如，一个小小的演练可能只需要演练人员花几分钟的时间来简短地总结一下演练，然后提出一些建议，有时备忘录可以完成这项工作。对于大型演练——特别是专项演练或综合演练——报告应该具体而全面。

模式

行动后报告没有固定的组织计划。但是，如下列出的内容通常会涵盖其中。

1. 介绍
    - 报告的主要目的
    - 为什么要提交报告
    - 主要议题的预览
    - 所用的评估方法

- 可能的主要问题的总结和建议

2. 问题陈述
   - 演练的目的
3. 演练总结
   - 目的和目标
   - 演练前活动
   - 参与者和机构
   - 演练情景的描述
4. 成就和不足
   - 评估小组的发现
   - 演练后汇报小结
5. 建议
   - 培训需求
   - 应急预案的变化
   - 其他纠正措施

行动后报告的副本应该发放给辖区的 CEO 和每个参与演练的机构。

其他报告要求

执行演练的机构通常需要其他类型的演练报告。通常它们只是简单的检查单，这些检查单相较于完整的书面报告需要更少的时间准备。请向适当的管理机构咨询具体的报告要求。

实施变更

对未来的建议是开展演练的全部理由。演练的目标直到评估意见被实施之后才算达成。评估的目的是改进应急管理预案和组织在实施预案方面的表现。如果目标明确涉及应急功能，很可能评估的重点是表现而不是人员。具体而言，变更工作集中在这些问题上：

- 程序是否合适？
- 资源是否足以支持这些程序？
- 人员是否经过充分的培训来遵循程序和使用资源？

记住：我们测试预案，但我们也培训人员！

增强功能

有时，创造力是一个充分的演练设计和真正让参与者兴奋和积极参与的演练设计之间的区别。现在我们将讨论你可以通过设备、显示、人物、道具和其他策略来加强演练的各种方式。

为什么使用增强功能

演练的要点是尽可能真实地模拟紧急情况。为参与者提供的情景、环境、气氛，设备和材料越真实，参与者就越有可能投入其中并从中获得最大收益。

各种演练增强可以帮助实现这种真实感。在训练或综合演练中，使用真实的设备和实际地点本质上是真实的。增加触觉——例如，模拟受伤的受害者——可以使专项演练或综合演练更加逼真。桌面演练或专项演练必须依靠可以带入房间的材料和设备，以使演练更加真实。

没有必要花费大量的金钱或精力来增强真实感。资源可以包括运行中心或指挥部当前可用的普通物品，或者可以轻松获取的普通物品。

创造力

创造力是增强良好效果的关键。有许多可以尝试的低成本创意方法。这里有些例子：

- 录像带模拟了描绘灾难的新闻广播，并录制了与“受害者”的互动，将这些预先录制的剪辑显示为演练的一部分
- 录像带模拟“插播新闻”、报道灾难情况和“受害者”访谈，将事先录好的新闻作为演练的一部分
- 录像带模拟新闻广播，并通过无线电播放
- 使用化妆和道具来模拟伤害
- 使用电脑绘制流程图并提供数据
- 如果电话系统故障作为演练的一部分，请将电话留在 EOC 中，但不要连接它们
- 如果断电，则实际上要运行备用发电机，如果没有连接到发电机，则

关掉电灯和电脑（当然，这可能会破坏真正的办公室工作流程，但是会产生更真实的演练）

这些只是激发你的创意的几个例子。我们将在本章的其余部分讨论更多的想法，毫无疑问，你会有自己的想法。

通信设备

各种类型的电子设备可用于沟通、描述并推进情景。通信设备也可以用来传输来自模拟人员的一些消息。在一个高度模拟的演练中，比如复杂的专项演练，尝试通过电话、收音机和电视，像在真正的紧急情况下那样传输信息。

利用可用的优势。总是有预算上的限制，因此，需要利用你所处的社区通常在紧急情况下可用的通信设备。考虑以下：

- 固定电话和手机
- 无线电话和便携式/手持式收音机
- 热线专用电话
- 军用手机连接
- 民用波段电台（CB）
- 电传打字机系统和传真机
- 无线电爱好者紧急服务（ARES）和无线电爱好者民事紧急服务（RACES）
- 监视器/扫描仪
- 美国国家海洋和大气局（NOAA）天气电台
- 国家预警系统（NAWAS）
- 电脑无线电

视觉效果

如果没有一系列的视觉效果和显示（地图、图表、状态栏、黑板或白板、图表纸和画架等），演练是不完整的。录像带和幻灯片虽然更难获得，但可以提高演练的真实感。

地图

地图提供情景的环境和详细信息。因为它们对于处理实际的灾难是至关重要的，所以，对于所有类型的演练都是必要的。即使在定向研讨会或桌面演练中，地图也能提供有用的信息，让参与者更清楚地了解模拟事件。例如，它们可用于定位设备或确定最近的设施来部署资源。

地图可以是纸质的以供个人使用，或显示在墙上。醋酸盐覆盖层可以标记区域或监测点，并重新使用地图。所需的地图类型和数量取决于演练类型和正在测试的危害。以下是你可能会觉得有用的部分地图列表：

- 城市街道地图
- 县街道地图
- 细分地图
- 下水道分布图
- 水路图
- 线路图
- 燃气图
- 泛洪区地图
- 等高线图
- 警察和消防分区地图
- 中心城市（市中心）地图
- 设施图（工厂布局、铁路码头等）
- 天气图

演练中使用的图表

信息的积累和共享是运行中心的一个重要的功能。为了确保协调和及时的应急响应，视觉显示允许每个人快速了解已采取的行动以及可用的资源和人员。

显示需求会随着演练的性质和范围而变化，但应考虑表 9.7 中列出的图表类型。有些显示仅供演练人员使用。

录像带和幻灯片

录像带可以提供非常现实的紧急情况介绍，可用于事件描述或提供更新的情况。政治家和公众的新闻报道、采访可以预先录制，以提供真实情况。幻灯片可以用于一些相同的目的。

计算机资源

许多社区都有电子化的库存清单。在可行的情况下，应该在进行演练期间使用这个清单以追踪资源。

表 9.7 图表的类型

图表类型	描述
问题和事件日志	· 用于发布重大事件的大型事件公告栏 · EOC 中所有人都可以查询，也可用于 EOC 换班简报 · 所有报告上来的主要问题都会记录到日志中 · 可以分栏：问题性质；问题编号；任务；响应；评论
损害评估图表	· 分栏：报告损害的区域；报告时间；损害范围
设施图和状态栏	· 跟踪用于演练的设施，以便参与者了解可用资源（随身地图是有用的）；设施图例 · 医院：可用病床；血液和其他供给需求；人员 · 聚集医疗设施（例如，由红十字会或社会服务机构运营的设施）：可用空间；食物；水；床上用品；医疗库存 · 执法资源：宣誓就职人员、后备人员和辅助人员的数量和分布；互助单位的状况 · 消防资源：消防部队的部署和可变性；消防互助形式的状态
组织结构图	· 对于员工来说，是一种有用的可以预测哪些机构应与其他机构协调配合或向其他机构报告的手段 · 可选的
事件列表的主要情景	· 主要为控制人员使用，保持演练按计划执行；不应该被演练人员看到 · 包含作为所开发的部分情景的详细事件序列
模拟绘制地图	· 为控制人员和模拟人员使用 · 描述了规定的输入演练信息 · 编码标记可用于描述各组织（警察、消防、医疗/卫生、公共工程、公用事业、红十字会/志愿机构）采取的行动

各种各样的设备和用品

有时，演练策划人员会把注意力集中在演练的戏剧性方面，而忽视了常见的设备和材料。许多这样的商品是必不可少的，它们在大多数的办公用品店都是可以买到的，费用很便宜。以下是一些需要考虑的设备和用品：

- 用于播放幻灯片的投影仪
- 复印机
- 便携式收音机
- 传呼机和手机
- 公共广播系统
- 钢笔、铅笔和记号笔
- 图纸
- 电话本和目录
- 地方和州联系人列表
- EOC 电话目录
- 手机号码列表
- 姓名标签
- 资源列表
- 财务成本报表

人和道具

在综合演练中，通过在实际环境中使用实际设备来实现真实感。在这种情况下，消防车和当地机场将被视为增强类型。

综合演练的设计人员也会带来真实的人物或道具来增强真实性。例如，模拟酒店火灾的演练可以使用以下内容：

- 人们扮演部分受害者，通过化妆来表现受伤
- 代表死者的人体模型（或被困在重梁下的受害者）
- 假烟
- 战略性地放置在活动现场的烧毁的板子和横梁
- 消防部门需要扑灭一场火灾

一些辖区在这些事务上相当具有创造力——在桌面演练中建立模型城市或在危险情况下（例如，被困在梁下）使用人体模型来代替人。这些增强功能仅受预算、安全注意事项和想象力的限制。所以，让你的创造力加强你正在计划的演练。

增强资源

设计人员常常面临的问题之一是如何获得能够提供真实感的材料、人员和设备，同时又不超过预算。考虑招募志愿者和获得社区其他机构的捐款。许多人具有公民意识，并乐意通过租借设备或做志愿者来为受害者提供帮助。一些潜在资源包括：

- 医院
- 学校和学院
- 商业和工业
- 化学运输应急中心
- 男女童子军
- 搜救志愿者
- 机构
- 铁路
- 救世军
- 公共交通
- 消防部门
- 警察部门
- 化工企业
- 业余无线电爱好者俱乐部
- 宗教组织
- 国民警卫队/军事
- 美国红十字会
- 服务机构

成本和责任

在获得资源时，重要的是要考虑成本（初始和隐藏）和潜在的责任。例如，考虑：

- 用于获取和返还设备或材料的工时
- 潜在的损害或更换成本
- 当设备是借用的或由志愿者参与的时候，要安排及时的返还（由于没有制订交通计划，“受害者”往往会被留在灾害现场或医院）

· 使用人员和设备时的安全和责任问题。确保有责任保证和设备更换的条款

增强后勤

在计划演练时，有人需要负责管理与增强有关的后勤。确保以下问题得到解答：

· 如何使用增强功能？
· 道具放置在哪里？
· 谁将负责道具？
· 人和道具将如何被获得，如何运输和返还？
· 对于借来的材料和设备可以制定什么样的返还政策？
· 什么条件下设备必须退回？
· 谁来清理它？
· 是否正常磨损？

总结

演练是为了评估一个辖区执行一个或多个应急预案的能力。演练可用于个人训练和改善应急管理系统。实施演练的原因包括：

· 测试和评估计划、政策和程序
· 揭示预案的弱点和资源的差距
· 提高个人表现以及组织协调和沟通的能力
· 培训人员，明确角色和职责
· 获得项目识别
· 满足监管要求

一个综合性的演练计划是由渐进复杂的演练组成的，每一个都建立在前一个演练上，直到演练尽可能接近现实。该计划必须认真规划，以实现确定的目标，并在计划和执行中涉及广泛的组织。

制订一个演练计划涉及多个组织的团队努力，包括以下内容：

· 分析能力和成本

- 目标设定
- 制订长期计划
- 任务计划
- 公共关系

创建和实施一个演练的过程包括一个长时间的任务序列，它分为 3 个阶段：演练之前、演练之中和演练之后。有些任务属于设计阶段，有些属于评估的一部分。

一种简单的观察演练过程的方法是按顺序完成以下 5 个主要任务：

1. 建立基地
2. 演练的制订
3. 演练的执行
4. 演练的评估和评价
5. 演练的后续行动

桌面、专项和综合演练基于一个设计过程，它包括了 8 个通用的步骤。关于这些步骤是如何应用的，每种类型的演练都有一些特殊的考虑。

设计过程的输出被整合到情景事件列表（MSEL）中，情景事件列表是一张控制人员和模拟人员可以用来保持演练方向和进度的图表。

桌面演练本质上是集思广益的小组会议，以情景描述和问题陈述或向小组成员展示的消息为中心。这种形式是非正式的，并且参与者会自我评价。

专项演练通常发生在运行中心，涉及政策制定人员和决策人员。它使用事件情景来测试多个功能或组织，强调协调和沟通。

综合演练将专项演练的交互性与现场元素结合起来，需要协调几个组织的努力。与训练不同的是，训练集中在单个操作上，只针对一个组织。

对于一个有用的演练，它必须伴随着评估——桌面演练的评估没有那么正式，而对于专项和综合演练的评估是结构化的。良好的评估可以帮助组织确定以下内容：

- 演练是否达到了目标
- 计划、程序或指南，或整个应急管理系统需要改进
- 培训和人员配备不足

- 设备需求
- 需要额外的演练
- 评估小组负责人——通常来自设计团队——负责评估方法，评估小组成员的选择和培训以及评估报告编制

演练后会议包括参与者的汇报，以及评估团队用于分析结果、制订后续行动报告的会议，报告应该说明演练的目的、目标、演练前活动、参与者、情景、优缺点以及建议。

第十章　EOC 管理和运营

卢西恩·坎顿和尼古拉斯·斯泰科斯

将应急运行中心（EOC）与在 EOC 中执行的任务相混淆，并忘记 EOC 是一个产生自己需求的物理位置，这是一个常见的错误。EOC 团队要有效地运作，必须满足 EOC 作为设施的物理和组织要求。EOC 管理与事件的运行管理不同。

EOC 管理大致可分为两大类：设施管理和运行管理。设施管理类似于在任何设施中进行的活动。这包括管理物理设施、技术系统和支持 EOC 中的活动所需的服务。为了让 EOC 团队高效运作，运行管理与实施的系统和程序有关，这涉及执行日常任务和操作 EOC 设备的程序。这两部分共同运作，以确保 EOC 团队专注于突发事件，而不受其运行环境的干扰。

设施管理

EOC 设施管理与任何大型办公大楼的管理都有许多共同之处。然而，还有一些复杂的东西使得 EOC 独一无二。典型的办公大楼每天运行 8 到 12 小时，而 EOC 必须全天候 24 小时运行。这意味着没有停机维护或支持服务，这些服务必须以不影响运行的方式提供。此外，如果没有事先的协调，在运行中增加的安全等级可以限制支持人员或承包商的访问。EOC 还拥有相当数量的并行系统和复杂的通信系统，并且可能具有独特的设计特性，如 HEPA 滤网或超压系统，以安全防范化学和生物攻击。在某些情况下，EOC 也可以为工作人员提供一段较长时间的生活区。

EOC 系统的这种复杂程度对日常活动产生影响。由于 EOC 必须时刻准备好在短时间内启动，因此，没有较长的启动时间供电池充电、软件升级或系统检查，这意味着必须有一个持续维护 EOC 系统的程序。

作为一个设施，EOC 包括一些系统。当然，最明显的是环境系统、救生和安全系统以及公用设施系统。即使这样，EOC 也不同于典型的办公大楼。如果办公楼内的“应急电源”意味着救生和安全系统获得持续的电力，那么 EOC 在所有条件下的连续运行可能会要求备用商用电源、多台发电机以增加额外发电的能力。

通信和信息技术系统也是如此。EOC 需要多个并行系统，每个系统都有独特的要求。在某些情况下，这些系统不能同时运行。

除了技术支持，EOC 也有对支持服务的需求。例如，24 小时运行将增加对清洁和垃圾收集服务的需要。其他材料可能需要订购和运输，可以引入承包商为 EOC 员工提供食物。

一个必须协调的关键服务是安全。完全启动的 EOC 是媒体和市民关注的焦点，并可能被视为一个潜在的打击目标。虽然日常的安全可能是足够的，但在启动期间，将需要额外的安全措施来控制访问、提供护卫和进行巡逻。安全责任可能包括控制和保护停车区域或相邻区域。

不幸的是，设施管理是一项由许多不同的个人执行的多领域任务。典型的辖区将有一个部门为物理设施服务，另一个部门管理信息技术系统。无线电系统可能由一个单独的通信部门处理，而供应商服务和安全也由不同的部门监督。很难找到一个负责系统地查看 EOC 设施的人。这在日常运行中会产生问题，在 EOC 的实际启动过程中可能会造成破坏。由于对设备问题没有任何的支持，问题开始积累并分散了 EOC 团队的运营职责。

出于这个原因，应急管理人员应该考虑创建一个 EOC 协调员的岗位，作为支持 EOC 设施的供应商和团队的协调中心。这种团队方法与 EOC 团队的日常运作方式是一致的，不同之处在于，这个团队关注的是对 EOC 的内部支持，而不是对整个运行的支持。

运行管理

常常有这样一种假设，当工作人员向 EOC 报告，他们确实需要有效地发挥作用的唯一的事情是应急行动预案（EOP）。毕竟，EOP 包含了大量的关注协调灾难应对的信息、政策和程序。加上内部部门计划和标准操作程序（SOP），EOP 应足以指导操作。

这在灾难应对时可能是正确的，但如果只考虑 EOC 作为一种设施，则不然。顾问Art Botterell的应急管理第三定律指出："无论你培训谁，总会有没有经过培训的人出现。" EOC 策划者需要假设 EOC 团队中有相当比例的人将首次来到 EOC，团队中的其他成员可能有一段时间都没来过 EOC，并忘记了运行方式。

例如，考虑与信息管理相关的简单任务。团队成员如何接收电子邮件？他们怎么能用最近的打印机打印？EOC 传真号码是什么？这些都是简单的问题，但如果有 50 个人同时发问，运行就会有相当大的延迟。如果第一个到达的人从来没有来过 EOC，他可能会提出甚至像"我怎么开灯？"这样简单的问题。

除了这些技术性的问题，也有一些需要执行的任务以支持 EOC 团队。其中一个例子是启动 EOC 的过程，这个过程应该解决一些基本问题，例如，谁有权启动 EOC 以及在什么条件下启动 EOC，它还应该详细描述通知 EOC 团队的程序。

另一个被忽视的过程涉及 EOC 启动时的初始设置。不知道谁拥有钥匙或如何打开复印机这种微不足道的事情可能会导致相当大的问题。许多 EOC 是两用设施，需要先期到达的员工解锁箱子、插入电话并设置笔记本电脑。假设第一个到达 EOC 的人是知道如何设置设施的三四名工作人员中的一员，这没有问题。

一旦运行完成，还有些事情需要完成，以结束当前的操作并为将来的操作准备设施。这涉及程序性任务，如存档文件和准备行动后报告以及与设施相关的任务，清理、修理或执行设备维护以及重新预订用品。最后剩下的团队成员倾向于快速结束并回家，而重要的任务在没有详细的停用过程时可能会被忽略。

这种对结构和组织的需求加强了对侧重于 EOC 而非外部操作的标准操作程序的需求。EOC 的 SOP 应该从首次使用者的角度编写，并尽可能转化为简短的检查单，检查单应该详细和以任务为导向。可以包含在 SOP 中的项目如下：

- 启动程序
- 通知程序
- 安装程序
- 使用通信和信息技术系统的程序

- 获得额外用品和服务的程序
- 安全程序
- 取消启动程序

另一种需要考虑的技术是将 SOP 中的关键信息发布在 EOC 中的显示屏上，以供参考。这可能包括传送呼叫、传真号码、打印机地址和其他支持运行的信息。同样，使用说明可以由复印机、传真机等发布。请记住，使用 EOC 的员工将承受压力，并且可能会首次看到 EOC 设备。Botterell 的应急管理第一定律警告说："压力使你变得愚蠢。"

EOC 管理的组织

有些事情是每个人的责任，但是实际上没有人来负责。制订 EOC 管理计划的第一步是确定谁将负责总体规划以及谁将在行动期间担任 EOC 协调员。这两个职位不一定需要同一个人来担任。

EOC 管理的规划与运行规划没有区别，都是从确定主要参与者和利益相关者并组建一个工作组来指导工作开始。随着 EOC 系统和程序的开发，它们应该通过演练进行测试，最好是融入常规的 EOC 功能演练。虽然这看起来很明显，但之前在 EOC 管理领域所做的规划相对较少；大多数组织将所有的努力集中在运行规划上。这相当于假设在没有连续性规划运行的条件下，正常的部门职能作用可在灾难期间发挥出来。这是一个非常冒险的假设，因为它可能会导致运行失效。

在规划 EOC 管理时需要考虑以下关键点：

- 确定负责整个 EOC 管理规划的牵头人
- 确定主要参与者和利益相关者，并组建一个工作组
- 为通用 EOC 功能制订标准操作程序
- 为增加或额外的服务制订备用合同
- 协调支持操作的服务，如安全和保障服务
- 在启动期间，考虑在单个协调员下组建一个 EOC 支持团队
- 在结束之前，使用标准的停用过程来准备 EOC 的立即重启

良好的 EOC 管理可以显著减少 EOC 团队的困惑和压力，使团队能够专

注于运行而不是被其运行环境分散注意力。它需要像运行规划一样预先做好规划，并能够预测 EOC 团队的需求。最后，它可能会决定 EOC 运行的成败。

运行室设计

起源

运行室——内部和外部应急响应人员做报告的地方，是目前 EOC 的神经中枢。它的演变，如应急管理领域一样，受到不断变化的技术环境和从经验教训中获得的新经验的驱动，是持续不断的。最初，它被认为是主要公共和私人机构代表聚集在一起收集、评估和传播信息的空间。这些多功能空间源自民防，它们在布局上非常相似，并且通常是以“碉堡思维”创造的，因为生存能力至关重要。

处所本质上是简朴的，而设施被用于其他目的，直到不断升级的威胁等级被启动。虽然它们的主要功能是为响应机构提供一个受保护的地方，以便与它们各自组织的业务结构保持联系，但它们也被视为管理当局的避难所，从而确保政府的连续性。它们位于一个市政大楼的地下，或者有时是一个独立的地下设施，这并不罕见。有趣的是，这些受保护的地方被外部不受其控制的事件所牵制，比如上面的管道故障，或者下面的排水系统。此外，与许多其他用户一样，任何形式的建筑物疏散，例如火警或其他此类警报，都将强制人们从占用的空间退出，更不用说喷水灭火对最低处的影响。

随着“冷战”的紧张局势缓和，官员们很快就意识到自然灾害的威胁会更容易发生，会严重影响政府的日常功能以及影响大部分人的生活和福利。这种日益增长的意识产生了加强员工管理恢复项目以及在危机期间集中支持能力的需求，并推动了对更有能力的设施的需求。

9·11 恐怖袭击事件将应急管理的焦点从一种“全危害”的方式转移到了对国土安全和反恐的偏见，应急管理界对这种重点转移的短视感到担忧。然后，卡特里娜飓风和该时期其他飓风的影响提醒每个人，应急管理和响应需要“全危害”方式中提到的广泛的准备工作。

这种过渡性的意识有助于推动社区领导人的一种新观念，即EOC及其运行中心不仅应确保政府的生存能力，而且应通过努力迅速恢复正常来促进私营部门的业务连续性。我们的领导人认识到，全球化和相互依存不再是学术概念，而是现实，这一点更加重要。供应商、制造商、生产者和消费者之间的联系是将一个国家凝聚在一起的关键因素之一。拥有一个强健有力的经济基础已经成为一个国家实力的关键组成部分。因此，EOC及其运行室在危机管理中发挥了关键作用。EOC必须成为一个复杂的通信枢纽，以便在缓解、准备、响应和恢复周期中完成其使命，而不仅仅是危机期间的指挥和控制中心。

目前的焦点

不管突发事件的严重程度如何，协调一致的应急响应的成功几乎总是取决于几个关键因素：

1. 冗余和可互操作的通信系统，它们可以进行垂直和水平平衡。
2. 快速确定和协调资产利用的综合能力。
3. 组织灵活性以适应由不同事件类型驱动的响应实体。
4. 深入的情境意识。
5. 获取所有支持资源以制定响应替代方案。

人们还必须认识到，由于事件发展的速度以及需要大量支持的参与者，应该准备好精心设计的预案。为了有效，它应该针对地区最可能发生类型的事件，并且应该通过多部门联合演练的结果进行调整才能充分发挥作用。预案、工具是准备工作的基础，因为正如我们经常看到的，事件的发展从不遵循脚本，所以，预案的适用性将是必要的。

我们的行政机构有时会忘记另一个现实，即所有的灾难都是地方性的。即使在危机扩大的过程中，组织的有效性也始于地方的响应者，然后再逐渐提升到下一层次的支持。说到这一点，我们都看到了这样的情况：本地组织无法快速地认识到事态发展正在超出他们的应对能力，并且没有及时请求支持。这就是EOC运行室的价值所在。在事件指挥侧重于实地紧急问题时，可以纵观全局的EOC内的专业人员，可以根据现场的需求实施并指导战略性的响应措施。

此外，我们必须进一步认识到，人员配置现实表明，无论管辖区的规模如何，事件初期的支持将来自24小时全天候监视小组。这个值班团队在响应链中提供重要的联系。他们将一直这样做，直到完整的人员配备到达为止，其中与每个支持机构组织的接口将由其响应实体处理。因此，该观察团的工作人员将需要掌握所有的技能和工具，以便有能力处理初始响应，直到被启动的机构的适当代表被派遣到EOC，以便在其各自的基础设施内提供实时协调。

组织结构影响房间设计吗?

对这个问题的简短回答是肯定的。我们的经验表明，责任机构的管理结构最能显著地影响OPS房间的布局风格。可以预见的是，它将倾向于C2（指挥和控制）或C4（我倾向于将其称为通信、协作、协调以及更有限的控制）设置。这种偏好的决定因素往往取决于该机构是否有公共安全或应急管理传承。在公共安全领域中，像军队那样有明确指挥系统，房间布局侧重于共同的信息显示墙或指挥结构。那些拥有应急管理沿袭的机构往往倾向于协作或集群环境。在许多辖区，混合模式已经开始实施。

无论布局如何，现实是一个根本的转变已经发生，现代EOC的成功将取决于其促进协调和向适当消费者传播信息的能力。这些活动由事件经理和位于运行室的紧急支援职能（ESF）模块的工作人员进行协调。即使技术进步为未来创造虚拟EOC这一概念提供了可信度，最近的事件仍然表明面对面协作是解决问题的一种更有效率和更有效果的形式。我相信这种现实可以延伸到各级政府。

设计在支持演变任务中的作用

必须记住，为EOC及其运行室开发的综合设计必须考虑到会影响内部和外部特征的各种注意事项，这些包括响应人员可达性、危险区域接近度、冗余服务的可用性、安全操作的维护、通过设置结构和系统的物理硬化来利用自然硬化等问题。在制定设施的设计标准和方案要求时，必须考虑所有这些因素以及其他因素。设施硬化的程度在很大程度上受威胁和危害评估中风险分析的影响。本次讨论的重点将是为现代EOC运行室的内部结构提供各种设计方案，以创建一个精心布局和功能完善的中心。

管理研究表明，设计确实对工作场所的有效性产生重大影响。对于使用者的身体和心理需要来说，已经证明环境舒适性在减轻高压（它往往伴随危机的情况）的有害影响方面发挥了重要作用。在构成集成设计基础的众多因素中，以下是几个关键的组成部分：

工效学

- 控制台的设计
- 视觉陈列的设计
- 座位舒适性
- 技术集成
- 对不同用户类型的适应性

环境舒适性

- 可变无眩光照明控制
- 声学控制
- 热舒适性和控制

空间分配

- 操作人员的位置
- 配套服务
- 分组讨论区域
- 政策室
- 战略响应预案
- 静室
- 资源管理
- 长期住宿
- 自给自足

循环和访问控制

- 分级循环系统
- 用于增强物理安全设计的电子产品
- 布局支持工作流程

支持空间关系

- 可访问性

- 在运行过程中服务的能力

可持续的实用系统

- 冗余服务
- 不同的路由
- 补给能力
- 灵活的电缆管理系统

通过适当地考虑这些以及其他需求，工作环境的设计者将对运行的有效性产生重大影响，从而影响一个实体的响应质量。当以适当的方式实现时，这些特性和概念将变得对用户透明，因为它们不会成为不舒服的来源。这将极大地提高性能水平，因为疲劳和挫折在降低操作效率方面起着突出的作用。

随着事件规模的不断升级，设计的影响变得更加明显，由于受到其潜在后果的影响，这些挑战变得更加复杂。一次又一次，我们看到了应对措施的失败，比如卡特里娜飓风和海地地震。当灾难发生的时候，系统就会崩溃。后勤上的纠葛，缺乏沟通，或冲突的要求会产生混乱和不可接受的结果。毫无疑问，无论是有形的还是虚拟的，没有一个协调一致的预案以及有效的沟通和后勤支持都不会产生好的结果。

基本原理

每个辖区都需要针对其需求量身定制解决方案。以下叙述和附图说明了可以配置 EOC 联络点、运行室的几种基本方式，进而优化管辖区响应的有效性。当读者回顾这些概念时，务必记住，当功能空间有目的地构建时，操作效率会提高，同时，可以灵活地调整以改进操作。有时这似乎是一个无法达到的目标，但事实上它是可以实现的。本次讨论主要涉及技术集成的空间和全局问题，而不是针对响应实体的部署和最佳位置分配。此外，所提出的每个计划都可以支持国家突发事件管理系统（NIMS）的要求和目标，有些比其他计划更好。

还应该记住，这些要求中的许多要求，包括情境意识、资产控制和协作问题解决，都可以扩展到所有管辖级别。此外，由于政治复杂性增加，管辖范围和物理区域扩大，对这种能力和随之而来的复杂性的需求也在增加。无论目前使用的布局有多少种的变化，运行室的设计都可以用6种基本构型，每种构型都可以应用于各种响应级别。为了进行分析，我们将用如下方式描述它们：

- 传统多用途型
- 群集/群组型
- 马蹄型
- 体育馆/剧场型
- 协作群组/剧场型
- 鸢尾花型

甚至虚拟中心的网络控制中心也会使用类似的组织结构。

虽然它们可能采用其他名称，但它们是现代运行室的基本构型。正如前面提到的，对一种设计形式的偏好往往受到政府部门的影响。这反过来又影响了领导层的管理风格，也影响了组织的根基是否来自公共安全，这倾向于C2的安排，或者来自应急管理，它倾向于C4的安排。当然，这并不意味着你不能拥有一个与中心重点方面的协作环境。

除了运行室的内部布局设计之外，关键在于对功能支持空间的成熟概念的应用，例如政策制定、战略规划、分组讨论室、静室、睡眠区、设备室、更衣室和休息室等。这些组成部分的相互关系在建立一个有效的中心方面发挥着重要作用，并且在启动期间对该中心的成功具有重大影响。

布局的审查

传统多用途型

传统多用途型布局多用于较小的辖区，其中没有专门的响应活动空间。这个布局特点是有一间配有平坦地板简单的房间，它可以提供包括会议空间和社区会议在内的多种用途（图10.1）。由于其多功能性，转换为完整的OPS机房/ EOC需要设置时间来完成家具配置、技术部署、通信安装等。

优点

1. 多用途。
2. 灵活的构型。

缺点

1. 物理设置需要时间。
2. 技术部署可能具有挑战性；使用地板箱可以减少设置时间。
3. 需要存储空间来存储配套设备。
4. 布局改变时灯光控制面临的挑战。
5. 灵活性缺乏重点。
6. 声学通常不合标准。

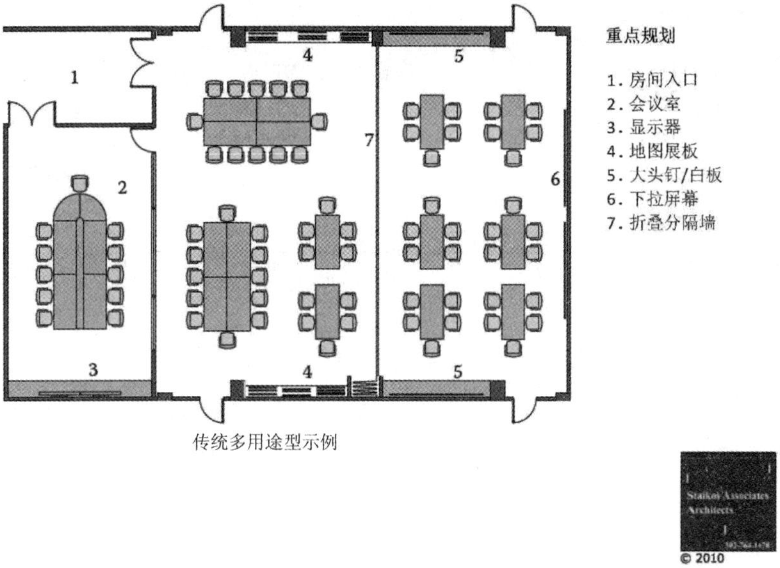

图 10.1　传统多用途型

群集/群组型

图 10.2 显示了一个群集/群组型示例。

优点

1. 允许重新构型以增强响应实体的协作。
2. 允许将立方体重新分配给具有更高交互级别的实体。
3. 要求技术的统一性以实现灵活性。
4. 允许采用用户登录的酒店概念来重新定义使用者。
5. 可以调整为相关应急响应人员的数量。

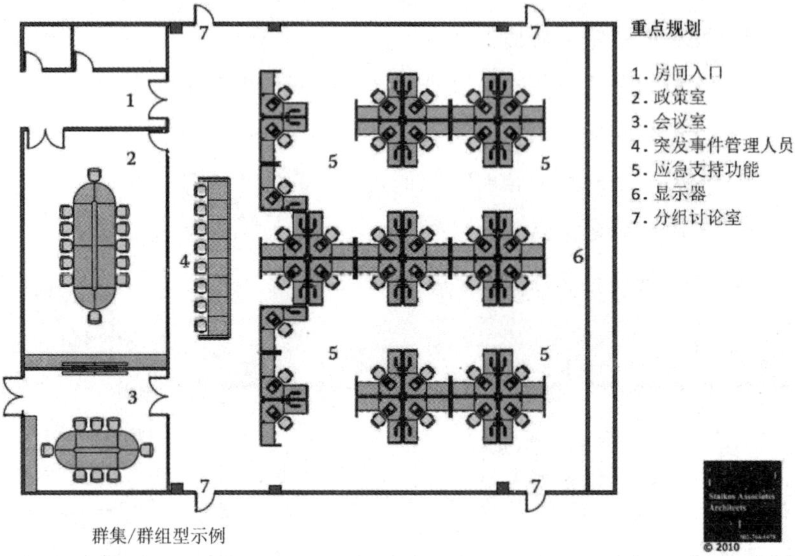

图 10.2　群集/群组型

缺点

1. 不提供传播或显示信息的中心焦点。

2. 即时重新构型并不像看起来那么简单，因此通常会在一个事件结束之后，在下一个事件发生之前，吸取了经验教训才实施。

3. 基于特定事件经验的重新构型可能不适用于不同类型的启动。

4. 使用立方体位置，即使是坐高墙，也要比简单的办公桌更难调整方向。

5. 专用服务和存储能力与灵活性之间的冲突。

马蹄型

马蹄型布局的发展允许参与者查看常见的信息，同时，与他们的应急响应同事保持目光接触（图 10.3）。这种安排通常适用于较小的房间，以便在房间内进行直接对话。当在阶梯式地板上进行布局时，坐在主桌的负责人的助理可以安排在靠近的位置。

优点

1. 在较小的房间环境中，可以保持眼睛和语言接触，以便每位发言者可以遵循另一名负责人的身体语言。

2. 分层或分级 OPS 地板的机会。

3. 集中关注显示墙的机会。

4. 允许 OPS 地板分组区域或小型会议室，实现近在咫尺的监督。

5. 为负责人的支持人员提供空间。

缺点

1. 如果多个对话同时发生，噪音水平会增加。

2. 不能有效地进行跨机构协作或分组合作，因为它必须在房间外进行。

3. 形状限制了最佳或优选的视线。

4. 有限的 ESF 位置数量。

5. 不适合小组合作。

6. 由于位置增加，OPS 房间变长、变窄。

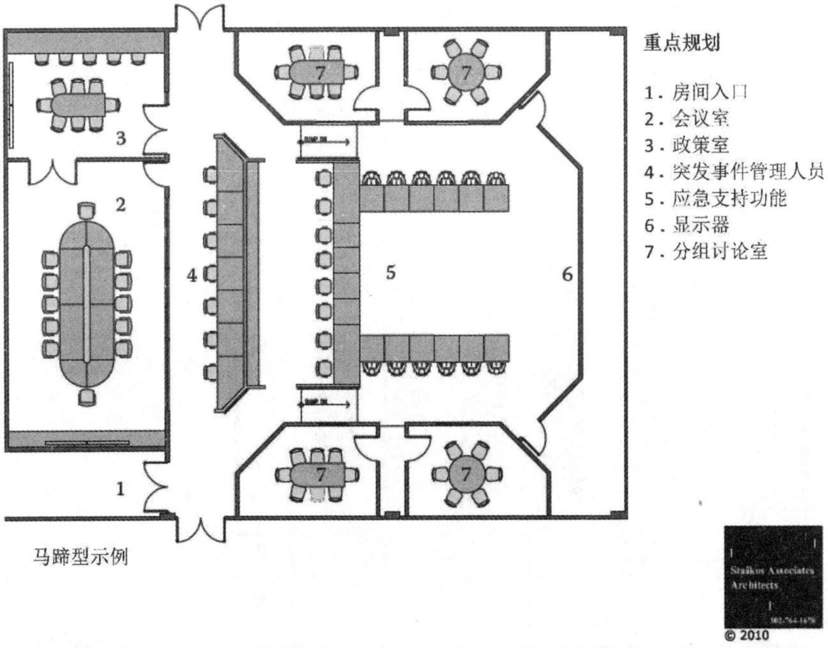

图 10.3 马蹄型

体育馆/剧场型

随着空间任务的出现，体育馆/剧场型布局变得很受欢迎，其中多项活动可以共同显示供许多参与者使用。房间通常与控制台层叠在一起，以便显示信息，不被遮挡（图 10.4）。它适用于受军事模型影响的指挥与控制模型。

优点

1. 房间的视觉焦点允许所有参与者分享需要的信息；容易查看消息和图片信息。

2. 由于人们总是询问发生了什么，最大限度地减少了过量噪音的产生。

3. 让注意力集中在可能解决群体问题的发言者身上。

4. 突发事件管理人员的职责是监督 OPS 场地的活动。

5. 技术已完全部署和测试，因此几乎可以立即启动。

6. 无须重新构型就可以有效地用于多用途培训。

7. 邻近或位于 OPS 楼层的分组区域或小型会议室。

8. 分层概念允许忽略场外的行政管理人员。

9. 允许经设计的声学和灯光控制方法到位。

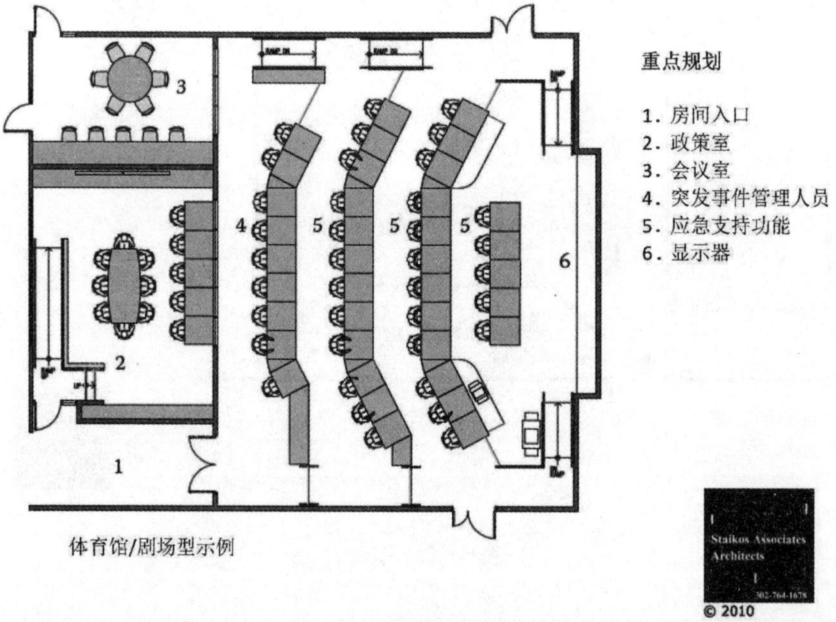

图 10.4　体育馆/剧场型

缺点

1. 专用空间限制了多用途的使用。

2. 虽然可以很容易地重新分配位置，但它本身不适用于集群或响应机构分组。

3. 尺寸显示必须随着房间的整体进深而增加。

4. 需要在房间前面的缓冲区域保持最佳的视角。

5. 房间比例由显示特性决定。

6. 大型团队协作必须在休息室进行。

协作群组/剧场型

协作群组/剧场型布局允许建立 ESF 功能集群，同时，为显示的信息提供共同的焦点。构型建立了小组负责人，允许负责人在其位置上直接进行语言和视觉交流，允许同步事件数据（图 10.5）。

优点

1. 分组或 ESF 集群适合 7 到 11 名参与者，因为可以控制说话水平。

2. 在房间前部，向所有参与者提供可以查看的显示信息。

3. 逐步构型以提供清晰的视线。

4. 小组负责人与团队成员和信息显示之间直接进行目光接触。

5. 为 ESF 小组之间私下开会提供房间。

6. 分组讨论房间可以位于剧院/体育馆布局的任一侧。

缺点

1. 小组的一部分视角受限。

2. 在不跨 POD 结构迁移的情况下，不容易适应不断变化的 ESF 人员。

3. 随着房间纵深的增加，显示器面积需要放大，这影响了靠近显示器的那些人的最佳视线。

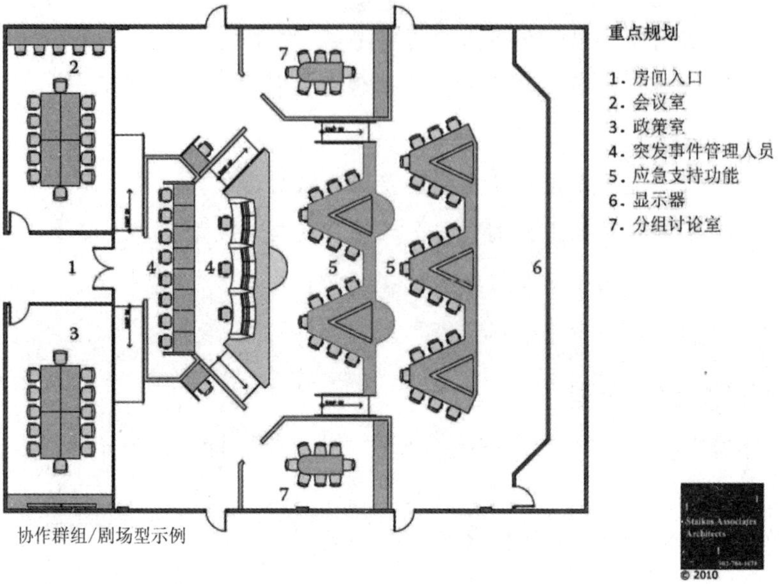

图 10.5　协作群组/剧场型

鸢尾花型

鸢尾花型布局是在没有层次结构的情况下形成的，其中没有明显的房间领导地位（图 10.6）。在联合国安理会布局中可以看到这种对平等的尊重。

优点

1. 向内聚焦不分等级。
2. 可接受的视线，但参与者数量有限。
3. 在 OPS 室外分组群集/合作。

缺点

1. 由于需要将展示墙放置在较高的位置，因此视线角度较差。
2. 由于采用多个显示墙导致了有限的单点概览/观察机会。
3. 平层/平面 OPS 地板降低视线。
4. 常规活动的灵活性较差。

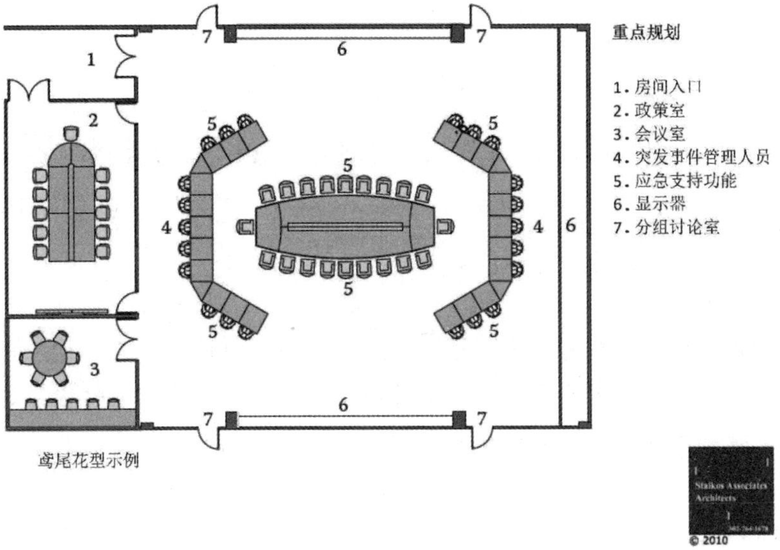

图 10.6 鸢尾花型

结论

正如读者所理解的那样，当今应急运行中心的设计是一个复杂的问题，它需要了解功能需求、操作方法和系统技术。无论采取什么设计方向，这个工作场所都必须适应不断变化的系统、管理风格和任务目标。这可以通过协调一致的团队规划工作来完成，让应急管理人员、建筑和工程设计专业人员以及设施管理团队充分参与，以创建一个灵活、可靠和可维护的综合体。当协作开始实施时，基于需求评估、规划、面向团队的设计，并持续进行现场表现评估，可以确保每个人的声音都能被听到。此外，如果执行折中的方案，就会促进双赢，因为所有人都会意识到限制因素，这能够促进认同并产生一个好的结果。

第十一章　ICS/EOC 界面

迈克尔·法格尔

事后报告和毁灭性灾难研究已经确定需要在应急运行中心（EOC）管理中分配额外的信息。尽管恐怖主义事件很少见，但对于这些事件也是如此要求。恐怖主义事件导致的重大突发事件可跨越多个辖区，可能需要大规模的应对活动。应急服务必须准备就绪，通信系统必须到位。

每个社区，无论规模大小、都市还是农村，都能够在紧急情况下通过建立 EOC 来提高其集中信息流的能力。EOC 是社区灾难规划、响应和恢复的关键。事实上，EOC 对挽救生命和减少财产损失至关重要。为确保在应急管理的各个阶段进行有效的协调，应急管理人员将与其他 EOC 工作人员、当选官员和私营部门团体成员进行密切的团队合作。

EOC 管理和运行：责任

许多需要在 EOC 完成的与应急相关的职责或任务由应急管理人员来协调，但也可由应急管理人员指定的其他人员来执行。这个人经常被赋予与 EOC 管理和运行相关的主要职责，其他指定的 EOC 工作人员可能会执行非紧急任务。

EOC 管理和运行的职责、责任可能因辖区而异，然而，任何指定人员都需要执行核心任务。其中一些任务可能会在 EOC 启动之前出现，而另一些则在 EOC 启动之后出现。当 EOC 启动时，额外的责任涉及在紧急情况下众多活动的指导、控制和协调。图 11.1 列出了 EOC 管理的典型职责。

建立应急运行中心的基础

在建立 EOC 之前，应该建立一个辖区的应急行动预案（EOP）和执行危害脆弱性分析。这两个文件中所包含的大部分信息可以用来确保设计和开发一个高存活性的 EOC，这些文件也将有助于制定政策和程序。

应急行动预案

正如前一章所述，EOP 应描述一个辖区的预案——在恐怖主义事件期间如何保护公民和财产——以及资源识别和管理系统。EOP 必须有效地将运行概念转化为有效的应急响应。

1. 突出或圈出执行或预计执行的每项任务
   a. 协助 EOC 的选址和设计
   b. 组建/召集计划小组/委员会
   c. 使用危害/脆弱性分析来帮助 EOC 选址/设计
   d. 定义 EOC 的功能
   e. 确定运行 EOC 所需的人员数量
   f. 确定 EOC 的空间要求
   g. 确定 EOC 的资金需求
   h. 评估和评价 EOC 的功能布局（即运行效率）
   i. 制订临时行动的应急计划
2. 协助准备 EOC 运行（即充分发挥功能）
   a. 协助确定通信需求
   b. 协助定义生命支持需求
   c. 协助确定所需的操作设备/供给
   d. 确保程序已到位，以维护支持系统和设备

图 11.1 EOC 管理和运行的责任

危害和脆弱性分析

因为袭击方式的多样性，美国的所有地理区域都很容易受到恐怖主义袭击。识别这些危害必须同时确定每一项危害的风险。

利用 EOP 和危害分析设计 EOC

各种与恐怖主义有关的危害将对不同事项的能力产生不同的影响，包括在事件中幸存的能力，继续指导、控制、管理和协调辖区范围内的紧急行动的能力，继续指导、控制、管理和协调与其他州和地方政府以及联邦政府联

合的紧急行动的能力。

EOC 的设计标准取决于可能影响辖区的恐怖主义灾难的类型。尽管在所有的环境中都可能存在一些恐怖主义威胁，但那些人口稠密的地区以及那些靠近军事和公用设施的地区，在设计 EOC 方面会有不同的考虑。在设计 EOC 时，危害和脆弱性分析为确定最坏情景提供了良好的基础。EOC 最关键的部分是它能够在不间断运行的情况下缓解紧急状态（见图 11.2）。

保护需要成为规划、建造、修改或装备辖区整体的一个组成部分。需要保护人员免受各种情况的影响，需要对 EOC 位置、结构完整性和安全程序进行仔细检查。

图 11.2　EOC 的建立（由 FEMA，Savannah Brehmer 提供）

政策和程序的制定

无论你的 EOC 有多成熟，如果你没有制定 EOC 管理的政策和程序，你的 EOC 将无法在恐怖主义事件中自保。有效的 EOC 管理和运作依赖于在与恐怖主义相关的紧急情况发生之前制定的书面政策和程序。没有这些书面指导方针，就不能在突发事件中进行有效的协调和响应。

每个 EOC 都有其独特的要求，取决于辖区及其人口和地区。然而，某些标准的政策和程序将适用于任何EOC。这些标准政策涉及：

· 通信
· 生命支持
· 设备和供给
· 文件和记录保留

图 11.3 准备安装的应急电话（由 FEMA，Patsy Lynch 提供）

通信政策和程序

无论袭击的性质如何，充分的沟通对于一个辖区能够有效地指挥其应急响应人员应对恐怖主义袭击至关重要。因此，必须制订在紧急情况下有效使用大量通信系统的计划。应该咨询通信专家，以确保 EOC 通信系统功能完备、与其他系统兼容，并且能够处理紧急情况下呼叫增加的需求。从 2001 年 9 月 11 日的事件中获得的一个重要教训是，沟通混乱（取代了用于冷静和有效地监视、指导响应的沟通）导致现场出现更多问题。

制定通信标准操作程序

EOC 通信标准操作程序（SOP）不能解决所有重大问题（特别是当某些类型的恐怖袭击的可能影响仍在研究中，还需要从应急管理角度进行充分理解时），但正确设计的程序可以减轻其严重程度。一些典型的 SOP 包括以下内容：

- 可用的通信系统
- 频率列表
- 通信人员的调用和提醒程序
- 位置和通信用品与设备
- 通信设备的设置程序
- 通信人员的任务和责任
- 内部面对面沟通程序

生命支持政策和程序

在某些紧急情况下，EOC 工作人员可能会被隔离较长一段时间。因此，重要的是要有生命支持系统，以确保 EOC 员工可以维持长达两周的时间。

确定应急运行中心的生命支持要求

无论你的辖区位于何处，总会有许多机构、公司和志愿者团体愿意协助你规划恐怖主义袭击应对行动。有些人甚至可以免费或以较低的成本提供商品和服务。如果你与需要付款的供应商合作，务必签订协议备忘录以及其他类型的法律协议或采购合同，以确保在需要时可以提供货物和服务。在试图处理恐怖主义袭击所要求的应急响应时，缺乏组织或预计提供的东西尤其具有破坏性。

跟踪 EOC 所需的货物和服务

一旦确定了 EOC 所需的货物和服务的来源，应该保留可用的名称和电话号码列表。以下是 EOC 的最低生命支持要求清单：

- 住宿安排——需要为有睡眠需求的 EOC 人员提供一些类型的住宿安排；两层或三层铺位可以用来节省空间，睡袋和便携式床上用品应存放在靠近 EOC 的地方
- 食品服务——计划有足够的食物至少够 EOC 人员维持 14 天
- 水——水应该到位；水龙头的水可能是不可饮用的，特别是考虑到恐怖主义袭击可能发生或呈现的方式，瓶装水或水消毒片也存在这种问题；计划每人每天至少需要 10 加仑的水；水也必须可用于淋浴、垃圾

处理系统等

- 卫生设施——应提供厕所、淋浴、洗衣和垃圾处理等设施，但应远离运行区域；卫生纸等用品应当随时可用，以满足更多人使用该设施所带来的需求
- 医疗用品——医疗用品应限于那些医疗操作的人员；急救箱和额外的绷带、防腐剂，以及用于治疗腹泻、头痛、便秘和轻微呼吸系统问题的药物供应是优先事项
- 加热、通风和空调（HVAC）——设备应始终保持令人舒适的状态，确保有适当的程序来替代失效的 HVAC 调节系统；电池驱动的备用设备应该处于可用状态

可能有一些联邦、州和地方的生命支持系统标准。你应该向你的记录和文件办公室查询有关这些标准的最新信息。如果你不这样做，可能会不符合要求。这些标准有助于确保维持生命支持系统最低的可接受的性能和运行水平。

生命支持系统是成功的应急行动的重要组成部分。因此，重要的是要执行定期的培训和演练。应该统计事后的评论并将其反馈到你的工作计划中。

操作设备和供给政策和程序

对于运行 EOC，没有最佳供给需求的标准。需求将取决于事件的类型、在 EOC 工作的工作人员的数量、EOC 的规模以及太多难以在此列出的其他因素。如果你所在社区留存有历史数据，将审查这些信息作为评估需求的手段可能是个好主意。但是，请记住，对功能完备的设备和供给充足的估计应以两周的工作时间为基础。尽管其他恐怖主义事件可能没有那么严重（而且也不能进行安全的假定），但考虑到 2001 年 9 月 11 日袭击事件的响应所需要的时间，长期的供给可能是必要的。

在紧急情况之前，人们越重视获得适当的供给，你就越不需要依靠备用计划来获取供给。在选择设备时，无论是初始购买还是备份计划，应考虑以下因素：

- 机动性——由于在危机期间条件会发生变化，EOC 的配置必须灵活，不应使用大体积、笨重或难以携带的用品和设备

- 可靠性——设备应该耐用、可靠，如果设备有故障的倾向，那么备件、维修指令和维修培训应包括在计划工作中，并在可能的情况下纳入SOP；电池应该是可循环利用的（译者注，充电电池）
- 电气兼容性——所有电气设备都应在EOC电源上进行测试，所有设备的操作标准都要与应急电源标准相比较
- 可持续性——主用电源常常失效，所以，你应该计划备份方法来操作设备，同样，你必须有备用电源，例如电池或发电机，如下应该就位：
    - 备件，用于照明、通信、通风和其他必要的维护
    - 辅助照明，如手电筒、电池和灯泡
    - 办公室材料，包括足够的表格、铅笔、回形针、胶带、便条纸等；计算机设备不应该依赖于外部的数据库，因为它们可能会失效，保留手动打字机处于可用状态，以防出现电力故障
    - 记录设备，如即时照相机和电池驱动的录音机
    - 对某些危害可能需要的专用设备，如因恐怖袭击而发生的危险品事故

一旦获得了最初的设备，你就应该有配套的SOP来维护和获取备份设备与用品。

维护合同

检查和维护时间表用于确保所有设备都在需要的时候处于可操作状态。你不需要一个复杂的系统来跟踪检查和维护计划，但重要的是要有某种类型的系统来监视这些时间表的执行情况。

如果你可以访问计算机，应该使用数据库跟踪系统来开发和维护时间表。所使用的任何调度系统都应该包含以下元素：

- 设备描述，包括型号、序列号和制造商
- 供应商的名称、地址和电话号码
- 合同号和账户信息
- 购买或租用设备的日期
- 最后检查或维修的日期
- 下次检查或维修的日期

· 合同到期的日期

如果设备的关键部件没有维修合同，应立即安排安全措施。可以购买设备或其他类型的资源，或者可以建立谅解备忘录，以确保可以在紧急情况下获得设备。

谅解备忘录和互助协议

谅解备忘录（MOU）是机构之间的协议，包括辖区的内部和外部机构，目的是在应急响应期间协作一致和提供服务。所涉机构通常维持对其工作人员的指挥，同时，配合社区现有的常规资源，最大程度地向社区提供具体的服务。

互助协议确保有可用的资源和后勤支持，以帮助管理恐怖主义事件的响应。它们必须按照州和地方现有的法律来写。它们应该包括关于跨边界的自由访问、资源和工作人员的指挥、工作人员的报酬、支持条款和保险的讨论。有些州甚至掌握了你的辖区可能签署的互助协议。所有的 MOU 和互助协议都应定期审查，以确保条款仍然有效。

记录和存档

在灾难或应急工作已经完成一段时间之后，几乎不可能准确和适当地完成必要的记录。因此，无论怎么强调及时有效记录的重要性都不为过。你必须知道要保存什么、如何保存，并且让一个熟悉的人在紧急情况开始时就保存这些记录。

如果恐怖主义袭击态势升级，发展成为重大的灾难，将需要适当的文件来证明需要报销的地方开支。如果没有适当的记录保存，EOC 可能会损失相当多的钱，因为还需要赔偿那些不需要报销凭证的费用。

大多数 EOC 记录和存档属于以下类别之一：

· 需要执行应急行动的记录和数据库
· 需要重建政府和恢复的记录
· 政府的持续计划，包括批准的继任计划

在你的州和当地社区中，对灾害响应的信息需求进行识别和编码是非常必要的。初级和备用 EOC 应包含用于维持应急运行所需的信息数据库和记录，并为这些数据制定备份规定。

虽然信息需求会因辖区的不同而有所不同，但每个 EOC 应保持信息类别大致相同。对于所列出的每一种记录，其中有关联系人的相关信息、联系方式、地点、目的和其他适当的信息都应该以结构化的方式记录下来，以便在紧急情况下容易获得。

- 警报
- 通知
- EOC 启动
- 避难所
- 运输
- 食物和水的供应
- 医疗援助
- 碎片移除
- 损失评估
- 灾难援助
- 公共信息

在与地方辖区合作的情况下，州必须建立一个系统来保存必要的重要记录，以便重新组成政府，并进行恢复工作。

结论

准备你的辖区的 EOC 似乎是一项艰巨的任务，但对确保你的辖区能够有效应对任何恐怖主义相关的事件来说是绝对有必要的。重要的是要记住，你和你的辖区都有可用的资源。位于马里兰州埃米特斯堡的应急管理学院通过全国范围的教学计划，为加强美国的应急管理实践提供了培训。

第十二章　运行计划的连续性

查德·鲍尔斯

运行计划的连续性

运行计划的连续性（COOP）有助于在全灾害的紧急情况或其他可能干扰正常运行的情况下执行基本功能。连续性计划是公共机构和私人实体对我国公民的一项基本责任。在破坏正常运行的紧急情况下，连续性计划促进基本功能的执行，并在紧急情况结束时，及时恢复正常运行。一个强有力的连续性计划为组织提供了在紧急情况下解决执行基本功能和服务的众多问题的手段。如果没有详细和协调的连续性计划以及有效的连续性方案，辖区就有可能面临无法为我们国家的公民提供重要服务的风险，这些服务可能是他们那时最需要的。

美国的政策是维持一个全面、有效的业务连续性能力，包括运行的连续性和政府项目的连续性，以确保我们的政府保留在宪法保护下的运作形式，以及在如下所有条件下政府运行和功能的连续性：

- 国家安全总统指令51（NSPD-51）
- 国土安全总统指令20（HSPD-20）
- 联邦连续性指令1（FCD1）
- 联邦连续性指令2（FCD2）
- 连续性指南通告1（CGC1）

必须将连续性要求纳入所有机构的日常运作中，以确保任务基本功能（MEF）/主要任务基本功能（PMEF）能力的无缝衔接和即时延续，这样国家公民还能获得关键的政府功能和服务。

连续性计划是确保在任何情况下执行基本功能的良好业务实践。连续性计划包括辖区执行的所有活动，以确保其基本功能得以执行。这包括描述基本职能、指定接任和紧急授权的计划和程序；提供重要记录和数据库的保管；确定备用的运行策略；提供连续性通信；通过测试、培训和演练（TT&E）程序来验证这些能力。现今不断变化的威胁环境和可能没有引起注意的突发事件，包括地方性自然事件、事故、技术系统故障、军事或恐怖主义袭击相关的事件，增加了对各级政府和私营部门的持续能力和连续性计划的需求。

连续性计划的目标是将任何破坏性事件的结果降低到可管理的水平。特定组织的连续性计划的具体目标可能会因其任务和职能、能力和整体连续性战略而有所不同。一般而言，连续性计划是用于：

- 将人员伤亡和财产损失最小化
- 减少确实发生的中断的持续时间、严重程度或波及范围
- 及时、有序地恢复基本职能，恢复正常运行
- 保护基本设施、设备、记录和资产
- 无论是否有警告，均可执行
- 符合组织的运行要求；连续性计划可能需要在启动后的几分钟内就开始运行，这取决于基本的功能或服务，但肯定应该在启动后的 12 小时内就开始运行
- 满足组织的连续性需求；一个组织可能需要计划连续运作达 30 天或更长时间，这取决于资源、支持关系和所采用的相应的连续性策略
- 确保在紧急情况下的基本功能和行动的持续执行，包括那些需要超出传统连续性计划之外的需要额外考虑的流感大暴发
- 在充分考虑了其他有关的组织、政府和私营部门的连续性计划和程序的前提下，提供一个综合和协调的连续性框架

连续性计划的责任在于组织的最高管理层。高级民选官员或国家、地方组织的行政长官最终负责在紧急情况提供基本服务，以及实施相关计划。组织责任通常包括制定战略连续性和总体政策、任命关键的连续性人员以及制订提供足够的设施、设备和培训的预算计划。

组织连续性计划不能孤立地进行。一个连续性计划的有效性往往取决于

另一个组织的连续性计划的执行，因为许多机构的功能依赖于由另一个组织所控制的资源或功能的可用性，这种相互依赖经常发生在政府和私营组织之间。同样，许多政府的连续性计划依赖于私营组织的资源，特别是在重要基础设施和关键资源领域。

连续性计划和方案的有效实施需要高层领导和决策人的支持，他们有权承诺组织和必要的资源来支持这些计划。应急管理人员经常负责制订或协助制订其辖区内的连续性计划和项目，他们也可协助在紧急情况和灾害期间重建基本功能和服务。

一个组织的恢复力与其连续性能力的有效性直接相关。一个组织的连续性能力——持续执行其基本功能的能力——依赖于关键的组件和支柱，而它们又反过来建立在连续性计划和项目管理的基础之上，这些支柱是领导力、员工、沟通和设施。组织内连续性项目的工作人员应协调和监督连续性计划和支持程序的制订和执行。

支柱 1 和支柱 2：人员/领导力和员工

领导力的连续性对于确保基本功能的连续性至关重要。在缺乏现有的领导力和必要的授权的情况下，各组织应提供明确的继任者制度，以确保继任的领导人有法定和其他权力来履行其职责。危机期间的领导力连续性，特别是在高层领导的连续性，对于让国家放心、让公民有信心来说是非常重要的，因为这表明主要或适当的继任者正在管理危机和确保基本职能的履行。领导者需要设定优先级并保持专注。

领导和工作人员应该得到充分的培训，以便能够持续地履行其职责。为了确保所需的技能，人员应该是经过交叉培训和垂直培训，以便能够在紧急情况下履行他们的同伴和上下级人员的职能。

支柱 3：沟通和技术

沟通能力对日常运行至关重要，而在危机中绝对必要。国内和国际的电信资源，包括商业、私人和政府所有的服务和设施，是支持连续性计划和项目的必要条件。所有组织都应确定在常规和连续性条件下执行其基本功能所需的通信需求，通信系统和技术应该具有互操作性、稳健性和可靠性。规划者应该考虑他们的系统在可能导致电力和其他基础设施问题的灾难情景中的恢复力。

组织应该使用技术作为日常操作的固有部分来执行其基本功能，包括适当地利用声音、数据和视频解决方案。通信和业务系统，包括连续性运行的硬件和软件，应该反映在日常业务中，以协助连续性领导和工作人员无缝过渡到危机运行中。

支柱4：设施

设施是领导和工作人员执行基本功能的地点，组织应该有足够的单独地方来确保其功能的执行。物理分布应该允许在一个地点出现问题时可以轻松转移其职能责任。

基础：连续性计划和项目管理

虽然一个组织需要领导者、员工、沟通和设施来执行其基本功能，但它也需要经过深思熟虑的详细计划才能处理这些重要资源。计划应包括执行基本功能所需的所有要求和程序。

其他关键连续性概念包括地理分散、风险管理、安全、准备和防范。组织正常运行的地理分散可显著增强组织的恢复力，并降低失去执行基本功能能力的风险。在发生灾难性事件后，领导力、数据存储、人员和其他能力的地理分散对于执行基本功能可能至关重要，并将能够在需要社会隔离的事件（例如，流感和其他生物事件）期间实现业务连续性。

风险管理是识别、控制和减少不确定事件影响的过程。安全是任何保护计划、人员、设施和能力的连续性项目的关键要素，目的是防止对手干扰连续性计划和运行。为确保连续性运行的安全性和成功性，有效的安全策略应解决人员、物理和信息安全问题。

连续性项目管理周期

标准化的连续性项目管理周期确保了所有连续性项目的一致性，并支持构成国家连续性能力的基础和支柱。它建立了统一的性能指标、优先实施计划，颁布最佳实践，并促进统一的跨机构连续性评估。这种基于循环的模型，包含计划、培训、评估和纠正措施的实施，为主要领导和基本人员提供了履行其连续性计划管理职责所需的基准信息、意识和经验。连续性项目管理周期不仅包括其计划要素，还应包括支持连续性项目实施的计划和程序。这些计划和程序也应在事件发生前后进行评估、测试或演练，并在制订纠正措施计划期间进行评估。从测试和演练中发展而来的客观评估和评价，提供了关于连续性计划、程序和培训的反馈。这个反馈反过来支持纠正行动过程，它有助于确定优先事项、通知预算决策，并推动计划和程序的改进。如图 12.1 所示，该连续性项目管理周期应被所有组织在开发和实施其连续性计划时使用。

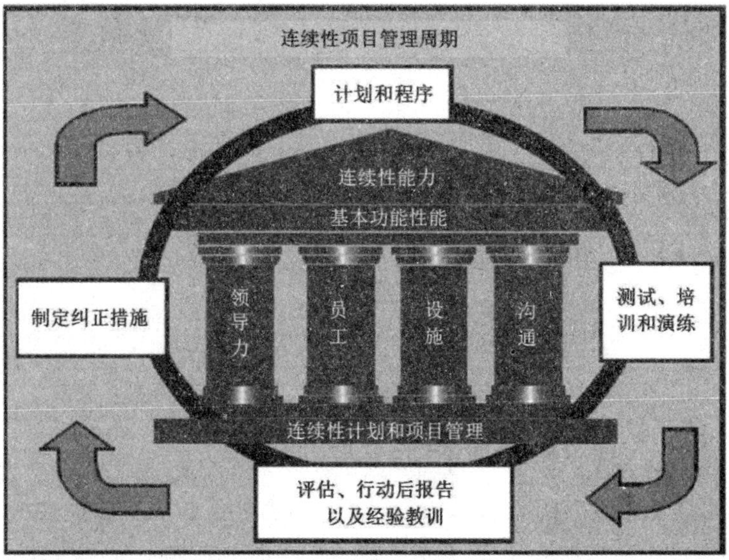

图 12.1　连续性项目管理周期

为支持连续性项目管理周期，组织应制订连续性的多年战略规划和项目管理计划。项目管理计划提供了连续性能力的制订、维护和年度审查内容，要求组织：

- 如适用，指定并审查 MEF 和 PMEF
- 为计划和程序定义短期和长期的目的与目标
- 确定实施该项目的问题、担忧和潜在障碍，并酌情制订解决这些问题的策略

- 建立计划、培训和演练活动，以及完成这些活动的计划安排
- 确定支持该项目所需的人员、基础设施、通信、交通和其他资源
- 预测和制订预算需求以支持该项目
- 应用风险管理原则，以确保适当的运行准备决策是基于攻击或其他事件及其后果的可能性来制订的
- 酌情将地理分散纳入组织的正常日常运行
- 整合组织的人员、物理和信息安全策略，以保护计划、人员、设施和能力，防止对手干扰连续性计划和运行

每个组织都应制订一个纠正行动计划（CAP），以协助记录在 TT&E、评估和应急行动期间发现的资源连续性问题，并确定其优先次序。

基本功能

所有组织都应确定他们的基本功能及相关的优先顺序，并将其作为连续性计划的基础。广义而言，基本功能就是那些使组织能够在紧急情况下提供重要服务、行使公民权利、维护公众安全并维持工业/经济基础的功能。

基本功能的确定和优先顺序是连续性计划的先决条件，因为它们确定了推动组织在所有其他计划和准备领域的规划参数。在发生中断或可能中断正常活动并且需要启动连续性计划的情况下，资源和工作人员可能会受到限制，从而阻止组织执行其所有正常功能或服务。因此，被确定为关键活动的一组功能被定义为组织的基本功能。然后，这些基本功能用于确定应包括在组织连续性计划过程中的支持任务和资源。

国家连续性政策实施计划确定了 3 类基本功能：国家基本功能（NEFs）、主要任务基本功能（PMEFs）和任务基本功能（MEFs）。联邦行政部门连续性的最终目标是 NEFs 的连续性。为实现这一目标，非联邦实体的目标是酌情确定其 MEFs 和 PMEFs，并确保这些功能可以在整个过程中持续下去，或在正常活动中断后迅速恢复。

8 个 NEFs 代表了联邦政府领导和维持国家的首要责任，它们是联邦政府在紧急情况期间和之后的领导力的主要焦点。

PMEFs 是必须执行的 MEFs，以便在紧急情况之前、期间和之后支持NEFs的性能。PMEFs需要持续执行或者在事发 12 小时内恢复，并维持长达 30 天或直到恢复正常运行。MEFs 涵盖了更广泛的基本功能，不仅包括组织的 PMEFs，还包括所有其他组织功能，它们是在整个过程中必须持续下去或在正常活动中断后迅速恢复的、但不会达到 PMEFs 水平的功能。MEFs 是使组织能够在正常运行中断期间提供重要服务、行使公民权利、维护公众安全并维持工业与经济基础的功能。

在确定组织的基本功能并将其分类为 MEFs 或 PMEFs 时，具有事件管理职责的组织必须将这些功能纳入其执行这些功能的连续性计划要求中。将连续性计划与事件管理计划和运营相结合，它包括了国家响应框架（NRF）中划定的责任，并与组织执行其基本功能的能力相关联。

简言之，MEFs 是组织需要完成的被认为“可操作”的责任或任务。每个组织都有其独特运行职责。因此，每个组织都必须拥有自己独特的需要执行 MEFs 清单，并且所有这些功能都出于不同目的来确保政府的连续性。以下是来自各个组织的 MEFs 清单的示例：

- 运送犯人进出法庭（警察）
- 记录并处理新来的罪犯（警察）
- 对应付账款日志进行日常审计（会计）
- 探测并扑灭城市、农村和荒野的火灾（消防）
- 应对 9·11 呼叫和交通伤害（EMS）
- 向结核病/ HIV 患者发放药物（医疗健康）
- 检查和维护水/废水系统（公共工程）

在列出 MEFs 时，组织首先需要确定该功能必须进行的频率（每日、每周、每月）。接下来，组织需要确定完成该功能所需的人员数量以及可能需要的任何专业资源（车辆、工具、软件等）。一旦组织添加了 MEFs 到列表中，则需要根据功能的重要性制订优先级别。组织也必须记住，也可能有法律、条例和法规规定的组织必须执行的功能。图 12.2 提供了一个组织如何创建和显示其基本功能列表的例子。首先是中断的时间长度，然后是执行功能的优先级。

优先级	功能	任务分配
第 1 层——在一天中断的情况下要执行的功能（优先级从高到低）		
#1	记录土地记录、地图、商品名、武装力量，并编入索引	土地记录
#2	接收出生、婚姻、死亡和埋葬记录，并编入索引	重要统计数据
#3	颁发结婚证和民事关系伴侣证	重要统计数据
#4	对所有交易收取费用、打印报告，将收据传送到会计	会计
#5	为律师、标题搜索者、系谱学者及公众提供公众档案（土地记录、地图、商业名称、记录等）；根据要求，提供以上材料的复印件	行政服务
第 2 层——在一天到一周中断的情况下要执行的功能（优先级从高到低）		
#1	扫描土地记录、商品名	土地记录
#2	将两周的工资记录发送给会计	会计
#3	注册公证、名称变更；执行认证	重要统计数据
#4	跟踪公共部门的职位空缺，并按要求通知州	行政服务

图 12.2　已按优先级排序的基本功能示例

人力资本

人员对任何组织的运作都是至关重要的。为一个组织选择合适的人选至关重要，尤其是在危机形势下，领导者需要设定优先级并保持专注。在连续性事件中，应急员工和其他特殊类别的员工将被组织启动以执行指定的响应职责。其中一种是连续性人员，称为紧急搬迁组、搬迁队或类似的由指定人员构成的小组。

一个组织的运行方案、计划和程序的连续性应该包含现有的组织特定的人力资本管理指导方针，这些可以包括薪酬、休假、工作安排、福利、远程工作、招聘、权威和灵活性等方面的指导。组织的连续性协调员（或连续性管理人员）应与组织的人力资本主管或人力资源主管密切合作，解决与连续性事件有关的人力资本问题。人力资本问题可以通过可用的法律、法规和政策以及组织实施指令来解决。

与连续运行相关的领导、工作人员和人力资本的规划以及准备工作包括下列 6 项活动：

- 组织应制订和实施识别、记录、沟通和培训连续性人员的程序
- 各组织应向连续性人员提供他们应采取的个人准备措施的指导，以确保对连续性事件做出协调一致的响应
- 组织应实施与所有员工沟通组织运行状况的程序
- 组织应实施在发生紧急情况时联系和告知所有工作人员的程序
- 组织应确定人力资本联络员——一名连续性协调员或连续性管理人员——在制订组织的应急预案时与该组织的人力资源和应急规划人员合作
- 组织应实施一个过程，向管理人员传达他们的应急人力资本指导（薪酬、休假、人员和其他人力资源的灵活性），并使员工意识到这一指导致力于帮助组织在紧急情况下继续执行基本功能

连续性团队和领导

下列职责分配给指定实体的领导。政府组织在确定和支持公众的需要以及确保持续提供日常基本服务（例如，警察和消防服务、道路建设和公共教育）方面发挥着不可或缺的作用。这些组织应在制订和协调连续性计划方面与部落、地方政府、州政府、联邦政府和私营部门合作。这种协调有助于促进资源的重新采购和分配，以便在适当的情况下制订连续性计划和采购应急响应设备。

民选官员/行政连续性团队

在所有层级的辖区内，民选官员负责确保连续性项目具有适当的资源，负责任和有效的连续性领导与管理人员被任命或雇用来指导这些项目。民选官员应该为辖区内的所有部门或其他办事机构建立行政连续性小组。民选官员应该签署最终的由行政连续性小组和辖区内每一个参与连续性计划的组织制订的计划和政策。

计划小组

连续性计划小组协调整个组织的连续性计划和职责。这些职责包括：

- 组织的整体连续性协调

- 为组织的连续性计划的制订提供指导和支持
- 为各组织或办公机构指定计划小组成员，这些成员将作为主要的连续性协调组织成员，并代表各自组织在论坛上交流有关连续性计划、程序、资源的想法和信息
- 协调连续性演练，记录演练后的经验教训，并执行定期的组织连续性能力评估
- 了解相邻辖区和组织在某类紧急情况下可能会发挥的作用，以及这些相邻组织可能提供的支持
- 了解他们的连续性资源和支持能力的局限性
- 预测相邻组织或互助资源提供需要的帮助

在组建连续性团队时，计划人员知道每个成员的联系方式以及每个成员在团队中服务的角色。图 12.3 中提供了一个连续性计划团队的层级。

COOP 计划团队		
名称/标题	电话/邮箱	COOP 计划团队角色
Jane E. Davis 计划团队主任	W：605－555－1234 H：605－555－1234 C：605－555－1234 jdavis@ Monroe. com	作为计划团队主管，在提交最后批准版本之前，将审查 COOP 计划的所有变化。
Jennifer Hughes EMS 部门经理 应急服务	W：354－554－6645 H：458－658－5995 C：856－959－6857 P：785－856－9832 Jen@ mail. com	作为计划团队的主要协调员，其职责包括安排会议、通知团队成员开会。
Ben Wallace 员工协调员 急救服务	W：774－662－5553 H：343－223－2233	每季度将审查和更新 COOP 计划文件。
Chris Matson 运行经理 应急服务	W：774－663－5546 H：647－663－5524 Chris@ email. com	负责机构工作人员的培训，其职责包含在 COOP 事件准备计划之内。
Adam Sharper 培训协调员 消防和救援	W：854－857－9669 H：854－54－2545 Asharper@ aol. com	将记录所有 COOP 的发展和变化。

图 12.3　连续性团队成员、联系方式和团队角色示例

团队成员负责以下工作：

- 了解他们在各自组织内的连续性的角色和责任
- 了解并承诺在一个连续性环境中履行职责
- 理解并愿意在连续性的情况下履行职责，以确保组织能够继续保持其基本功能
- 确保在紧急情况下家庭成员做好应对准备并能照顾好自己

继任顺序

所有组织都负责建立、颁布和维护关键岗位的继任顺序。简单地说，继任顺序可以用“谁是下一个?”来概括。制定明确的继任制度是至关重要的，以防在事情发生的情况下，领导层级会变得疲惫不堪或无力履行其法定和授权的职责、角色与责任。

卫生主任的继任者			
职位	头衔	机构	姓名
主要	卫生主任	门罗县卫生部	Bill Callahan
第一顺位	副主任	门罗县卫生部	Joanne Bowers
第二顺位	运行主任	门罗县卫生部	Nancy Rogers
第三顺位	救援主任	门罗县卫生部	Lucy Kloss

图 12.4　继任顺序的示例列表

被指定的继任者，可以在当事人死亡、失能或辞职时行使当事人的权力。继任顺序使得组织内部的领导过渡有序和经预先确定。继任顺序是连续性计划的重要组成部分，应有足够的深度和广度——至少涉及 3 个职位，可能的情况下实现地理上的分散，以确保在任何紧急情况下都能继续执行基本功能。图 12.4 提供了一个组织继任顺序的例子。

最低限度，继任顺序应如下：

- 建立继任领导顺序；应指定一名合适的官员来担任临时负责人，直到官方正式任命永久接替的官员，或以其他方式解除其职务

  - 地理分散包括，如果适用，继任线上的地区、现场或远程领导，以鼓励和确保作用与责任可以转移到所有的突发事件
  - 如果存在合适的现场结构，则应按照继任顺序考虑位于主题区域之外的适当人员
- 建立其他关键领导职位的继任顺序，包括行政管理人员、关键管理人员和其他关键任务人员或同等职位；在这些职位上的权力下放也应该建立相应继任顺序
- 用职位或头衔来描述继任的顺序，而不是用那些拥有这些职位的人的名字；为确保其合法的充分性，与总法律顾问或其他具有同等法律效力的机构共同制定继任顺序
- 制定指定官员在面临继任问题时应遵循的规则和程序
- 根据适用的法律和程序，在继任程序中明确继任条件、通知的方法以及由继任顺序规定的当局的任何时间、地理或组织的限制
- 在重要记录中记录继任顺序，并确保它们在连续性计划被启动时设施或其他运行地点连续可用
- 根据需要修改继任顺序，并在变更发生时及时发布修订

授权

为确保对需要实施连续性计划的紧急情况做出快速响应，组织应酌情对现场、远程或其他层级的官员进行授权以便作出政策决定和其他决定。建立授权至关重要，以便所有组织人员都知道谁有权在连续性情况下作出关键决策。一般而言，当正常的指挥和控制渠道中断时，预先授权将生效，并在这些渠道重新建立时失效。

主用设施

在制订连续性计划时，首先确定组织运行的地点很重要。这些信息用于确定当前支持组织在正常情况下运行的设施类型和具体要求。

备用设施

作为连续性规划过程的一部分，所有组织都应确定连续性设施，替代现有设施，并酌情提供包括远程办公在内的虚拟办公室选择。应对这些设施进行风险评估，以提供可靠和全面的数据来通知减少风险的决定，使非联邦实体在确定可能的中断原因和影响时能够保护资产、系统、网络和功能。所有人员应被告知组织连续性计划，它涉及分配或重新分配人员到连续性设施、现有设施或虚拟办公室。应该为连续性人员提供重新安置程序的补充培训和指导。

计划的一个主要部分是为每个主用设施确定备用设施或备用地点。想象一下，如果工作空间或办公大楼因故而无法使用，你的组织将面临很多即时问题，其中包括：

- 我们将业务搬迁到哪里？在什么设施里？
- 我们需要在备用设施上做些什么？
- 备用设施上已有哪些物品？
- 我们需要带什么其他物品以及数量是多少？

每个组织都有不同的运行需求和要求，因此，他们需要自己思考这些问题。一个组织应该在事件发生前讨论并解决尽可能多的这些问题，以确保尽可能有效地完成对新设施的迁移。

组织应该为每个主用设施努力确定至少两个备用设施。假设小规模的中断只会影响单个建筑或工作区域（火、管道破裂、墙壁上的霉菌等），第一种备用设施应该是在距离上非常接近主用设施并且是可获得的设施。第二种备用设施应该在区域层面上，应该假设一个大型事件已经影响了周围地区（龙卷风、飓风、地震等）。

对于每个备用设施，重要的是提供关于设施的具体细节，包括该位置的资源与需要运输到该位置以继续运行的资源。确定的资源可能包括计算机、通信设备、办公家具、应急物资以及组织赖以运作的任何其他设施。图 12.5 是一个如何识别和列出备用设施要求的例子，除了需要运送到设施以支持运行的额外物品外，还包括在备用设施中预置的物品清单。

在许多情况下，组织很难确定可以提前搬迁的特定设施。事实上，通常没有空闲的工作空间来等待人们进入，但这个事实不应该阻止组织推进其规划工作。

在这种情况下，建议将设施称为“待定”。采用这种方法，组织不必立即确定要搬迁的特定地点，但至少可以开始讨论运行资源的具体类型和数量。一旦制定了资源清单，计划团队就应该更好地了解其组织所需的运行地点的类型和规模。

姓名和地点 （物理地址）	执行基本功能任务 所需的资源
备用设施 门罗县综合设施 格里利街街 1220 号 门罗县，FL45245 设施管理人员姓名和电话： 法兰·威尔，615－334－9090	需要运输的 12—书桌—家具 1—发电机—能源设施 10—笔记本电脑—计算机硬件 4—对讲机—通信 1—甚高频基站美国海事署频率—通信 2—卫星电话—通信
被替代的设施 门罗县主要设施 主街 270 号 门罗县，FL45245	需要预先配置的 3—消火栓箱—家具 1—打印机—计算机硬件 1—投影仪/屏幕—计算机硬件 16—电话—通信 1—网络/内网—通信

图 12.5　备用设施和所需资源列表示例

重要记录/重要资源

可行的连续性计划和项目的另一个关键要素包括那些在连续性情况下需要支持基本功能的电子和硬盘文档、文献、记录、信息系统以及书序管理软件和设备的识别、保护和可用性。人员应有权访问并能够使用这些记录和系统来执行基本功能，并恢复正常的组织运行。组织应编制用于其日常运行的重要记录和资源的完整列表，然后，应将组织使用的重要记录和资源置于备用设施或存储在备用地点，以确保在 COOP 启动时执行基本功能。图 12.6 显示了组织的重要记录和资源示例，其中包括按优先级顺序列出的每个重要记录的名称和描述。

每个组织都有不同的职责和业务需求。组织应决定哪些记录对其运行至关重要，然后应将这些记录的责任分配给适当的人员，这些人员可能是连续性人员、首席信息官和记录管理人员的组合。有效的重要记录程序应具有以下特征：

1. 官方重要记录程序：

- 确定并保护那些描述组织在紧急情况或灾难中如何运行的记录
- 确定组织持续运行所需的记录
- 确定那些保护组织和公民的法律与经济权利所需的记录

2. 重要记录计划应纳入整体运行连续性计划当中，并且需要明确的权限，包括：

- 政策
- 当局
- 程序
- 重要记录管理人员的书面任命

3. 在运行连续性计划启动后，运行连续性设施的连续性人员应能够访问适当的媒介来获得重要记录，例如：

- 局域网
- 重要记录的电子版本
- 支持信息系统和数据
- 内部和外部电子邮件和电子邮件档案
- 重要记录的硬拷贝

4. 组织应该强烈考虑多个冗余媒体来存储他们的重要记录。

5. 组织应该保存完整的记录目录清单以及访问这些记录的位置和说明。此目录清单应保存在备份/非现场位置，以确保其在主站点被损坏、破坏或不可用时的连续性。组织应考虑在多个不同地点维护这些目录清单以支持连续性运行。

6. 组织应进行重要记录和数据库风险评估，以便：

重要记录和资源		
	记录名称	数据
#1	快速消防软件	快速消防软件用于应急响应人员的持续培训和教育，以提高响应时间和增强安全措施。
#2	FARSITE	FARSITE 是用于 Windows 计算机系统的火势和火势增长模拟软件。它由美国农业部的火势分析师使用，并在 S493 课程中教授。FARSITE 是为经过培训的熟悉燃料、天气、地形、野火情况以及相关概念和术语的专业野火消防规划人员与管理人员所设计。
#3	Genesis 软件	Genesis 软件管理历史电话记录和之前的响应数据库。
#4	智能系统软件	智能系统软件是州数据库，用于……
#5	紧急呼叫清单	紧急呼叫清单包含了人员联系方式信息。

图 12.6　按重要性列出的重要记录和资源示例

· 识别重要记录保留在当前位置和媒体中的风险，并且确认如果这些记录被销毁后的重建难度
· 确定非现场存储位置和要求
· 确定备用存储媒介是否可用
· 确定复制记录并提供备用存储地点的要求，以便在所有条件下保证重要记录的可用性

7. 对重要记录的适当保护包括把这些记录分散到其他组织所在地或将这些记录存储在非现场。在选择和确定保护方法时，重要的是要考虑到不同类型存储媒介所需的特殊保护方法。缩微胶片、纸张照片和计算机磁盘、磁带、驱动器都需要不同的保护方法，其中一些媒介也可能需要设备来方便访问。

8. 至少，应该对重要记录进行年度审查、轮换或循环，以便最新版本可用。

9. 应该制订和维护重要记录计划工具包。这个工具包应包括：
· 关键组织人员和灾难人员及其最新电话号码的硬拷贝或电子清单
· 重要记录目录清单与重要记录的确切位置

· 重要记录的更新

· 必要的密钥或访问密码

· 连续性设施位置

· 访问记录所需的访问要求和设备来源列表（这可能包括硬件和软件、缩微胶卷阅读器、互联网访问和专用电话线）

· 记录恢复专家和供应商名单

· 该组织的运行计划连续性副本

每年应对此数据工具包进行审查，并以书面形式记录进行审查的人员、日期和名称，以确保信息是最新的。复印件应妥善保存在组织的连续性设施和其他需要时可由相关人员轻松访问的地点。

10. 为所有员工制订年度培训计划，它包括定期向管理人员介绍重要记录方案及其与组织重要记录和业务需求的关系。员工培训应侧重于识别、纳入清单、保护、存储、访问和更新重要记录。

11. 应该对重要记录方案进行年度审查，以解决新的安全问题、确定问题领域、更新信息，并纳入由新组织方案或职能产生的或由变更组织现有方案或职能产生的任何额外重要记录。审查将提供一个机会让工作人员熟悉重要记录方案的各个方面，与连续性演练一起对重要记录方案进行审查是恰当的。

12. 应该每年测试保护机密和非机密重要记录的能力，以及提供从连续性设施访问重要记录的能力。

放权

放权是将一个组织的主要运行人员和设施的基本功能的法定权限与责任，转移给其他组织的员工和设施，并在较长时期内维持运行的能力。

放权计划支持整体连续性规划，并解决所有威胁和全灾害紧急事件，这些威胁和危害可能会导致组织领导或员工无法提供支持，或不能提供支持。组织基本功能的执行要么来自主用设施地点，要么来自备用设施地点。组织应该制定一个放权制度来保持连续性，以解决组织在威胁增加或灾难性事件后如何识别和执行其基本职能的问题。

重建

重建是幸存或替代组织人员从原来的或备用的主要运行设施中恢复正常运行的过程。重建体现了组织从正常运行中断恢复的能力，它整合了必要资源以便组织完全恢复运行。在某些情况下，如果组织损失了所有设施，或者因灾难造成的附带损害使设施结构不安全以致于不能重新使用，则可能需要进行广泛的协调以获得新的运行设施。

测试、培训和演练

有必要制订明确的测试、培训和演练（TT&E）计划，以帮助准备和验证组织在任何紧急情况下执行基本功能的连续性能力与方案。这需要对能够履行其连续性职责的人员进行确定、培训和准备，以方便他们实施程序来支持组织基本功能的连续性。

培训提供技能，让领导和员工了解执行连续性计划时应执行的程序和任务。测试和演练用于评估与验证连续性计划、政策、程序、系统和设施的所有组成部分，它们用于紧急情况响应和从中恢复，并确定问题以便随后进行改进。所有组织都应该计划、实施和记录定期测试、培训和演练，以便为“全危害”连续性突发事件和灾难做好准备，找出不足之处，并展示其连续性计划和方案的可行性。缺陷、纠正措施和补救时间表应记录在组织的COOP中。

测试

测试确保设备和程序始终处于准备就绪状态，以支持连续性启动和运行。组织的测试计划应该包括：

1. 至少对连续性人员进行报警、通知和启动程序的年度测试，并建议对连续性人员进行此类程序的季度测试。

2. 恢复重要记录（机密的和非机密的）、关键信息系统、服务和数据的年度测试计划。

3. 主用和备用基础设施系统和服务（例如，电力、水、燃料）的年度测试。

4. 所需的物理安全功能的年度测试和演练。

5. 通过连续通信能力（例如，安全和不安全的语音和数据通信）的季度测试和验证以确保通信系统的内部与外部互操作性和可行性。

6. 如 BPA 中所确定的，执行组织基本功能所需能力的年度测试。

7. 正式记录和报告测试及其结果的过程。

8. 对组织的连续性计划中确定的内部和外部相互依赖性进行年度测试，涉及组织的表现和其他组织的基本功能。

培训

培训使连续性人员熟悉在持续性环境中执行组织的基本功能的程序、任务、角色和责任。一个组织的培训方案计划包括：

1. 为所有工作人员召开年度连续性意识通报会（或其他定向研讨会）。

2. 为被指派负责启动、支持和维持连续性运行的人员（包括本组织员工或承包商人员）提供年度培训。

3. 为负责组织的基本功能的领导提供年度培训，包括对个人岗位职责的培训。

4. 为所有可能承担组织权利和责任的人员提供年度培训，以防领导在连续性情况下无行为能力或不可用。

5. 为所有预先授权的可在现场、远程或其他组织层级酌情进行政策决策和其他决策的人员提供年度培训。

6. 关于组织连续性计划的人员简报，涉及使用或迁移到连续性设施、现有设施或虚拟办公室。

7. 对突发事件期间使用的通信和信息技术（IT）系统的能力进行年度培训。

8. 对在连续性情况下，支持基本功能所需的电子和硬拷贝文档、参考文献、记录、信息系统和数据管理软件与设备（包括敏感数据）

的识别、保护和随时可用性进行年度培训。

9. 针对组织在连续性情况下的放权进行年度培训，以解决每个组织在威胁情况升级或灾难性事件后如何确定和执行其基本功能的问题。

10. 对所有重建计划和程序进行年度培训，以便从原始或替代设施中恢复正常组织运行。

培训，应帮助连续性人员做好准备来应对所有紧急情况和灾难，并确保组织基本功能的履行，这些包括组织内部和外部的相互依存关系。作为培训计划的一部分，组织应记录所进行的培训，包括培训日期、完成培训的人员以及实施培训的人员。

演练

组织的连续性演练计划主要侧重于评估模拟情况下的能力或能力要素，例如，计划或政策。组织应参考国土安全演练和评估方案（HSEEP）作为额外的演练和评估指导。一个组织的演练计划应该包括：

1. 一个连续性人员能够展示他们对连续性计划和程序熟悉程度的机会，以及展示组织继续执行其基本功能能力的机会。

2. 每年的演练将连续性人员移动到精心考虑的和事先计划好的备用设施或其他连续性地点。

3. 通信能力以及组织内和组织间的依赖关系。

4. 一个证明所需的备份数据和记录在连续性设施或地点支持基本功能方面的充分性、完整性和最新性的机会。

5. 一个连续性工作人员表明他们熟悉重建程序的机会，以便在适当的时候从连续性环境过渡到正常的活动环境。

6. 一个连续性工作人员表明他们熟悉放权程序的机会，以便在适当的时候从连续性环境过渡到正常的活动环境。

7. 一个每次演练后的综合汇报，使参与者能够确定计划和程序中的系统性弱点，并建议对组织的连续性计划进行修订。

8. 一个事件周期，将评估、行动后报告和经验教训纳入纠正行动计划（CAP）的制订和实施，以促进改进计划（IP）。

9. 组织参与：执行并记录其连续性 TT&E（测试、培训和演练，译者注）计划以及连续性计划和方案的年度评估。

每个组织都应制订 CAP 以便协助记录在 TT&E、评估和紧急运行期间确定的连续性问题，以及相关的优先顺序确定和资源供给。CAP的目的是完成以下任务：

- 确定连续性缺陷和其他需要改进的领域，并为纠正措施实施提供职责和时间表
- 确定提交给组织领导的计划和其他连续性资金要求
- 确定并纳入高效的采购流程，并在适当的情况下将所有组织间要求整合为一
- 为组织领导层及其支持部门人力资源办公室确定连续性人员的要求

连续性计划阶段和实施

连续性计划的实施是为了确保在连续性事件期间继续或迅速恢复基本功能。组织应制订行政决策程序，以便根据组织的准备状态审查紧急情况并确定最佳行动方案。组织的连续性计划实施过程应包括以下 4 个阶段：预防和准备、启动和迁移、连续运行、重建。这 4 个阶段如图 12.7 所示执行。

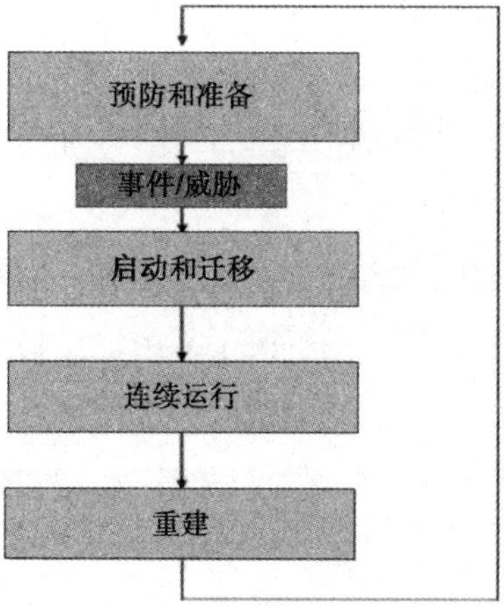

图 12.7　连续性计划的阶段和实施

第十三章　业务连续性管理的作用

罗伯特·古拉汗

全国85%的关键资产和关键资源组成了我们国家18个关键基础设施行业，它们都是私人拥有和经营的。① 由灾难驱动的关闭常常是由于业务中断灾难所带来的财务储备不足所造成的。留出充足储备的能力超出了大多数企业的能力范畴。90%的小型企业遇到重大灾难时将永远无法恢复，只有43%的企业在同样的情况下能恢复业务。在那些重新开业的公司中，只有26%的公司能在两年后开展业务。如果他们的重要任务数据丢失，50%的公司会立即申请破产。②

法规明显倾向于帮助上市公司实施有效的灾难恢复/业务连续性（DR / BC）战略和计划。当DR / BC解决方案实施时，公司责任保险费率越来越可能受到正面影响，而未实施时，则会受到负面影响。正如布雷特·威廉姆斯所概括的那样："危机、创伤和灾难不再是美国企业难以理解和难以想象的。一些行业观察人士认为，如果组织不计划应对这些情况，他们会疏忽大意。公司管理人员和监管人员再也不能用'不可预见'来抗辩了。"③

组织有责任保护他们的员工、他们的社区和他们自己免受可预见的伤害。即使在人力无法阻止事故发生的情况下，员工、股东和客户也期望管理团队做好快速有效地应对的准备。④

Gartner（译者注，高纳德咨询公司）最近的一项调查显示，只有36%的被调查组织拥有应对计划，该计划解决了某个地点物理资产完全损失的问题。

---

① US Department of Homeland Security National Infrastucture Protection Plan, June 2006.

② Dan Derby, "Early Selling for Business Continuity Planning," Disaster Recovery Journal 14, no. 2 (2001): 18.

③ Brett Williams, "Sarbanes – Oxley: Another Driver for Business Continuity Management," Disaster Resource Guide, 2007.

④ Brett Williams, "Sarbanes – Oxley: Another Driver for Business Continuity Management," Disaster Resource Guide, 2007.

调查指出，公司对最可能影响其组织的风险准备不足。在 9 月 11 日，萨班斯—奥克斯利法案之前的商业环境中，在大多数没有制订应对物理资产损失计划的公司中，其中一些对这种情况感到相当安逸。毕竟，还有其他似乎更重要的问题需要关注，比如盈利能力和投资者信心（这些问题现在依然存在）。9 月 11 日，在萨班斯—奥克斯利法案颁布之后的商业环境中，这种风险代价可能会非常高昂。[①]

政府已通过立法，要求制订业务连续性计划。此外，保险承销商正在通过拒绝承保或提高保费来对缺乏恢复计划的组织施加更大的压力。

在过去 10 年吸取的包括恐怖主义事件在内的自然灾害和人为灾害的经验教训表明，私营部门在恢复、复原社区连续性方面发挥着重要作用，已经采用了大量的资源来提高响应机构的应急准备程度并提高公共安全水平。为保护政府服务、应急响应能力以及应急响应人员的知识、技能和培训，已实施了其他安全对策和基础设施保护的解决方案。然而，私营行业从这些协调工作中受益不大，但仍期望迅速从袭击或自然灾害的后果中恢复。

过去 40 年来，业务连续性管理逐渐发展成为一种更全面的准备和保护模式。从强调记录管理、数据恢复和信息技术系统开始，连续性已经发展成熟，可以解决业务流程的各个方面的问题。危机管理、业务连续性和基础设施保护最佳实践的融合正在形成“企业恢复力”的新兴领域。

本章回顾了业务连续性管理的 10 种专业做法，并在企业恢复力计划的背景下，概述了支持私营行业应急指挥中心（ECC）运行的任务、角色和责任、设备和技术，检查了 ECC 与公共安全应急运行中心（EOC）之间的关系。还回顾了在突发事件指挥系统（ICS）和国家突发事件管理系统（NIMS）的框架下，私营行业所有者和经营者进行危机管理的重要性。最后，在先进的数据和信息共享工具的背景下，审查了州和地方数据融合中心的作用，以及它们与基础设施所有者和运营商的联系。

背景和挑战：重要基础设施保护

2003 年 12 月 17 日发布的国土安全总统指令 7（HSPD - 7）——重要基

① Brett Williams, “Sarbanes - Oxley: Another Driver for Business Continuity Management,” Disaster Resource Guide, 2007.

础设施识别、优先化和保护，概述了保护国家重要基础设施的要求。[①] 对重要基础设施（CI）的攻击可能会破坏关键商业和政府活动、设施和系统的直接运作，并且会在整个国家的经济和社会中产生连锁效应。2009 年更新的国家基础设施保护计划（NIPP）描述了 18 个重要基础设施行业。[②]

商业设施包括有大量的人聚集在一起的行业、商业、住宅和娱乐设施。商业设施的运作原则是公开访问，在这种环境下，普通公众可以自由移动，没有威慑力明显的安全屏障。商业设施在范围和功能上都是多样化的，在不同的业务范围内，每个所有者/运营商都有不同的资产、业务环境、运营流程和风险管理方法。商业设施包括 8 个部分[③]：

- 娱乐和媒体
- 住宿
- 户外活动
- 公众集会
- 房地产
- 度假村
- 零售
- 体育联盟

国家基础设施保护计划（NIPP）

NIPP 的总体目标是：通过加强对国家CI / KR（重要基础设施和关键资源，译者注）的保护，建立一个更安全、更牢固、更具恢复力的美国，以防止、威慑、消除或减轻恐怖主义分子蓄意破坏、因（CI / KR，译者注）丧失能力或削弱能力而带来的影响；并加强国家在应对袭击事件、自然灾害或其

---

① Executive Office of President, Homeland Security Presidential Directive 7 (HSPD-7), Critical Infrustructure Identificaiton, Priorization, and Protection, December 2003.

② US Department of Homeland Security, National Infrastructure Protection Plan, June 2009.

③ US Department of Homeland Security, Summary of National Infrasturcture Protection Program Sector-Specific Plans, May 2007.

他紧急情况时准备、及时响应和快速恢复的能力。①

为了实现这一目标，NIPP 为将现有和未来的CI／KR保护工作纳入单一国家计划提供了统一的结构。NIPP 框架能够确定各行业的保护举措和投资的优先顺序，以确保政府和私营部门在减少脆弱性、威慑威胁并最大限度地减轻恐怖主义袭击和其他人为与自然灾害造成的后果方面的资源利用实现利益最大化。

保护包括减轻由暴露、受伤、破坏、失去能力或削弱而带来的CI／KR资产、系统、网络、功能或它们之间相互连接环节的整体风险的行动。在 NIPP 的背景下，这包括威慑威胁、降低脆弱性或最大程度地减轻由恐怖袭击或其他突发事件带来的后果的行动。可以保护包括一系列广泛的行动，例如，坚固设施、建设弹性和冗余度，在初始设施设计中引入抗灾能力，启动主动或被动对策，安装安全系统，推动劳动力保证方案以及实施网络安全措施，等等。

实现 NIPP 目标需要采取行动来实现一系列子目标，其中包括：

- 了解和分享有关恐怖主义威胁和其他危害的信息
- 建立安全伙伴关系以共享信息并实施CI／KR保护计划
- 实施长期风险管理计划
- 最大限度地有效利用CI／KR保护的资源

这些目标需要不同的安全合作伙伴之间建立协作伙伴关系，包括联邦政府、州、地区、地方、部落、私营部门、国际组织和非政府组织。NIPP 提供了一个框架，该框架定义了这些安全合作伙伴应该用来制定和实施国家方案以长期保护所有部门的 CI／KR 的流程和机制。

行业特定计划

NIPP 和行业特定计划（SSP）提供了用于确定国家优先事项、目标和CI／KR保护要求的协调方法。这种协调方法将使联邦的资金和资源得到最有效的应用，以降低脆弱性、威慑威胁，并最大限度地减轻攻击和其他突发事

① US Department of Homeland Security, "Exective Summary," National Infrastructure Protection Plan, June 2009.

件的后果。

NIPP 建立了与 HSPD－7 中确定的所有 CI／KR 行业相关的总体概念。SSP 详细说明了 CI／KR 任务如何在 18 个 CI／KR 行业内进行协调、制订和实施。随着威胁的变化和保护计划的实施，这些计划将继续发展。由于每个行业都有独特的问题和担忧，所以，首选的保护方法在 CI／KR 行业内部和行业之间会有所不同。SSP 旨在解决各个行业的独特特征和风险状况，同时为保护计划、公共和私人保护投资以及资源提供一致性。①

SSP 用于：

- 定义行业安全合作伙伴、监管机构、法规基础、角色和责任以及相互依存关系
- 建立或制度化已有的针对行业互动、信息共享、协调和伙伴关系的程序
- 与安全合作伙伴共同制订目的和目标，以实现行业所需的保护姿态
- 确定国际考虑因素
- 确定行业特定机构（SSA）与国土安全部（DHS）和其他安全合作伙伴所采用的行业特定方式或方法，用于实施符合 NIPP 的风险管理框架活动

SSP 是基于行业的文件，它规定了 SSA 与行业政府协调委员会（GCC）、行业协调委员会（SCC）和其他安全合作伙伴共同制订强调行业特定 CI／KR 保护方法的计划。未来几年，SSA 将与 GCC 和 SCC 协调合作，根据 NIPP 制订的流程建立协调 SSP 修订和更新的机制。DHS 作为 CI／KR 保护的国家协调员，定期监测 NIPP 和 SSP 的实施行动，并跟踪实现 NIPP 目的和目标的进展与成功情况。

商业设施行业特定计划（CF－SSP）建立了政府与私营部门之间的关系，以促进必要的合作和提升该行业对自然或人为灾难的保护水平。

CF－SSP 为该行业开辟了前进道路，以共同确定其资产的优先次序、评估风险、实施保护性计划，并衡量其保护计划的有效性。

---

① US Department of Homeland Security, Summary of National Infrasturcture Protection Program Sector－Specific Plans, May 2007.

商业设施的安全目标是：①

- 在各级政府的公共和私人安全合作伙伴之间实现可信和受保护的信息共享
- 确保公共安全合作伙伴在整个行业传播及时、准确和针对具体威胁的信息和分析
- 保持大多数商业设施的“开放式”业务模式，同时增强整体安全性
- 保持公众对该行业安全水平的高度信心
- 提供满足公众、承租人、客人和员工安全保障的需求，同时确保所有者、投资者、贷方和保险公司持续的经济活力
- 建立系统（例如，应急准备、培训、危机应对和业务连续性计划），以确保对自然或人为事件的及时响应和恢复

制订强有力的行业研究与开发计划，为行业保护计划活动提供独立的第三方评估方法和工具。

私营部门在当代应急行动中的作用

应急管理被定义为准备、缓解、响应和恢复紧急情况的过程。应急管理是一个动态过程。应急规划虽然至关重要，但并不是唯一的组成部分。培训、开展演练、检测设备和协调社区活动是其他重要职能。

在这个应急管理的定义中，没有任何地方表明应急管理的任务、角色和责任仅限于公共安全部门或政府机构。全面的应急管理必须包括密切有效的公私合作伙伴关系，以确保政府的连续性和社区的连续性。

联邦应急事务管理局（FEMA）发布了商业和工业应急管理指南。它为各种规模的公司提供了逐步的应急规划和恢复方法。本指南的组织方式如下：

- 第一部分，规划过程中的四个步骤——该部分介绍如何组建规划团队、如何进行脆弱性分析、如何制订预案以及如何实施计划，这些信息几乎适用于任何类型的企业或行业

① US Department of Homeland Security, Summary of National Infrasturcture Protection Program Sector - Specific Plans, May 2007.

- 第二部分，应急管理注意事项——该部分介绍诸如如何建立生命安全、财产保护、通信和社区推广等相关的应急管理能力
- 第三部分，危害特定信息——该部分提供有关设施可能面临的特定危害的技术信息
- 第四部分，信息来源——该部分展示在哪里寻求更多信息

在社区的紧急情况中，经常需要商业和工业协助社区，包括：

- 人员
- 设备
- 避难所
- 培训
- 存储
- 供餐设施
- EOC 设施
- 食品、服装、建筑材料
- 资金
- 运输

尽管没有办法预测对公司资源的需求程度，但负责任的企业领导人会考虑社区的需求如何影响他们在紧急情况下的企业责任。事实上，他们会在紧急情况发生之前考虑社区服务的机会。负责任的企业管理包括全面的业务连续性管理。

业务连续性管理的专业实践

业务连续性管理被定义为一个整体的管理过程，它确定了威胁组织的潜在影响，并提供了一个框架用于建立有效的响应能力和恢复力，以保障其主要利益相关者、声誉和创造价值活动的利益。其主要目标是允许一个组织的经营者在不利条件下，通过采用适当的恢复力策略、恢复目标、业务连续性和危机管理计划，与风险管理计划一起或作为整个风险管理计划的一部分，继续管理其业务。

业务连续性的专业实践发展继续成熟。国际灾难恢复协会（DRI）和国

际业务连续性协会（BCI）在业务连续性和灾难恢复的专业发展以及学会认证考试中占有突出地位。

位于华盛顿特区的非营利性专业协会——国际灾难恢复协会（DRI）为业务连续性专业社区实践构建了基础培训和认证项目。DRI 成立于 1988 年，作为国际灾难恢复协会，目的是为快速发展的应急和风险管理行业建立一个知识基础。今天，DRI 为从事业务连续性规划和管理工作的人们提供业界首要教育和认证项目的管理。全球范围内有超过 3500 个人通过 DRI 国际维持专业认证。

个人认证和建立一个共同的知识体系有助于加强业务连续性管理的专业，并为私营部门的业务连续性和保护计划提供一致的、基于标准的方案设计。

DRI 的目标是：

- 通过教育、协助和发布标准资源数据库，促进建立业务连续性/灾难恢复计划行业的共同知识基础
- 认证该学科的合格人员
- 提高认证人员的信誉和专业精神

DRI 国际提供一系列的认证，包括：

- 助理业务连续性专业人员
- 认证的功能连续性专业人员
- 认证的业务连续性专业人员
- 精通业务连续性的专业人员

1993 年 9 月，DRI 在认证委员会历时两年多的密集工作之后才发布了《最初的共同知识体系》文件。该文件由业务连续性/灾难恢复计划和教育领域的知名专家开发，提供了一个概述该领域专业人员所需经验的标准资源库。当前专业实践中的每个主题领域都包含了关于该领域内专业人员的角色以及推荐知识的描述。

下面列出的 10 个主题领域涵盖了专业从业人员为提供有效的业务连续性管理所需的能力。这些专业实践不是以任何特定的重要性或次序排列的。

1. 项目启动和管理——建立业务连续性管理流程或功能的需求，包括恢复力策略、恢复目标、业务连续性和危机管理计划；还包括

获得管理层的支持、组织和管理功能或过程的制订（无论与风险管理计划一起或作为整个风险管理计划的一部分）。

2. 业务影响分析——识别中断和灾难情景可能对组织产生的影响，以及可用于定量和定性此类影响的技术。确定时间关键功能，恢复优先级和相关性，以便设定恢复时间目标。

3. 风险评估和控制——确定可能对组织及其资源（设施、技术等）造成不利影响的事件和外部环境、中断和灾难、此类事件可能导致的损害以及防止或最小化潜在损失所需的控制措施。提供成本效益分析以证明控制投资的合理性，从而降低风险。

4. 制订业务连续性管理策略——确定并指导业务运营策略的选择，以便在满足恢复点目标和恢复时间目标前提下继续业务，同时保持关键功能。

5. 应急响应和操作——制订和实施突发事件的应急响应和稳定情况流程，包括建立和管理紧急情况期间的应急运行中心。

6. 制订和实施业务连续性和危机管理计划——设计、制订和实施业务连续性和危机管理计划，以便在恢复时间和恢复点目标内提供连续性。

7. 意识和培训计划——准备一个项目来创建和维护企业意识，并加强所需技能以便开发和制订业务连续性管理方案或过程及其支持活动。

8. 维护和演练业务连续性和危机管理计划——预先计划和协调计划演练，评估和记录计划演练结果。根据组织的战略方向，制订流程以维护连续性能力和计划文档。通过与合适的标准进行比较，验证该计划是有效的，并以清晰简明的方式报告结果。

9. 危机沟通——开发、协调、评估和演练与内部利益相关者（员工、公司管理层等），外部利益相关者（客户、股东、供应商、供货商等）以及媒体（纸媒、广播、电视、互联网等）的沟通计划。

10. 与政府部门协调——建立适当的程序和政策，以协调与外部机构（地方、州、国家、应急响应人员、国防等）的连续性和恢复活动，同时确保遵守适用的法规。

这些标准由美国 DRI 国际和英国业务连续性协会所出版，并由两个机构在其认证计划中使用。[①] 这 10 项专业实践的国际行业标准每年都会经历严格的更新过程。从世界各地的专业人士处征求意见；出于相关性和准确性考虑，这些提交的意见将由专家小组进行审核。为了使标准保持最新，定期对标准进行更改。

企业恢复力

企业恢复力是一项全面的准备活动计划，它充分体现了业务连续性管理专业的最佳实践，并将计划和管理战略与 ICS、NIMS 和危机沟通的操作理解相结合。它得到了应急指挥中心运营和技术方面的当代知识、技能和技术专长的支持。它旨在提高企业的生存能力，加速恢复和复原，并优化私营部门在支持社区准备和恢复力方面发挥的作用。

敏捷性、适应性和快速响应是这些组织在动荡和紧张的环境下在持久性与多样化组合方面取得成功的标志。在应用业务连续性管理最佳实践方面，企业通过对 10 项专业实践的结构化项目，以及培训和演练来确保理解 ICS 和 NIMS 管理协议，可以降低其业务中断的风险，恢复运行，并在更短的时间内做好恢复全面的服务准备。在应急指挥中心或 ECC 中可以找到实施企业恢复力计划的宝贵资产。

应急指挥中心：任务、角色和责任

尽管领导从最高层开始，但在保护业务的行动中，必须为所有管理层级赋予充分响应的权力。如果企业在紧急情况、危机或灾难发生之前未能对组织内的关键人员进行计划和培训，私营部门应该关注可能的责任索赔吗？

每个企业都应该考虑其领导层是如何在影响运行、生命安全或设施的紧急情况的响应和恢复阶段沟通、指导和控制企业的人员和资源。

什么类型的指挥中心是合适的？所有的指挥中心都必须有明确规定的基

① Business Continuity Institute，Certification Standards，http：//www. thebci. org/cergigication – standards. htm，Caversham，United Kingdom，2003 – 2007.

于内部和外部资源以及相互作用的功能、职责、责任、政策和计划，并且必须独立运作。

- 什么时候应该启动指挥中心?
- 谁有权力启动这些中心?
- 启动的标准是什么?
- 谁应该被通知和如何通知?
- 在指挥中心启动之前，公司是否有升级计划?

无论指挥中心多少，领导层都必须考虑：

- 指挥链
- 人员分配
- 通信渠道和单位数量
- 角色、责任和义务
- 设备、资源等
- 假设……将要怎么办?

公共部门通常有两个指挥中心——突发事件指挥部（ICP）和应急运行中心（EOC）。从最近的自然和技术灾害中获得的教训表明，在私营部门的应对和恢复阶段，最多有三个不同的指挥中心可能是至关重要的。这三个私营部门指挥中心可能包括：

- 前线指挥中心（FCC）
- 应急指挥中心（ECC）
- 业务连续性中心（BCC）

什么时候启动三个指挥中心都是关键问题。执行领导层必须考虑许多变量，包括人员、预先通知、地点、建立时间和事件性质。预设情景可以帮助定义每个中心被启动的阈值和条件。

这些事件启动的决策通常会考虑事件或突发事件的规模或范围：它对物业和设施的影响；它对社区（外部事件）的影响；它的严重性和预计持续时间；诸如天气预报或火灾情况报告等预先通知的可用性。

让我们看看这三个私营部门指挥中心的主要使命、角色和责任。

前线指挥中心

- 安全位置——在紧急情况的安全距离内，最接近紧急情况的分发和报告中心
- 担任移动指挥中心或临时指挥部——FCC
- 主要功能：保护生命，做些什么来拯救人们
- 次要功能：损害限制
- 防止紧急情况升级为危机或灾难
- 第一个管理层指挥中心，对响应升级做出判断或评估，例如，启动 ECC

FCC 负责前线响应，但如果没有前线呢？病毒暴发的前线在哪里？在大面积覆盖生物事件、地震、龙卷风或大范围停电中，前线在哪里？FCC 是基于事件的，因而它可能存在或不存在；然而，仍然需要得到资金、培训和确定关键人员来保证有效性。

FCC 必须可扩展；工作人员的要求根据紧急情况的规模和性质而有所不同。

它往往不会有一个预先固定的位置。根据事件地点的情况和事件规模，FCC 将利用可用的办公桌、硬件通信系统、摄像机和其他资源来帮助响应操作。当存在未经培训的志愿者、设备不足和不适当的口头命令时，应急响应人员的生命受到的威胁是企业的一个重要考虑因素。

应急指挥中心

应急指挥中心（ECC）的主要职责是：

1. 保护生命
2. 损害限制
3. 业务恢复

ECC 应遵循应急操作手册/应急响应预案（EOM / ERP）中的政策和程序。响应必须考虑公共安全合作伙伴的 NIMS / ICS 管理协议，并对医疗、公共健康和危险材料领域的专业响应团队有充分的工作理解。通过统一指挥、

地区指挥、多机构指挥和国家反应框架（NRF），了解NIMS程序的升级，是在当代应急管理环境中有效发挥作用所必需的基本能力。

ECC 的位置通常在地下室或现有的运行中心。ECC 的主要特点是：它在物理上免受所有危害的影响；完全配备所有通信或技术设备；提供足够的商业电力，包括不间断电源系统（UPS）和便携式备用电源；为 ECC 团队提供了充足的空间；容易访问。

- 主要功能——保护生命
- 次要功能——损害限制和业务运行恢复
- 响应应该考虑 NIPP、NIMS、CDC（疾病控制与预防中心）、NRP（国家应急响应预案）、FEMA、ICS 以及地方机构的应对能力和计划整合
- 外部响应可能是“立即”“很快”“你是下一个”“很快就会”“在几天内”，甚至更长时间，这取决于社区内受影响的规模（范围）

不管事件的类型和范围如何，ECC 的主要工作人员都可以在 ECC 启动时进行就位。

工作小组的就位取决于具体事件或突发事件类型，如果不需要疏散，则不会为客人或雇员启动紧急疏散集合区域。根据事件性质，工作组可能存在也可能不存在。已准备好的企业知道哪些工作组在何种情况下向 ECC 工作人员报告。工作组一般由中层管理人员组成，他们在处理运行挑战方面具有权威和经验。他们保持专注，并确保注意细节、响应时间和任务完成。

ECC 的设计和管理必须基于对服务、运行尤其是企业雇员、客人/访客、客户（包括生理、精神和其他方面）的影响的理解。当 ECC 功能设计同时考虑了专注于保护生命、损害限制和运行恢复的运行人员和工作组部署时，这对于满足业务连续性使命要求方面迈出了积极的一步。

成功的 ECC 基于全面的预先计划和足够的资源分配来支持这些关键组件：

- 位置（低风险、安全、受保护和可访问的设施空间）
- 政策、规划和程序（业务连续性计划和应急响应预案）
- 可操作性（易于使用，通过训练和演练来熟悉）
- 职责/责任（已知的角色和职责）
- 功能（了解每个角色的 6 个关键功能）
- 人员（有经验的管理人员）

- 培训（强调和测试职能、职责的培训和演练项目）
- 设备（基本但不复杂的工具）

业务连续性中心

BCC 的位置可能在行政会议室或董事会会议室。这是业务连续性计划（BCP）中定义的危机管理团队应监督决策，指导和控制业务恢复与业务目标的连续性的地点。

它是次要功能——适应性、灵活性和创新行动——的高层领导的接入点，用于克服 BCP 中的任何缺陷或缺失链接。根据业务连续性管理的最佳实践，前董事会批准在 BCP 中确定行动和权限是一项重要的规划行动。

在任何演练或真实事件启动 BCC 之前，应回答 BCP 的几个关键问题，它们是：

- 是否有现有的批准的 BCP？
- BCP 是否是基于“全危害”的危害和威胁识别来进行响应的？
- BCP 是否帮助我们识别和降低风险？
- BCP 是否充分分析了对（当前）业务运行的影响？
- BCP 是否考虑社区内外部环境的相互依存关系？
- 我们所有的危机管理团队和执行领导人员都看过 BCP 了吗？

应急指挥中心：设备与技术

ECC 应根据经过验证的设计标准而建立。该设计标准源于过去几十年来已经成功支持紧急和危机事件的 EOC 以及指挥中心的管理人员的经验教训。FEMA 颁布了 EOC 评估清单，它分为 6 部分，直接用于通用的 ECC 设计标准。[①]

- 设施特性——检查 ECC 的物理特性
- 生存性——检查 ECC 承受危害事件影响以及在事件发生后持续运行的能力

① FEMA. EOC Assessment Checklist. Washington, DC.

- 安全——检查 ECC 设施、使用者、通信设备和系统免受相关危害的保护
- 可持续性——检查 ECC 在长时间内不间断运行的能力
- 互操作性——检查 ECC 与所有业务伙伴以及本地、州和联邦当局共享共同政策及信息交换的程度
- 灵活性——检查 ECC 运行规模和速度以便适应特定危害事件的能力

通过有效组织设计 ECC（该 ECC 装备齐全，以满足应对全灾害事件挑战的要求），应急准备将会在员工、员工家庭、债券持有人、股票持有者、客户和整个社区发挥作用。

私营部门 ECC 应配备必要的技术和软件，以便执行 BCP 和 ERP 计划，支持执行小组的危机通信要求，并充分记录行动、方向、报告，以及在整个响应和恢复阶段产生结果。在今天的诉讼环境中，审计跟踪对所采取的决定和行动是至关重要的，对保险索赔和任何可能提交的灾难援助索赔来说都是必不可少的。

ECC 的设计应包括下列类型/类别的设备、应用和供应：

- 通信设备
  - 电话（评估需要多少条线路；无声振铃器；闪光终端仪器）
  - 可上网访问电子邮件服务的工作站
  - 用于商业广播服务的电池供电的收音机
  - 无线电话、手机；考虑备份卫星电话
  - 无线电基站（用于安全部队；工程/维护人员的手持设备）
  - 额外的手持 UHF / VHF 无线电和卫星呼叫器
  - 传真机
  - 录音机
  - VHS 播放器
  - DVD 播放机
  - 复印机
  - 带屏幕的投影机
- 基于计算机的工具
  - 地理信息系统（GIS）应用程序

- ◇ 后果评估工具（用于影响评估）
- ◇ 移动数据系统
- ◇ 用于情况报告和资源管理的事件管理系统
- ◇ 用于跟踪响应、恢复、任务、操作、清单和人员的辅助软件应用程序
- ◇ 文件扫描仪

· 监视和监测系统
- ◇ 闭路电视（CCTV）摄像机
- ◇ 监视器
- ◇ 带回放和时间/日期功能的录像机
- ◇ 录音系统

· 防护设备
- ◇ 所有人员的呼吸保护（N95 呼吸面罩或等效替代品①）
- ◇ 防护服
- ◇ 危险废弃物操作和应急响应标准
- ◇ 急救箱
- ◇ 美国红十字会 CPR（心肺复苏）和 AED（自动外部除颤器）培训/认证人员

· 支持基础设施
- ◇ 便携式柴油发电机
- ◇ 电池备份 UPS
- ◇ 汽油驱动的便携式发电机
- ◇ 应急照明系统
- ◇ 时钟（电池供电）
- ◇ 标记白板
- ◇ 计算器

---

① 美国劳工部推荐空气净化呼吸器（例如，N95、N99 或 N100），作为针对直接涉及禽流感感染的禽鸟或病人的工人进行全面呼吸系统保护计划的一部分。相比简单的布或外科口罩，N95 呼吸器有两个优点：过滤 0.3 微米粒子的有效性高达 95% 以上；并经适当测试，以确保感染的水滴和微粒不在口罩周围泄漏。即使 N95 过滤对于禽流感来说是不必要的，但相较于宽松的手术面罩，它能避免口罩周围泄漏。

- 参考材料
    - 设施图纸、蓝图、计算机辅助设计（CAD）文件
    - 材料安全数据表（MSDS）
    - 危险材料位置数据
    - 紧急疏散路线/地图/楼层平面图
    - 应急响应预案
    - 业务连续性计划
    - 运行计划的连续性
    - 工作帮助和核对清单
    - 化学、生物、放射性、核和高产炸药（CBRNE）机构指导文件（选择机构和毒素清单、辐射泄漏信息等）
    - 毒物控制中心联系信息和技术数据
    - 联络数据库（当前数据包括所有公共安全EOC的联系方式：地方、州和联邦政府的联系方式；主要供应商和客户的联系方式；所有员工的联系方式）
- 消耗品供应
    - 饮用水（瓶装）
    - 速食（MREs）
    - 非处方药/供应品（阿司匹林、抗酸剂、防腐剂、绷带）
    - 复印机和打印机纸
    - 复印机和打印机墨盒与碳粉
    - 所有便携设备用电池
    - 手电筒
    - 清洁用品和设备（人员可能会生病）
    - 垃圾袋
    - 婴儿床、毯子、枕头
    - 个人卫生用品（牙膏、肥皂、除臭剂等）
    - 毛巾、纸巾

虽然这些关键资源对于ECC的有效运行是必不可少的，但在规划中必须考虑无法使用主用ECC的可能性。谨慎的规划和吸取的经验教训表明，应为

备用ECC选择另外的地点位置，该地点应支持与主用地点相同的能力和设备。对主用ECC设施的污染或破坏，电源、水或通信服务的丢失可能会将ECC小组引导到备用地点。因此，企业拥有现成的可以根据需要调用的运行连续性计划是至关重要的。

COOP被定义为各个部门及其下属机构的活动，以确保其基本功能得以执行。这包括：描绘基本功能的计划和程序；指定职务的继任和紧急授权；提供重要记录和数据库的保管；识别备用操作设施；提供可互操作的通信；通过测试、培训和演练来验证能力。所有联邦机构，不论地点如何，都应具有可行的COOP能力，以确保在任何可能扰乱正常运行的紧急情况下，在备用运行地点能够继续实施基本功能。

COOP计划只是一个简单的“良好的商业实践”——负责任企业的基本使命的一部分。当今不断变化的威胁环境和可能存在的无通知紧急情况，包括地方的自然、事故、技术紧急情况以及与军事或恐怖袭击有关的事件，都增加了对COOP能力和计划的需要，它们使各组织能够在各种紧急情况下继续实施其基本功能。

与公共安全EOC的关系

《灾难恢复》期刊（DRJ）与DRI合作，一直在制订一个通用的实践（GAP）指南。该指南基于10种专业实践，起草于2007年。它旨在通过由熟练的业务连续性专业人员提供的知识和建议库，成为公认的领先资源。最佳实践是由来自公共和私营部门的经验丰富的业务连续性专业人员以及用户团体和相关组织提交的资料汇编而成，它们是涉及行业标准的专业实践。

最佳实践委员会每季度审核一次提交的需获批准的材料。

普遍接受的业务连续性实践主题领域符合业务连续性管理的10种专业实践[①]：

1. 项目启动和管理
2. 风险评估与控制

① Disaster Recovery Journal and DRI International, Generally Accepted Practices for Business Continuity Practitioners, August 2007, p. 3, http://www.drj.com/GAP/gap.pdf.

3. 业务影响分析
4. 制订业务连续性策略
5. 应急响应和操作
6. 开发和实施业务连续性计划
7. 意识和培训计划
8. 维护和实施连续性计划
9. 公共关系与危机协调
10. 与公共部门的协调

专业实践告诉你需要做什么，而普遍接受的业务连续性实践将告诉你如何做到这一点。

在 GAP 文件内，有关于与公共部门协调的宝贵指导。该文件提供了与地方政府部门协调响应、连续性和恢复活动的程序与政策，同时，确保遵守适用的法律或法规。这包括：确定有关紧急反应的适用法律或法规；确定支持灾难恢复和业务连续性的机构；制订符合法定要求的计划。

新兴能力：国家和地方数据融合中心

有效的预防工作取决于各级政府和私营部门收集、分析、传播和使用与国土安全有关的情报的能力，这种能力被称为“融合过程”，是所有州和城市地区融合中心的基础。因此，建立一个融合中心网络，以促进有效的全国国土安全信息共享，是 2007 财政年度最高预防措施的优先事项。

2007 财政年度国土安全赠款计划（HSGP）的资金，包括州国土安全计划（SHSP）、城市地区安全倡议（UASI）以及用于建立/加强州和地方融合中心的执法预防恐怖主义方案（LETPP），它必须支持以下内容：

- 根据全球司法/国土安全咨询理事会（HSAC）融合中心指南制订州的融合过程
- 实现融合能力规划工具所定义的基线能力水平

融合中心规划工具是根据全球正义/HSAC 融合中心指南开发的，并提供了一个精简的关键融合过程能力框架，其成果将使每个融合中心会议基线操作标准。鼓励受赠人利用融合能力规划工具确定改进领域的优先次序，制订克服缺陷的策略，并优先考虑资金支出，以解决已确定的改进领域。

如上所述，在所有州和城市区域融合中心内建立基线能力水平是2007财政年度HSGP与融合有关的指导的重点，以下信息提供了一个用于支持该目标的战略大纲。为了达到基线能力水平，每个融合中心必须拥有和/或优先考虑的付出与支出，以达到以下能力：

管理/治理

- 定义控制情报活动的管理结构
- 确定核心（永久）和临时利益相关方，包括与适当的联邦实体［联合恐怖主义工作队（JTTFs）、实地情报组（FIGs）、高强度毒品贩运地区办事处（HIDTAs），诸如海关及边境保护局（CBP）和海关执法局（ICE）的DHS分支机构等］的衔接
- 治理结构（政府的多学科和多层次）和某种类型的多学科咨询委员会
- 确定目的和目标以指导收集、分析、传播和使用情报
- 与所有利益相关方达成谅解备忘录
- 融合中心成熟时增加或减少利益相关方/合作伙伴的流程
- 定义信息和情报收集要求的正式流程

融合能力规划工具

- 明确任务说明
- 定义、同意可审计的隐私政策，它涵盖收集、分析和传播
- 资助策略将涵盖未来四年的运营成本

规划和需求制订

- 完成区域（或全州范围）风险评估（威胁、脆弱性和后果）
- 识别反映新兴威胁的模式和趋势的能力
- 基于风险评估结果的收集要求
- 识别代表威胁指标和/或前兆的情况或事件（犯罪、公共卫生等）的能力
- 确定有关指标和前兆的数据与信息的来源以及存储库
- 从现有来源收集关键信息

- 开展必要的公共教育和其他活动，以提高公众的情境意识
- 对一线执法人员和其他公共安全联络人员（包括非传统伙伴和公众）进行培训，以便他们能够更好地发现可能代表恐怖主义团伙计划和/或活动的可疑活动
- 支持收集信息报告的机制（9－1－1、提示线路、融合中心、互联网等）
- 确定阻碍收集和分享信息的法规、法令，隐私和其他问题，包括监督机制以确保个人隐私和公民自由受到保护
- 确定适当的响应和恢复人员以及运行中心，并与之协调，以确保融合中心的活动可用于和协调支持应急响应的行动
- 从国土安全伙伴和私营部门获取详细知识并向其提供信息的流程，其中包括：可能的恐怖主义袭击的脆弱性；评估攻击的可能性；可能的攻击方法；进行这种攻击的设备和物质；确定计划活动

收集

- 程序和协议，以促进地方、州和私营部门实体的收集要求

沟通

- 实施“情境意识”活动（培训、公共教育等）
- 减轻收集方面的障碍
- 个人和组织产生的机密和非机密数据、信息和情报的汇编
- 将国土安全信息（所有威胁、所有危害和所有犯罪）的收集工作与其他报告系统结合起来（9－1－1、3－1－1等）
- 建立查明和追踪可疑情况报告的程序（例如，运行前监视、获取攻击中使用的物品）

分析

- 混合从多个来源获得的数据、信息和情报
- 对从收集来源获取的数据、信息和情报的可信性进行协调、校验与验证
- 使用专家对数据和信息进行评估与分析
- 识别和有限排序辖区所面临的风险（州、地区等）
- 生产高附加值的智能产品，可以支持开发性能驱动的、基于

风险的预防、保护、响应和结果管理程序
- 在规划和早期行动阶段确定具体的预防与保护措施，以查明和破坏潜在的恐怖主义袭击
- 对分析人员进行适当的培训和认证

传播；任务和归档
- 确定负责制订和实施预防、保护、响应和后果管理（公共和私人）工作的实体与个人（官员、管理人员等）
- 及时向负责实施预防、保护、响应和后果管理工作的实体（公共和私营部门）提供相关与可操作的情报
- 归档所有数据、信息和情报以支持未来的工作
- 获得在线执法（LEO）、国土安全信息网络（HSIN）和其他关键信息共享系统的访问权限
- 制订基于性能的预防、保护、应对和后果管理措施
- 跟踪与预防、保护、响应和后果管理工作相关的绩效指标的能力
- 向收集者提供反馈信息
- 进入可以使用机密系统和提供安全房间的秘密地

重新评估
- 跟踪预防、保护、响应和后果管理计划的绩效指标实现情况，以评估对风险环境的影响
- 更新威胁、漏洞和后果评估以更新风险环境

修改需求
- 根据需要修改收集要求
- 及时与关键利益相关者沟通修改事项

融合中心的指南将融合中心定义为“两个或多个向中心提供资源、专业知识和信息的协调合作机构，目的是最大化它们发现、预防、调查和应对犯罪和恐怖活动的能力”。① 一些人将这一定义广泛应用于在任何可能利用情报

① US Department of Justice, Fusion Center Guideline: Developing and Sharing Informaiton and Intelligence in a New Era, August 2006, http://it.ojp.gov/documents/fusion_center_guidelines_law_enforcement.pdf.

和信息的跨辖区、犯罪预防或响应工作方面，包括联邦拥有和运作的合作努力，如FBI领导的联合反恐特遣部队（JTTFs）或高强度毒品贩运地区（HIDTA）。

许多国家战略已经将对美国国家安全的主要威胁评估为国内外的恐怖主义。“国土安全的国家战略”规定：“美国人民和生活方式是我们敌人（恐怖主义分子）的主要目标，也是我们的最高保护优先事项。”打击这一威胁的手段非常广泛，涵盖了国家权力的所有要素，包括非传统部门。

从执法角度来看，有人认为，州和地区情报融合中心，特别是在全国联网的情况下，是一个积极的工具，可用来对付既有集中化又有分散化因素的全球对手。这个融合中心网络被设想为与州、地方、地区和部落执法以及安全官员共享恐怖主义、国土安全和执法信息的中心节点。今天，全国有40多个情报融合中心。①

这些融合中心与公共安全EOC和私营部门ECC业务相关，因为它们代表了各自区域内数据、信息的新资源以及关键基础设施的共同改进。此外，这些融合中心中的许多中心已采取积极步骤与商业和行业合作伙伴建立联系，以共享有助于实施更有效的预防和保护措施的敏感信息。

融合联络官（FLOs）

根据国会研究服务机构（CRS，2007），私营部门的关系和作用是大多数州融合中心尚未完全定义与接受的功能。一些被调查的融合中心已经与各自辖区内的一些主要关键基础设施所有者、运营商和数据提供商进行了信息与安全相关的讨论。然而，虽然承认在中心辖区内如果没有融合中心和私营部门实体之间的可行关系和一致信息流，就无法全面了解州或区域面临的风险，但绝大多数中心尚未提出旨在支持这种努力的各种流程。

用于促进向反恐/融合中心报告的可疑活动报告动态流的FLO计划现在已经正式实施了。这些举措提供了近乎即时的预警和情境意识，便于执行已知的预防性决策和行动。

FLO作为社区中额外的“眼睛”。参与者接受培训以正确检测监视和可疑

① Congressional Research Service, Fusion Centers: Issues and Options for Congress, Washington, DC, July 2007.

活动，并通过在线可疑活动报告系统以及已建立的国土安全热线和其他常规/传统手段（例如，致电 9－1－1 中心）进行报告。

融合中心分析师担任私营部门组织的联络人，负责报告其各地区内外的可疑活动，分析、解除冲突并进一步传播对地方和国家国土安全具有重要意义的所有关于重要基础设施的情报数据。此外，分析师还会以公告和简报的形式定期提供特定部门的情报警报与报告，为所有私营部门合作伙伴提供持续的情境意识。

公私伙伴关系

基础设施安全伙伴关系（TISP）是在 2001 年 9 月 11 日发生的悲惨事件之后成立的，是公共和私营部门组织就国家重要基础设施抵御自然灾害和人为灾害的不利影响的恢复力问题开展合作的国家论坛。TISP 成员包括：代表设计、建造、运营和维护团体；地方、州和联邦机构；学术界；其他关心灾难准备、响应和恢复的组织。通过利用它们的集体资源、经验、技术专长、研究和开发能力以及关于自然灾害和人为灾害的公共政策知识，共同确定并制订具有成本效益的解决方案。自成立以来，成员已增至 100 多家，代表着超过 150 万个人和企业。

TISP 发布了“区域抗灾能力：制订行动计划指南”，旨在为各级政府、服务提供商和其他组织提供灵活、动态、高层次的框架，以制订帮助发展或提高全面的区域准备的行动计划。本指南旨在尽可能全面地提供一系列行动，以便各组织可以根据实际需要联合和单独地采取上述行动，以实现区域抗灾能力。重点是将公共和私营部门以及其他发挥作用与拥有任务或者参与灾难准备的实体召集在一起，以应对多重灾害。其目的是合理而经济地保护相互依赖的网络和重要物理基础设施。

基于 TISP 区域抗灾能力指南，行动计划基于以下假设：

1. 环境保护是全面的区域准备工作的组成部分，是确保社区、州和国家能够迅速对各种类型的灾害做出响应和恢复的关键，特别是极端事件。

2. 国家和全球基础设施日益复杂和相互依赖性，导致了我们刚刚开始了解的物理和网络的脆弱性。利益相关方越来越意识到基础设施的相互依赖性，但需要扩大他们对这些联系的程度及其对责任、运行和业务实践影响的认识，特别是对于大规模和长期的中断。

3. 要确定如何最好地确保相互依赖的基础设施，确保迅速的响应和恢复，并建立应对区域性灾害的弹性，需要一种综合的、互补的网络和物理方法。因此，需要加强物理与网络安全人员和应急管理人员和操作人员之间的交互，以提高对威胁和脆弱性的认识。

4. 今天的准备工作需要一种全面的、多危害的区域方法，以处理各种类型的自然灾害、人为错误、系统故障、流行病和恶意行为，包括涉及网络系统和大规模毁灭性武器（化学、生物、辐射和核设备）的事件。

5. 卡特里娜飓风清楚地表明，为成功应对极端灾害、自然灾害或人为灾害，现有的联邦、区域、州和地方灾害管理计划需要改进。新的思想、方法、培训和演练以及前所未有的政府间合作与规划是必要的，这一切必须与私营部门和其他关键利益相关方合作完成。

6. 建立区域—公私伙伴关系是必要的，目的是使关键的利益相关方建立信任，促进信息的共享和协调，识别和评估脆弱性和其他的准备需求，并制订和实施解决方案。这种伙伴关系应包括各级政府、公用事业单位和其他服务提供者、商业企业（包括对地方至关重要的企业、制造商、生产商、加工者以及重要商品和产品的分销商）、非营利性组织以及社区和学术机构。

7. 多危害社区已经完成了广泛的工作，它们帮助实施恐怖主义袭击的准备工作。

8. 信息技术、工程、材料、生物科学以及其他学科的进步正在创造我们必须预料到的新脆弱性。

9. 由于基础设施的相互依赖性，通过物理安全保护关键资产只是确保必要的服务和产品所必需的整体方法的一个重要因素。此外，还需要有效地减轻破坏所造成的潜在和实际损害，特别是那些导致区域丧失能力并妨碍迅速响应和恢复的级联效应的破坏。

10. 在发展阶段的网络和物理系统中，应根据不同情况下的评估风险，将安全和抗灾能力纳入其中。恢复力可以包括系统硬化、冗余构建、实现备份系统和其他缓解措施。

11. 确定基础设施资产的危急程度是一项重大挑战，特别是对必须在安全和缓解措施方面进行投资权衡的国家与地方政府。危急程度状态通常在旁观者的眼中取决于特定的情况。在一个区域内，大量的关键资产限制了国家和地方的资源，而我们需要更好地理解基础设施的相互依赖关系，这需要制订标准和基于风险的方法来识别关键资产、基础设施保护和弹性。

12. 环境保护是基础设施保护和恢复力的重要组成部分。例如，垃圾产品和有毒物品的储存场所应该被视为存在安全风险与环境风险。

13. 一个主要的挑战是获取能够支持开发评估和决策工具的基础设施相互依赖的必要数据，以便更好地理解相关的网络和物理脆弱性，以及如何最好地将它们最小化。克服这一挑战需要合作，并寻找方法来识别、收集、安全存储和共享在区域灾难准备中发挥重要作用的利益相关方提供的信息。

14. 发展和维持互助协议、用户协议、谅解备忘录（MOUs）和其他类型的合作安排对于做好准备与灾害管理是必不可少的。这种机制使辖区、私营部门和其他利益相关方能够解决资源需求和分配、安全与法律问题、共享专有信息以及在紧急情况之前偿还费用。

15. 灾难响应、恢复和复原是地方与州的任务，而不是联邦政府的唯一责任。

16. 梳理和定义角色与责任——包括确定谁是特定功能的负责人——是确保有效的灾难准备、响应、恢复和复原的基础。

17. 联邦政府历史上通过 FEMA 的区域办事处和其他区域联邦办公室为地方和国家层面的准备和灾难应对提供必要的指导和协助。这种区域办法应该继续下去并加强。

18. 将联邦国防资产以适当方式纳入区域准备工作中，是解决极端灾害（其资源需求超出了州/省和地方级别）的关键。

19. 确保供应链和关键产品、材料和零部件的交付是灾难恢复力和工业基地活力的关键，并对区域和国家经济以及国家安全产生直接和深远的影响。

20. 应在各组织和司法辖区内以及跨部门应用规范、标准和准则，以加强安全和防范，并尽量减少费用。

21. 必须认真和全面地建立沟通渠道，包括所有主要利益相关方的代表和发言人；必须经常进行测试，以改进和改正缺点，并确保它们起作用，有冗余和弹性来抵御基础设施的恶化或破坏；必须保持高效率和定期，以确保在需要时可用；必须明确一个拥有管理和持续经营责任的实体。

22. 各级执法人员和公共安全人员在制订保护重要基础设施的战略时，应当认识到与公共和私营部门协调的价值。积极参与的重要基础设施运营商应该为减轻脆弱性，并对系统或设施建立威胁意识的共享信息提供基础。

23. 通过建立 NIMS 和其他措施来更好地管理大规模事件已经取得了进展。然而，在重大灾害和恐怖主义袭击中挑选角色与责任仍然是最大的挑战之一。“灾难不知道司法边界”，所以，考虑到联邦政府的不断变化的角色——例如，DHS 和国防部（DoD），关键利益相关方必须在不同的情况下共同定义他们的责任。

24. 私营部门和非营利性团体拥有大量可用的资源和能力，这些资源和能力必须纳入区域灾害响应和恢复计划与活动中来。

25. 卫生保健和公共卫生组织在灾害响应中发挥着独特和极其重要的作用，应纳入灾害计划中来。

26. 社区机构、公众和有特殊需要的个人必须在计划和演练中予以考虑，特别强调教育和威胁意识、影响和地方应急响应程序。疏散撤离计划必须切合实际，充分考虑到基础设施的相互依赖和有特殊需要的个人。

27. 媒体在灾难管理中扮演着独特的、不可或缺的角色，在信息传播和教育方面发挥作用。偶尔作为现场处置人员，作为具有业务连续性需求的重要利益相关者。媒体需要参与准备计划和演练。

28. 任何需要保密或敏感信息的系统或技术解决方案，必须在开发之初，就具有最高的信息安全级别。与此同时，必须在信息安全的需求与利益相关方之间建立平衡，以增进对相互依赖的理解和促进准备计划。

29. 技术解决方案、维护和升级的成本必须是各州、地方和私营部门负担得起的。

什么样的国家立法能够支持公私合作伙伴关系以开展应急准备工作？

美国国会在 2004 年的《国家情报改革法案》中强调了私营部门应急准备工作和 NFPA 1600 的重要性。在第 7305 节，私营部门的准备工作，国会要求国土安全部部长：在适当的情况下，为了促进采用美国国家标准协会以及根据国家消防协会（National Fire Protection Association）对灾难/应急管理和业务连续性方案的 1600 标准制订的诸如私营部门准备标准等自愿国家准备标准。

在企业的 BCP 中，要考虑可能会影响邻居、城市、社区、区域、州或国家的外部灾难吗？最大的挑战可能仅仅是，如果业务处于崩溃的边缘或某人已经死亡的情况下，BCP、响应、减缓和恢复之后，将会被问及多少问题。一个公众调查机构或 9·11 风格的国家委员会可以问多少问题？你准备好回答了吗？

联邦紧急事务管理局（FEMA）在 2010 年推出的私营部门应急准备（PS - PREP）项目中，认可了 ANSI“组织恢复力：安全、准备和持续性管理系统”（ASIS SPC. 1 - 2009）作为参考资源。

结论

在这一章中，我们研究了业务连续性管理的重要性，以及私营部门的应急准备在减少自然、技术和人为灾害对商业和工业以及它们所服务的社区的影响方面发挥的重要作用。回顾了重要基础设施部门、国家和部门具体计划，业务连续性管理的 10 个专业实践，以了解私营部门应急计划人员能够有效地设计、培训和演练综合响应计划的规划框架。

回顾了私营部门在当代应急管理方面的作用，重点讨论了必须将私营部门基础设施所有者和经营者与公共安全社区（包括国家突发事件管理系统）联系起来的具有约束力的管理方案。确定了支持各种类型私营部门指挥中心的任务、角色、责任、设备和技术。

为私营部门提供工具、数据和运营资产的突发性区域能力，包括由 DHS

资助的融合中心，描述了其在信息共享方面的益处。为公私伙伴关系提供了针对区域恢复力的不断演变的指导。

综合起来，本章中的信息的结构使你能够理解并更仔细地评估将私营部门准备计划与地方、州和联邦公共安全准备活动相结合的机会。

附录 A：国土安全部和应急管理组织

史蒂芬·科尔

我们常常哂笑这个问题："是先有蛋还是先有鸡?"但在应急管理中，当谈到与国土安全的关系（平等的、上级的、下级的）时，没有人会笑。我们组织准备和应对所有的危害的方式对我们拯救生命和保护财产的能力至关重要。同样，了解我们组织应急管理方法的历史和演变，对于加强国家的应急准备和优化向有需要的人提供的资源是很重要的。

为什么是国土安全和应急管理

2002 年 7 月，布什总统公布国土安全的国家战略，并将国土安全定义为"国家共同努力，以防止在美国的恐怖主义袭击，减少美国对恐怖主义的弱点，减少损失，并从已发生的攻击中恢复"。承认国土安全的共同责任，该战略还强调需要"共存，相互支持的州、地方和私营部门策略"。随着国土安全的发展，这一共同责任体现在整个国家的关系中。

虽然存在许多定义，国家应急响应框架将应急管理定义为"所有必需活动的协调和整合，用以建立、维持和改善应对威胁、实际的自然灾害、恐怖主义袭击或其他人为灾害的准备、预防、响应和恢复的能力"。美国在其历史上经历过许多灾难，从自然灾害到危险材料释放再到恐怖主义袭击。虽然应急管理领域比国土安全更成熟、更有经验，但许多政治焦点都是针对 9·11 恐怖袭击以来的国土安全。

从组织上来说，我们发现了联邦政府与州和地方政府之间在国土安全和应急管理资源架构方面的许多差异。考虑到这两个专业的重要性，在具有相同结构的并行组织中是否能获得效率？还是异质性（即"自治权"）是保卫国土的最优结构?

组织对应所有危险紧急情况

George Haddow 博士指出，与其他更有组织的专业不同的是，应急管理在应对事件、立法要求和领导风格时，管理范畴会出现扩大和收缩的变化。这些变化在联邦以及州和地方的应急管理机构中具有体现。它们表明了组织适应性的内在需求，特别是在响应或恢复操作过程中识别出的需要整改的问题。

在 2006 年对联邦应急管理和国土安全组织的研究中，强调了组织变革的价值，国会研究服务部门总结说："当前联邦应急管理职能的组织结构是 50 多年以来的最新发展，是最经济、最有效率和最有效的安排，以保护国家免受灾害和应对灾难（Hogue and Bea，2006）。"虽然最经济、最有效率和最有效的安排必然是国土安全和应急管理结构变化的驱动因素，但确保从过去的错误中吸取的经验教训不会再次出现似乎是更强有力的驱动因素。

特别是在联邦层级，在造成重大后果的重大灾害发生后，相应的灾害响应发生了变化。数十年来，随着灾难应对行动从军方转向民间机构，并且时常将两者结合起来，我们发现了集中式和分散式组织结构。这些结构也带来紧张感，因为平民往往抵制军事叠加，士兵倾向于质疑民用应用。

Himberger 等人在他们 2007 年的文章"When Is No Cavalry"中考察了政府、商业和民间在应急管理方面的合作需求，发现了联邦政府的指挥和控制管理结构往往将机构嵌入在灾难响应方面存在责任变动，重叠和某些时候的不明确。说到联邦应急事务管理局（FEMA），该机构以民防和应对苏联核威胁为重点而成立。"冷战"结束后，联邦应急事务管理局强调实行灾难协助、恢复和减灾计划。9·11 之后，FEMA 被纳入国土安全部（DHS），问题围绕国土安全与应急管理之间的相似之处和不同之处。他们指出，在 FEMA 面临的这种模棱两可的结构中，任何一个机构或组织控制的程度越高，组织间冲突的可能性就越大（Himberger et al.，2007，8）。

根据公共实体风险研究所 2001 年发布的一项研究，一个有效的应急管理组织被定义为"在灾难中应用时，将提供不同水平的生命和财产保护，以及社区居民可接受的恢复援助"（Public Entity Risk Institute，2001，3）。

回到国土安全的国家战略，我们的联邦、州和地方政府在管理上的重叠，经常挑战国土安全和应急管理。为应对这些挑战，该战略强调必须发展相互关联和互补的系统，这加强了而不是重复必要的要求，例如，恐怖主义行为与自然或其他类型灾害的需求。为此，该战略主张有效地准备灾难性自然灾害和人为灾害。尽管这两种事件都与恐怖主义没有关系，但为这种紧急情况做准备将会增加国土安全。

联邦组织结构

联邦应急事务管理局（FEMA）

在 1979 年 FEMA 成立之前，有超过 100 个联邦机构参与了灾难、危害和突发事件应对的某些方面。联邦政府层面的碎片化管理导致了联邦灾难援助的多次政策和多次计划（有时候是重复的政策和计划）。为了简化这种复杂性，美国全国州长协会要求卡特总统将联邦应急职能集中起来。根据 Haddow 博士的说法，卡特总统第三重组计划将应急准备、缓解和响应活动整合到 FEMA 中，并使 FEMA 局长直接向总统报告（Haddow and Bullock，2003，6）。此外，FEMA 专注于“全危害”的紧急情况。然而，启动一个新的联邦机构和管理全面的组织变革并不容易。综合其形成，对多种灾害的响应，如 1989 年的普雷塔地震和 1992 年的安德鲁飓风，突出表明需要在 FEMA 进行更多的组织改进。

1993 年，克林顿总统提名詹姆斯 L. 威特作为 FEMA 的局长，作为一个州的应急管理人员，他最终给该职位带来了经验。威特改革了灾难协助和恢复行动，并强调准备和缓解。他还重申了“全危害”的应急管理。通过大多数措施，威特在 FEMA 期间成功任职，并与州和当地同行建立了牢固的关系。8 年后，布什总统任命乔·阿尔博为 FEMA 局长，在他任职期间，该机构应对了 9·11 事件。即使继俄克拉何马市爆炸事件和内罗毕与肯尼亚的大使馆爆炸事件之后 FEMA 发挥了作用，但是 9·11 以前所未有的方式对该机构进行了考验。之后，FEMA 需要更加强调国内恐怖主义，而不是其在“全危害”紧急事件中的传统作用。

国土安全部（DHS）

在 2003 年，即国土安全部成立之前，国土安全活动分布于 40 多个联邦机构之中。9·11不久之后，布什总统签发了行政令，在总统办公厅和国土安全委员会内设立了国土安全办公室，这两个组织就国土安全问题向总统提出建议。

如前所述，白宫在2002年发布了第一个国土安全的国家战略。该战略为联邦政府部门和机构提供国土安全指导，并建议州和地方政府、私营公司和组织以及美国个人可以采取措施确保国土安全。

2002年的国土安全法案第一部分建立了国土安全部，其任务是：防止美国境内的恐怖主义袭击；减少美国对恐怖主义的脆弱性；尽量减少美国境内发生的恐怖主义袭击造成的损害并协助恢复；履行转移到该部门的所有职能，包括作为自然和人为危机与应急计划的联络人。首个公布的DHS组织结构包含了5个理事会：边境与运输安全理事会、应急准备与响应理事会、信息分析与基础设施保护理事会、管理理事会、科学与技术理事会。虽然该法案将FEMA移至DHS，并通过管理人员与部长之间的直接报告，但FEMA也被纳入了应急准备与响应理事会中。该理事会巩固了DHS的所有准备计划，包括拨款、现场处置人员培训、公民意识、公共卫生、基础设施和网络安全。

两年后，国务卿迈克尔·切尔托夫发布了一份修订的DHS组织结构图，废除了边境和运输安全理事会、信息分析和基础设施保护理事会以及应急准备和响应理事会。随着这一变化，FEMA成为DHS内的一个独立机构，直接向DHS部长汇报。

根据国会研究机构的数据，切尔托夫的重组并没有被普遍接受。国家应急管理协会（NEMA）——一个国家应急管理协会，强烈批评这次重组，告诉国会将灾难计划与应对分开，将“导致不连贯的响应，并对部门运作的有效性产生负面影响”（Hogue and Bea，2006，21）。

在卡特里娜飓风的悲剧之后，卡特里娜飓风后应急管理改革法案（PKEMRA）（公法109—295）确立了FEMA在DHS内的领导地位，并被赋予了更多的职责。具体地说，该法案向FEMA移交了准备理事会的所有职能，包括拨款和培训办公室、美国消防管理局和国家资本区域协调办公室。此外，该法案使FEMA成为DHS的一个单独的实体，并仅根据法规进行改组。

州和地方组织结构

任何关于州和地方应急响应组织的讨论都必须承认联邦制和国家的权

力。《宪法第十修正案》规定："宪法没有赋予美国权力，也没有限制权力，而是把权力保留给各州或人民。"为传统基金会撰写的文章指出，美国的应急管理系统反映了这些原则，每个州都为自己确定了准确的应急响应权力和责任。

根据 Buchalter and Miller（2007，1），州国土安全和应急管理主任都有共同的需要，以防止和应对恐怖主义行为和其他重大危害。在搜索国家和领土法规以及机构使命声明中使用的关键词时，他发现了通用术语，如准备和培训，预防，及时、有效的应急反应和恢复，最小伤害，查明易受灾害和紧急情况影响的地区，等等。

不过，与联邦政府不同的是，州和地方政府在国土安全和应急管理方面采用了不同的组织结构。在 2008 年国土安全主管调查中，全国州长协会（NGA）发现，在过去的 5 年中，各州已经调整了他们的管理结构和优先事项，以应对不断变化的威胁，并更好地调整联邦拨款计划的要求（Ware，2006，1）。

NGA 的调查显示，各州通过各种不同的结构来管理国土安全行动，以应对其独特的挑战和优先事项：

1. 一个独立的内阁部门，28%。
2. 一个更大的内阁级部门的顾问小组，负责协调预算和战略决策，25%。
3. 一个更大的内阁级部门的下属部门，30%。

在更详细的组织结构方面，NEMA 展示了不同的州应急管理机构（见表 A.1）。据 NEMA，应急管理机构的结构、州长的影响力以及国土安全和应急管理组织的演变。

得克萨斯州应急管理部门

仔细地看看一个州——得克萨斯州——的应急管理结构演变。1951 年的《得克萨斯州民事保护法案》提到，在州长办公室设立了民防和灾难协助部门，负责处理民防和灾难响应项目。1963 年，该部门与公共安全部合并，并于 1973 年更名为灾难应急服务部。在多次更名之后，2005 年，该组织被指定为得克萨斯州公共安全部门的运营部门。2009 年，得克萨斯州立法机关第八十一次会议通过的立法正式将该组织的名称改为得克萨斯州应急管理部。表 A. 2 说明了得克萨斯州的 3 个主要实体及其对国土安全和应急管理的责任。

结论

在 Homeland Security Affairs 中，Bellevita（2008，7）指出并非所有的辖区都面临同样的威胁或风险：佛罗里达州有飓风；蒙大拿州有野火；爱达荷州有洪水；阿肯色州有龙卷风；西北有地震；大湖州有严重的暴风雪；纽约市、华盛顿特区和其他主要城市地区有更大的恐怖主义袭击风险。他认为，国土安全对不同辖区意味着不同的事情，他在研究联邦国土安全拨款时特别注意到了这一情况。引用一句话："国土安全应该是一项旨在预防最有可能威胁其公民的安全和保障的事件的地方性工作。"

州和地方政府通常会使用国土安全拨款来改善他们的"全危害"应急管理计划，以解决他们最大的风险。

NGA 和 NEMA 调查显示，州和地方政府已经调整并将继续调整他们的国土安全和应急管理结构，以满足他们自己的需求，并帮助促进他们与联邦政府的关系。后一个目标的达成很大程度上取决于国土安全的联邦拨款以及能够获得尽可能高的资金来支持或维持全灾害的应急管理计划。在许多情况下，这些拨款涵盖双重用途申请，同时支持"全危害"和恐怖主义应对准备活动。

Bellevita 解释了双重用途的原因。简言之，州和社区没有资源将注意力集中在恐怖主义上。作为一个国家问题，国土安全必须涉及每个人。州和地方机构需要充分利用各级政府、私营部门和公众的关系，并优化合作。这种方法也强烈地鼓励需要说同一种语言并理解彼此的文化。

根据 Homeland Secrurity Affairs（Clovis，2006，18），只有通过各级政府的合作，美国才能实现国土安全准备的最佳水平。他断言缺少任何一方都会导致低效率，更糟糕的是，可能导致不必要的风险。

虽然 Clovis 也注意到国会和政府可以使用拨款作为影响变革和影响组织行为的手段，但这种做法与联邦制相违背。作为支持观点，Carafano 写道："与其他许多国土安全任务一样，应用——而不是试图规避——联邦制原则通常会产生最好的结果。”

无论选择何种组织结构，将国土安全与应急管理相结合的产出效率都高于独立实体。Stephen Flynn（2004，60）指出：“因为我们以事件驱动的方式来解决脆弱性问题，美国人并没有意识到将安全融入正常的业务过程中才是最有效的方式。当企业安全成为被动的项目时，只有在威胁变得明显之后才会采取行动，这种努力最终会变得昂贵、丑陋，而且基本上无效。”

表 A.1 各州的应急管理机构情况

州长	副州长/军事事务	国土安全	公共安全	州政策	其他
13	18	4	12	2	4
亚拉巴马州	阿拉斯加州	德拉瓦州	马萨诸塞州	密歇根州	科罗拉多州
阿肯色州	亚利桑那州	印第安那州	明尼苏达州	新泽西州	夏威夷州
加利福尼亚州	艾奥瓦州	华盛顿 哥伦比亚特区	密苏里州		新墨西哥州
康涅狄格州	爱达荷州	关岛	内华达州		西弗吉尼亚州
佛罗里达州	堪萨斯州		新罕布什尔州		
佐治亚州	肯塔基州		北卡罗来纳州		
伊利诺伊州	缅因州		俄亥俄州		
路易斯安那州	马里兰州		南达科他州		
密西西比州	蒙大拿州		得克萨斯州		
纽约州	内布拉斯加州		犹他州		
俄克拉何马州	北达科他州		佛蒙特州		
宾夕法尼亚州	俄勒冈州		弗吉尼亚州		
北马里亚纳群岛	罗德岛				
	南卡罗来纳州				
	田纳西州				
	华盛顿州				
	威斯康星州				
	美属维尔京群岛				

来源：国家应急管理机构

表 A.2　得克萨斯州的 3 个主要实体及其对国土安全和应急管理的责任

实体	责任
州长	· 指导该州的国土安全工作并制定全州范围的国土安全战略 · 处理由能源紧急事件所带来的对州和人民的灾难和中断的危险
国土安全州长办公室主任①	· 为州国土安全计划提供政策指导 · 协调制定并监督州国土安全战略的实施 · 与当地政府、地区组织和联邦机构协调州国土安全计划
应急管理州长办公室主任	· 管理州的综合性“全危害”应急管理项目，协助各市、县和州机关实施自身的应急管理项目 · 支持州长国土安全战略的制定和实施 · 维护得克萨斯州应急管理预案和其他专门的州计划 · 为地方和州政府官员以及应急响应人员制订广泛的应急管理培训计划 · 为公众提供威胁意识和备灾教育资料 · 管理灾前和灾后计划以消除或减少已知危害的影响 · 协调动员和部署州资源以应对重大突发事件和灾害

来源：得克萨斯州应急管理部

参考文献

Bellavita, Christopher. Changing Homeland Security: What Is Homeland Security? Homeland Security Affairs 4, no. 2 (June 2008).

Buchalter, Alice R., and Patrick Miller. A Guide to Directors of Homeland Security, Emergency Management, and Military Departments in the States and Territories of the United States. Washington: Library of Congress, 2007.

Carafano, James Jay, and Richard Weitz. Learning from Disaster: The Role of Federalism and the Importance of Grassroots Response. Backgrounder. No. 1923. Washington: The Heritage Foundation, March 21, 2006.

Clovis, Samuel H., Jr. Federalism, Homeland Security and National Preparedness: A Case Study in the Development of Public Policy. Homeland Security Affairs 2, no. 3 (October 2006).

Department of Homeland Security. Brief Documentary History of the Department

① 国土安全州长办公室主任也是应急管理州长办公室主任。

of Homeland Security：2001 – 2008. Washington，DC（n. d.）.

Federal Emergency Management Agency. FEMA History. http：//www. fema. gov/about/history. shtm（accessed October 18，2009）.

Federal Emergency Management Agency. NRF Resource Center. http：//www. fema. gov/emergency/nrf/glossary. htm#E（accessed October 18，2009）.

Flynn，Stephen. America the Vulnerable：How Our Government Is Failing to Protect Us from Terrorism. New York：Harper Collins，2004.

Haddow，George D.，and Jane A. Bullock. Introduction to Emergency Management. Burlington，MA：Butterworth – Heinemann，2003.

Himberger，Douglas，David Sulek，and Stephen Krill，Jr. When There Is No Cavalry（The Megacommunity Reader）. Mc Lean，VA：Booz Allen Hamilton，June 2007.

Hogue，Henry B.，and Keith Bea. Federal Emergency Management and Homeland Security Organization：Historical Developments and Legislative Options（RL33369）. Washington DC：Congressional Research Service，2006.

National Emergency Management Association. State Emergency Management Organizations. http：//nemaweb. org/default. aspx? ID = 2076（accessed October 18，2009）.

Public Entity Risk Institute. Characteristics of Effective Emergency Management Organizational Structures. Fairfax，VA：Public Entity Risk Institute，2001.

Texas Division of Emergency Management. State & Local Emergency Organizations. http：//www. txdps. state. tx. us/dem/documents/statelocalhsemorgs V4. doc（accessed October 18，2009）.

Ware，Will. 2008 State Homeland Security Directors Survey（Issue Brief）. Washington，DC：NGA Center for Best Practices，March 6，2009.

White House. National Strategy for Homeland Security. Washington，DC：Office of Homeland Security，2002.

附录 B：管理自发性志愿者

迈克尔·法格尔

有一件事是肯定的，在发生恐怖主义或灾难事件之后，你可能会期望有很多志愿者来帮忙。基于处理方式，志愿者可以是一个巨大的助益，也可以是第二个灾难。在决定是否使用志愿者资源和如何使用志愿者资源时，要注意你所在辖区的政策和州的法律。根据你获得的信息，你可以选择送志愿者回家。更可能的是，你可以决定把他们送到一个集中的地点，以便于协调和分配（参见图 B.1）。

图 B.1　2009 年，数百名志愿者在明尼苏达州的穆尔黑德（Moorhead）为红河洪灾提供帮助（由 FEMA 的 Mike Moore 供稿）

建议在事件发生前处理志愿者问题，并为社区建立一个集中协调地点。利用地方和州公民团体委员会在事件发生之前组织志愿者并在此期间对其进行管理是有效的方法。公民团体包括多个小组，如社区应急响应队（CERTs）、警察服务志愿者（VIPs）、邻里监督组织、消防队和医疗后备队。如果你所在的社区没有一个活跃的公民团体委员会，你可以与州灾难自愿组（VOAD）或美国红十字会协调，这两个组织都是公民团体的附属机构。否则，请遵循以下建议：

- 制订一项计划，在突发事件前处理自发性志愿者问题
- 组成一个志愿者协调小组
- 鼓励形成灾难联盟
- 识别潜在的合作伙伴
- 建立志愿者接待中心
- 指定一个实体来管理没有关联的志愿者
- 审查你的辖区内的志愿者的保险政策
- 为潜在的志愿者制订培训和培训计划
- 开发互助系统
- 收集标准化的在灾难事件发生之前、期间和之后使用的公共教育和媒体信息
- 强调需避免涉及非附属志愿者参与的“灾难中的灾难”
- 与不同种族的媒体和社区领袖建立关系，确保信息可以到达社区的各个阶层

潜在的志愿者伙伴可能包括：

- 大学
- 青年组织
- 学校
- 公民协会
- 社区组织
- 宗教组织
- 公司和企业
- 特殊需要小组
- 自愿机构
- 高级计划
- 国民服务计划
- 医院
- 志愿者协调的专业人员

附录 C：应急管理和媒体

兰德尔·邓肯

理解并与媒体合作是整个应急管理系统的重要组成部分。应急管理人员和媒体之间的关系是比其他任何组成部分都有更多的机会去超越或失败的。

让我们通过定义媒体是什么来开始我们对应急管理和媒体关系的探讨。传统上，我们认为媒体包括报纸、无线电广播和电视。自从 1450 年约翰内斯·古腾堡发明了现代印刷机以来，报纸一直是媒体的主要内容，无线电广播和电视是近世纪才进入了媒体的世界。但是，通过将新闻发布在一个时间点上（实时报道），并添加了声音（广播）和可动图片（电视）的元素，改变了媒体的运作方式和功能。

近几年，万维网、社交网站和博客的发展推动了媒体另一场革命，影响着我们的生活。

为了更全面地了解应急管理与媒体关系的要素，有必要了解各类媒体的特点。让我们从传统的媒体形式报纸、无线电广播和电视来进行我们的探讨。

报纸

可以说，美国的第一份报纸被称为《国内外公共事件》（Publich Occurrences Both Forreign and Domestic）（National Humanities Center，2006），如图 C. 1 所示。它于 1690 年 9 月 25 日出版，并由本杰明·哈里斯编辑。它只刊印一个问题，并在出版的 4 天后由马萨诸塞州州长和理事会禁止。该报唯一幸存的一份在伦敦公共记录办公室（Library of Congress，2009）。

传统上，现代报纸每天或每周出版，具体取决于读者的规模。报纸的发行量差别很大。2009 年发行量最大的三家报纸分别是《华尔街日报》（Wall Street Journal）（发行量 2024269 份）、《今日美国》（USA Today）（发行量

1900116 份）和《纽约时报》（New York Times）（发行量 927851 份）。最小的报纸是《麦地那（纽约）杂志登记册》［Median（NY）Journal Register］（发行量 2117 份；Audit Bureau of Circulation，2009）。

传统上，报纸被认为比广播或电视提供更深入的报道，因为报纸有更多可用的空间来进行报道。通过电报，报纸还提供了一些事件的首次报道，这些事件的发生地远离报纸发行地。这使得远程记者可以从远处发回一个故事给报社办公室，并创造了一种称为“倒金字塔”的新闻写作风格。倒金字塔式的写作风格要求记者先传递最重要的事实，其次是故事主体中较不重要的那些内容（Scanlon，2008）。

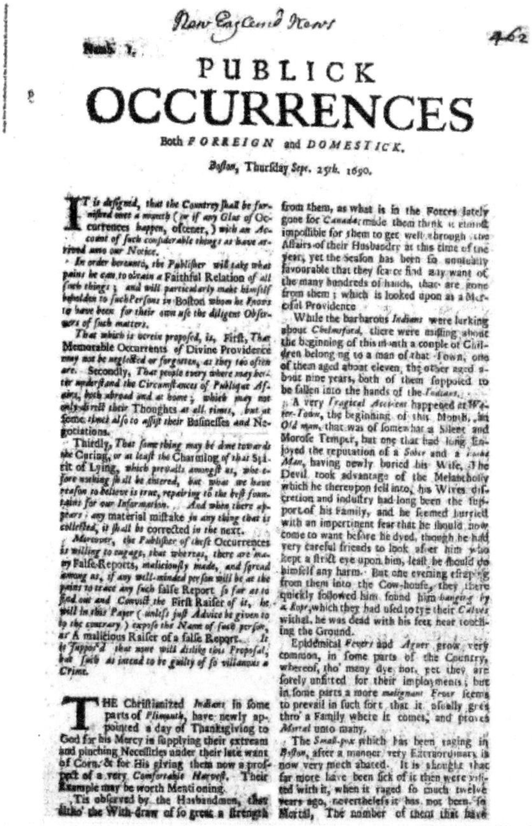

New England News 462

Numb. 1.

PUBLICK
OCCURRENCES
Both FORREIGN and DOMESTICK.

Boston, Thurſday Sept. 25th. 1690.

IT is deſigned, that the Countrey ſhall be furniſhed once a moneth (or if any Glut of Occurrences happen, oftener,) with an Account of ſuch conſiderable things as have arrived unto our Notice.

In order hereunto, the Publiſher will take what pains he can to obtain a Faithful Relation of all ſuch things; and will particularly make himſelf beholden to ſuch Perſons in Boſton whom he knows to have been for their own uſe the diligent Obſervers of ſuch matters.

That which is herein propoſed, is, Firſt, That Memorable Occurrents of Divine Providence may not be neglected or forgotten, as they too often are. Secondly, That people every where may better underſtand the Circumſtances of Publique Affairs, both abroad and at home; which may not only direct their Thoughts at all times, but at ſome times alſo to aſſiſt their Buſineſſes and Negotiations.

Thirdly, That ſome thing may be done towards the Curing, or at leaſt the Charming of that Spirit of Lying, which prevails amongſt us, wherefore nothing ſhall be entered, but what we have reaſon to believe is true, repairing to the beſt fountains for our Information. And when there appears any material miſtake in any thing that is collected, it ſhall be corrected in the next.

Moreover, the Publiſher of theſe Occurrences is willing to engage, that whereas, there are many Falſe Reports, maliciouſly made, and ſpread among us, if any well-minded perſon will be at the pains to trace any ſuch falſe Report ſo far as to find out and Convict the Firſt Raiſer of it, he will in this Paper (unleſs juſt Advice be given to the contrary) expoſe the Name of ſuch perſon, as A malicious Raiſer of a falſe Report. It is ſuppos'd that none will diſlike this Propoſal, but ſuch as intend to be guilty of ſo villanous a Crime.

THE Chriſtianized Indians in ſome parts of Plimouth, have newly appointed a day of Thankſgiving to God for his Mercy in ſupplying their extream and pinching Neceſſities under their late want of Corn, & for His giving them now a proſpect of a very Comfortable Harveſt. Their Example may be worth Mentioning.

'Tis obſerved by the Husbandmen, that altho' the With-draw of ſo great a ſtrength from them, as what is in the Forces lately gone for Canada; made them think it almoſt impoſſible for them to get well through the Affairs of their Husbandry at this time of the year, yet the Seaſon has been ſo unuſually favourable that they ſcarce find any want of the many hundreds of hands, that are gone from them; which is looked upon as a Merciful Providence

While the barbarous Indians were lurking about Chelmsford, there were miſſing about the beginning of this month a couple of Children belonging to a man of that Town, one of them aged about eleven, the other aged about nine years, both of them ſuppoſed to be fallen into the hands of the Indians.

A very Tragical Accident happened at Water-Town, the beginning of this Month, an Old man, that was of ſomewhat a Silent and Moroſe Temper, but one that had long Enjoyed the reputation of a Sober and a Pious Man, having newly buried his Wife, The Devil took advantage of the Melancholly which he thereupon fell into, his Wives diſcretion and induſtry had long been the ſupport of his Family, and he ſeemed hurried with an impertinent fear that he ſhould now come to want before he dyed, though he had very careful friends to look after him who kept a ſtrict eye upon him, leaſt he ſhould do himſelf any harm. But one evening eſcaping from them into the Cow-houſe, they there quickly followed him found him hanging by a Rope, which they had uſed to tye their Calves withal, he was dead with his feet near touching the Ground.

Epidemical Fevers and Agues grow very common, in ſome parts of the Country, whereof, tho' many dye not, yet they are ſorely unfitted for their imployments; but in ſome parts a more malignant Fever ſeems to prevail in ſuch ſort that it uſually goes thro' a Family where it comes, and proves Mortal unto many.

The Small-pox which has been raging in Boſton, after a manner very Extraordinary is now very much abated. It is thought that far more have been ſick of it then were viſited with it, when it raged ſo much twelve years ago, nevertheleſs it has not been ſo Mortal, The number of them that have

图 C.1　国内外公共事件

根据这些信息，如表 C.1 所示，我们可以预测印刷企业想要采用新闻的方式。

表 C.1　印刷媒体最有可能感兴趣的项和解释

项	解释
细节	印刷媒体想用文字在读者的脑海中描绘一幅图画
问题	会更注重细节
	翻车多少次？
	它离这条路的边缘有多远呢？
	有没有火焰？如果有，多高？
背景信息	与事件有关的历史 这种情况以前发生过吗？ 涉事人员历史
截止时间	传统：通常每天；当前的政策可能会受到报纸网站的影响

无线电广播

不提及有线电报系统，就无法谈论无线电广播的历史。1838 年，塞缪尔·莫尔斯在美国首次公开演示了电报的使用方法（Smithsonian Institution，2010）。1843 年，国会为在马里兰州巴尔的摩和华盛顿特区之间安装的电报系统提供资金。辉格党于 1844 年 5 月 1 日在巴尔的摩举行了提名大会，并推选亨利·克莱为候选人。

这是电报转播的第一个新闻（Smithsonian Institution，2010）。1901 年，古列尔莫·摩尔斯开始发展广播电台。他从英国康沃尔郡的 Poldhu 的无线发射机发送了莫尔斯电码到加拿大纽芬兰的无线接收器（Public Broadcasting System，1998b）。几年后，1906 年平安夜，船上的一些无线电接线员听到了圣诞颂歌“平安夜”和一个朗读圣经的声音，而不是他们通常听到的摩尔斯电码（Public Broadcasting System，1998a），这标志着第一次无线电广播的成功。

从这些不起眼的开端，无线电广播对我们收听新闻和发现其他事件的方式产生了影响。我们可以坐在客厅里，聆听来自海外的居民、独裁者和好莱坞明星代言商业产品的声音。与报纸不同，无线电可以为我们带来新闻事件的声音和词汇。

现代的广播电台被分成不同的兴趣小组，称为“格式”。在今天的电台广播中，有些格式包括新闻/谈话、音乐电台、公共广播电台和非英语电台。

表 C.2 无线电广播最有可能感兴趣的项和解释

项	解释
细节	无线电广播让广播员利用短而简明的信息进行新闻播报
	一般来说，它们是 10 到 15 秒的“现实”或“声音片段”
新闻/谈话	更多的故事；比其他的广播格式要深入一些
公共广播电台	使用“自然声音”；以打开的麦克风记录事件发生的背景
非英语电台	帮助那些在社区中不讲英语的人
音乐电台	可能或不携带新闻；如果有新闻，它通常只包含简短的新闻内容
截止时间	每小时，取决于新闻广播的时间表

电视

美国首次授权的电视广播在 1928 年 7 月 2 日，马里兰州的惠顿市，华盛顿特区的一个郊区，由 C. F. Jenkins（“What Televison”，1928）播出。电视的全盛时期可能发生在 1955 年 3 月 7 日晚，一半美国人看玛丽·马丁饰演的彼得·潘的电视直播（Bogart，1958）。其他标志电视影响美国人接收新闻方式的重大事件包括如下直播事件，肯尼迪—尼克松辩论以及人类首次登月。每天晚上，生动的画面加上声音，让世界进入我们的家园。当地电视台有各种各样的新闻广播，它们可以是现场新闻，或正在进行的定期新闻节目中插播特定活动的新闻。此外，一些地方电视台可能会播出特别调查性报道或节目。通常，地方电视台与网络有联系，并在网络上报道国内和国际新闻。

表 C.3 电视媒体最有可能感兴趣的项和解释

项	解释
细节	事件的视频可以决定其是否是一个故事
	如果有视频的话，这个故事可能不会成为新闻
	同样，如果没有视频，一个真正重要的故事可能不会成为新闻
新闻的类型	本地新闻包括现场新闻；常规的本地新闻；调查报告；专题新闻节目（本地或网络）；国家新闻；国际新闻
截止时间	各种各样的新闻将会被广播；主要的最后期限通常是晚间新闻广播

社交网站和万维网

不探索万维网和社交媒体对个人以及报纸、无线电广播和电视等传统媒体的影响，就不能完成对媒体的探讨。

正如我们今天所知，万维网在1990年首次成为现实，并发布了名为“万维网”的点击式超文本编辑器（Berners Lee，1998）。在随后的几年中，网站的数量、功能以及纯粹的信息量都呈现爆炸式增长。当然，在这种快速扩张的情况下，用户需要一种谨慎的购买方式。在万维网上找到一个有学术声誉和准确的来源是很容易的。通过这种媒介，用户可以找到并放置合适的资源。

除了方便地访问万维网上的信息，人们很快发现，它正在成为朋友之间沟通交流和人际交往的工具，这促使了社交网站的发展。社交网站被定义为：基于网络的服务，允许个人在有界系统内建立公开或半公开的摘要信息；清晰地列出与他们共享连接的其他用户；查看并遍历系统中其他人建立的连接列表。这些连接的性质和名称可能因站点而异。（Boyd and Ellison，2007）

我们还认为社交网站是社交媒体，是向朋友传达信息和从朋友和他人的意见中了解信息的一种方式。诸如Twitter、Facebook、Myspace和博客这样的网站已经成为一种分享信息、意见甚至反映新闻事件的方式。

这些网站对传统媒体（报纸、无线电广播和电视）与其观众和听众互动的方式产生了影响。因此，报纸现在也拍摄新闻报道的视频，并通过其网站向读者提供。广播电台也做同样的事情。电视台现在写新闻报道，并在他们的网站上发布类似于报纸的报道，这对各种形式的传统媒体的截止日期产生了重大影响。

然而，最近出现了另一种万维网现象——微博或博客。这种现象模糊了传统报刊和博客的区别：

> 在媒体界，它曾经用阿里清楚区分谁在新闻业，谁不在新闻业。新闻业提供新闻，非新闻企业则不提供。新闻业通常从广告商处获得报酬，目的是收集、包装和分发新闻与观众感兴趣的信息。非新闻企业或组织为其他目的而存在，可能是提供诸如环境保护之类的公共服务，或生产化肥等商业产品，为这些企业提供新闻根本不是

> 他们生存的理由。在即时新闻世界，这种区别变得越来越模糊。
>
> 从我们称为互联网的技术的收集中发现，最重要的趋势之一就是公民记者的出现。微博中的“博客”，用来描述那些在互联网上记录和发布他们所发现东西的人，这反映了现今几乎所有人都可以很容易发表他们所写的东西。如前所述，一些博主积累了数以百万计的粉丝，并且具有和那些曾经的名人记者一样大的影响力。(Baron, 2006, 47)

由于这些因素，应急管理人员或辖区的发言人必须记住，现在有更多的观众为传统媒体准备信息。这些公民记者来自那些直接受到事件或紧急事件影响的家庭，那些发生紧急事件或灾难的地区，以及“传统媒体”。

在危机中与媒体打交道

为了开始我们在危机中处理媒体的讨论，我们需要了解一些关于沟通的基本知识。我们第一次学会沟通是在婴儿时期，甚至在我们开始说话之前。我们用手势和声音进行交流，这是一种叫作非语言行为集群的方式。稍后我们将详细讨论这个问题。

对于这样一件看似简单的事情，沟通是极其复杂的。交流的行为始于我们大脑中的一个想法，这个想法希望被表达出来或传达给某人。然后，它必须通过我们的信仰系统和感知的过滤器。然后，它必须被编码（无论是在演讲或写作中），然后传播给接收者（一个读者或听众）。接收者必须得到消息，对其解码，并通过他们自己的信仰系统和感知的过滤器来运行解码的材料，以便理解我们最初想要交流的想法。理解沟通过程相关的复杂性，让我们对一个看似简单的语句有了新的理解，如“请把盐递给我”。

与我们如何说和表达事物相关的非语言行为集群，在传达想法方面比我们实际说的单词更重要（Blatner，2009）。因为这些非语言行为集群通常比特定的词语传达出更多的信息，所以，我们更倾向于相信信息的表达方式。当演讲人用语言传达给听众的信息与他们的非语言行为集群发生冲突时，听众就不会相信演讲者。例如，一个简单的思维实验，回忆上一次你在电视上看到一个人，你对那个人的反应是你不相信他说的话。你会有这样的感觉，因为说话者的语言和他的非语言行为集群之间存在冲突。

在危机情况下，正常的沟通过程会有轻微的迂回。当危机正在发生时，我们需要向当选的官员或发言人提供援助，以确保我们不让环境剥夺我们通常通过媒体向公众传达的信息。换句话说，我们需要避免媒体的陷阱。表 C. 4 是由风险沟通中心创始人兼主任文森特·科维洛博士未发表的材料改编而成，并经许可使用。

表 C. 4　如何处理危机中的媒体情况

做	不做
定义所有技术术语和首字母缩写（行话）	使用可能无法被听众理解的语言
如果你用幽默，那就针对你自己	在安全、健康或环境问题上使用幽默
驳斥负面的指控而不重复它们	涉及国家问题，例如，“这不是拉夫运河”
使用视觉效果来强调关键点	完全依赖语言
保持冷静，用问题或指责作为跳板，说一些积极的话。	让你的情绪干扰你积极沟通的能力
问问你是否说清楚了	假设你已经被理解了
用例子、故事和类比来建立一个共同的理解	只用抽象语言来谈论
对你正在交流的非语言信息要敏感	允许你的肢体语言或你在房间里的位置与你的信息不一致
让他们和你所说的一致	着装与你的信息不一致
攻击问题	攻击人或组织
只承诺你能做到的东西	许下你无法兑现的诺言
设定，然后严格遵守最后期限	不能跟进那些承诺的项目
强调所取得的成就和正在进行的努力	说没有保证
提及你对健康、安全及环境问题的重视；你对公共卫生的道德义务超过了财务上的考虑	不要把花费的钱作为你关心的问题
使用人称代词	以一个大型组织为例
对你所分享的问题负责	试着把责任推卸给别人
假设你说的和做的都是公众记录的一部分	发表侧面评论或“保密”的评论
在单独的交流中讨论风险和好处	讨论你的成本与相应的风险水平
用风险比较的方法来看待风险	比较不相关的风险

续表

做	不做
强调真正的风险在零和最坏的估计之间	陈述绝对真理或期望门外汉理解
强调业绩、趋势和成就	提及或重复大量的负数
把评论集中在同理心、能力、诚实和奉献上	提供过多的细节或陷入冗长的技术辩论
将发言时间保持在 15 分钟之内	闲聊或不计划好时间
最多用两分钟来回答问题	告诉别人比他们想要的更多

在危机形势下，媒体遵循一定的模式，这些模式包括：

- 搜寻有关事件的背景资料
- 派记者去现场
- 进入现场或采访官方发言人
- 戏剧化的情况
- 期待一个完整的书面简报信息
- 期望你的恐慌
- 被技术信息弄糊涂了
- 耗尽资源
- 彼此分享信息
- 表现专业，期望相同
- 如果没有可靠的信息，提供故事的填充

联合信息系统（JIS）/联合信息中心（JIC）

正如你之前所读到的，国家突发事件管理系统（NIMS）是在国土安全总统决策指令 5（HSPD－5）的指导下发展起来的。最初的 NIMS 文件在 2004 年制定，2006 年第一次更新，2008 年再次更新（FEMA，2008）。公共信息以及建立系统收集、整合和协调系统的过程，被定义为 NIMS 组件 IV－Command 和 Management 的一部分（FEMA，2008，70－74）。整个系统称为联合信息系统（JIS），这个过程发生的具体位置称为联合信息中心（JIC）。

通常，这个过程涉及一个公共信息官员，他支持突发事件指挥结构，并且是指挥人员的成员。该职位的职责通常包括：

- 回应媒体、公众和民选官员的询问
- 监督紧急公共信息收集、整合、协调的过程
- 监督收集、整合和协调信息的过程
- 监控谣言并对其做出回应
- 与媒体的关系
- 创建协调一致的消息，通过
    - 识别要传达给公众的关键信息
    - 以清晰且易于理解的方法创建可提供关键信息的消息
    - 对消息进行优先排序，这样最重要的信息就会先出来，而公众不会被信息量所淹没
    - 验证信息的准确性
    - 确保信息通过最有效的方式得到

整个 JIS 提供了一种方法，以协调在灾难响应中涉及的所有政府部门向公众发布的信息——无论是多个地方辖区还是地方、州和联邦政府，参与响应的多个领域，参与响应的非政府组织和私营部门。这种协调是特别重要的，因为参与这场灾难的所有声音都应该提供大致相同的信息。

在处理大型应急响应情况时要记住的一个重要因素是，不同的领域可能有自己的发言人或 PIO，不同的辖区也可能有自己的发言人或 PIO 在场。这些 PIOs 可能是 JIC 的人员。请记住，每一位官员都将负有首要责任，以确保新闻报道——与他们的机构、领域或辖区有关——得到媒体的关注。但是，他们没有理由不能合作，他们有责任合作建立 JIS，并为 JIC 提供人员。

JIC 基本上是一种工具，可以帮助促进在 JIS 内部发生的过程，就像 EOC 是一种工具，帮助促进在地方应急运行中计划（LEOP）中发生的过程。因此，这两个公共信息元素之间还有其他相似之处。在发生灾难之前，必须把 JIS 的要素做好。系统计划和过程就像 LEOP 中的角色与职责一样，必须在应用之前得到解决和理解。

还应该考虑到什么类型的触发器可能启动 JIC 的激活。一些建议可能包括：

- 制定标准的操作程序或指南，定义设施的开放；是否可以仿照现有的文件来激活应急运行中心？
- 分析突发事件的潜在影响

- 分析媒体对事件的可能兴趣
- 紧急情况或灾难的可能持续时间或响应和恢复阶段

表 C.5　关于 JIS 和 JIC 的关键点

联合信息系统（JIC）为如下事项提供了一个结构和系统：	联合信息中心（JIC）为如下事项提供一个地方：
开发和交付协调的跨部门信息	集中促进 JIS 在突发事件期间和事件后的运行
创建、推荐和执行公共信息计划和策略	增加信息的协调
向突发事件指挥官提供有关公共事务的意见	减少误报
监测和纠正媒体或公众的错误信息	最大限度地利用资源来处理公众和媒体
要适应突发事件的规模，从现场的 3 个 PIOs 到在重大灾难中多个地点的 150 个 PIOs	为媒体提供“一站式购物”

表 C.5 列出了关于 JIS 和 JIC 的其他值得注意的事项。

表 C.6 给出了许多不同类型的 JIC。它是根据 FEMA G290 基本公共信息官员课程（FEMA，2009）的信息改编的。图 C.2 提供了一个有用的 JIC 准备评估。

最后，一种让应急管理人员对当地政客或政府官员表示关爱的方法是，在灾难发生时，向他们提供一份关于如何处理媒体的坦率的信息“备忘单”(见图 C.3)。

表 C.6　JIC 的不同类型

JIC 类型	描述
突发事件	通常情况下，在一个单独的现场、地点建立一个用于事件的 JIC，与联邦、州、部落、地方机构协调，或在情况许可时，建立一个国家级的用于事件的 JIC。它提供容易的媒体访问，这是成功的首要因素。这是典型的 JIC。
虚拟	当物理地点不可行时，将建立一个虚拟 JIC。它通过电子邮件、手机或固定电话、传真、视频电话会议、基于 web 的信息系统等方式连接 PIO。对于流行病类的突发事件，PIO 位于不同的地点，它们通过电子方式交流和协调公共信息，建立一个虚拟 JIC 可能是合适的。

续表

JIC 类型	描述
卫星	卫星 JIC 的规模小于其他 JIC。它主要是为了支持事件 JIC 并在其指导下运作。这些是次要的 JIC，通常位于更接近现场的地方。
区域	区域 JIC 支持在大范围内发生的多事件的 ICS 结构。它通常位于最大的媒体市场附近，可以在本地、州或多个州基础上建立。遭受风暴损害的多个州可能会参与一个区域 JIC。
支持	支持 JIC，用于补充多个州的多个事件 JIC。它在灾区以外提供额外的工作人员和资源。
国家	当突发事件需要联邦协调时，或者当突发事件影响到全国的大部分地区时，国家 JIC 就会成立，并且预计会持续很长时间（几周或几个月）。一个全国性的 JIC 由许多联邦部门和机构以及州机构和非政府组织组成。

预案		
你是否有系统和程序来支持：	是	否
为公共信息和媒体关系制订的应急响应或危机公关预案	☐	☐
你的应急响应或危机公关预案是否有系统和程序来支持：	☐	☐
为公共信息团队指定和分配线路与人员的职责	☐	☐
在预案中识别和更新 PIO 员工与其他公共信息合作伙伴的联系电话	☐	☐
识别和更新地区与本地新闻媒体（包括下班后的新闻台）的联系电话	☐	☐
在应急运行中心（如果激活）建立 JIC	☐	☐
在突发事件中，全天候 24 小时保护所需资源（空间、设备、人员）来执行公共信息运作，使用诸如谅解备忘录、合同等机制	☐	☐
在严格的时间限制下为新闻媒体和公众创建信息，包括在组织的应急响应运行中心内清除这些信息的方法	☐	☐
向新闻媒体、公众和合作伙伴传播信息	☐	☐
在向新闻媒体和公众发布信息之前验证并清除或批准信息	☐	☐
运行公共咨询热线，让训练有素的员工回答公众提出的问题并控制谣言	☐	☐

续图

激活紧急警报系统，包括使用规定的消息	□	□
与其他响应组织协调你的公共信息系统预案活动	□	□
通过与其他响应合作伙伴进行训练和演练来测试预案	□	□
通过吸取训练、演练和事件的教训来更新预案	□	□
人员		
你是否有系统和程序来支持：	是	否
确定维持至少几天全天候 24 小时的公共信息运作所需的人员配备能力	□	□
建立并维护获得或借用临时工的协议	□	□
雇佣或调用临时员工或从其他组织借调的人员的紧急权力	□	□
在事件发生期间为担任组织的 PIO 和其他角色的个人建立与维护工作描述及资格	□	□
指派一名工作人员和至少一名候补人员担任 PIO 的角色与职责	□	□
确定分配的 PIO 是否合格？资格包括： · 提供一般和紧急公共信息的经验和技能 · 能够专业地代表组织（可以在与媒体和公众进行交流时清楚地表达公共信息，并且可以处理摄像机前的采访） · 书面和技术沟通技巧（写作/编辑、摄影、图形和互联网/网页设计熟练程度） · 运行 JIC 所需的管理、检查经验和技能	□	□
建立和维护语言翻译（可用于公共信息发布）名单	□	□
建立和维护与来自其他组织（在突发事件中，你可能会与之共同工作）的 PIO 的关系	□	□
发展和维护与地方和区域媒体的关系，并建立在突发事件期间，向那些媒体快速有效提供信息的程序	□	□

续图

后勤		
事件发生期间，你是否有 PIO 移动工具包（go - kit），其中包括：	是	否
能够连接到互联网或收发电子邮件的笔记本电脑	☐	☐
具有无线电子邮件功能的手机或卫星电话、寻呼机或掌上电脑	☐	☐
数码相机、照片存储介质和充电器/备用电池	☐	☐
包含危机沟通预案要素的闪存驱动器、CD 和磁盘	☐	☐
办公用品，如纸、笔、自粘笔记等	☐	☐
向媒体和公众提供信息所需的手册和背景信息（注意：智能书是汇集关于你所在辖区的事实信息的汇编，例如，人口、学校和医院数量、地理位置或基础设施的规模和描述等）	☐	☐
所有重要信息的硬拷贝	☐	☐
你是否有系统和程序来支持：	是	否
可用于购买运营资源的资金机制（例如，信用卡），以获取和维护移动工具包（go - kit）（注意：go - kit 是一种移动工具包，允许 PIO 在正常工作场所以外工作的情况下保持通信）	☐	☐
确保 PIO 在事件发生时能够获得 go - kit	☐	☐
获取和维护便携式通信设备，关键的最新信息和供给	☐	☐
获取和维护必要的媒体制作设备（相机、数字存储、笔记本电脑等）	☐	☐
获取并维护智能书以协助 PIO 在事件发生期间准确告知媒体和公众相关信息	☐	☐
确定一个专用的位置来容纳 JIC（注意：所选位置必须连接电话、互联网、电缆等）	☐	☐
保护和维护必要的 JIC 设备和用品，以便将信息传播给媒体和公众	☐	☐
事件发生后，清点和补充 PIO 的移动工具箱	☐	☐

续图

事件发生后，清点和补充 JIC 设备和供给	□	□
定期用最新信息更新智能书	□	□
你是否拥有 JIC 所需的设备和供给，包括：	是	否
局域网中的计算机，具有因特网接入和为新闻媒体与伙伴指定的电子邮件列表	□	□
笔记本电脑	□	□
电力和手动打字机，以防发生停电或其他问题时会干扰计算机/打印机的使用	□	□
传真机是否已预先编制好以便将新闻传真发布给新闻媒体和合作伙伴	□	□
打印机和复印机，附带碳粉和纸张等耗材	□	□
碎纸机和垃圾袋	□	□
可以使用电缆连接和 VHS 录像机或其他录制媒体的电视机	□	□
具有无线电子邮件功能的手机、卫星电话、寻呼机或掌上电脑	□	□
数码相机、照片存储介质和充电器/备用电池	□	□
录音机和电池	□	□
包含危机传播计划要素的闪存驱动器、CD 和磁盘	□	□
办公室家具/配件，如书桌、椅子、文件柜、公告牌、白板、垃圾桶、灯、座机电话、时钟、大日历等	□	□
举办新闻发布会所需的音频设备和家具（如无线麦克风、讲台、多功能箱等）	□	□
办公用品（例如，白色和彩色纸、笔、自粘便笺、文件夹、空白磁带、活页夹、隔夜邮件用品、磁带、海报板、可擦除和永久性记号笔、图表纸、画架、订书器和订书钉、新闻发布材料文件夹、黏合剂、计算机磁盘/CD、打孔器、贴纸上的组织标识、印有信头的信纸、邮票等）	□	□

续图

为媒体和公众提供信息所需的手册、目录和背景信息（例如，智能书）	□	□
所有重要信息的硬拷贝	□	□

图 C.2　JIC 准备情况评估［来自联邦应急事务管理局（FEMA），G290 基本公共信息官员培训，A39 - A42，2009］

尊敬的首席当选官员：

以下是在灾难或紧急情况下你需要立即知道的成功处理媒体的问题：

- 确保你掌握自己的情绪——不要在媒体面前恐慌。但是，对于那些卷入灾难或突发事件中的人来说，表现出关切和同情是恰当的。
- 确保你现在对事件有了全面的了解。在与媒体交谈之前，要关注基本知识——谁、什么、何地、何时、为什么。
- 如果你不知道问题中要求的信息——不要说谎！
- 如果你不知道问题中要求的信息——不要提供信息！
- 如果你不知道问题中要求的信息——表示你会查明，然后实际做出跟进并与提问者保持联系。
- 确保出席的媒体了解将有集中信息发布的位置（通常是联合信息中心）。
- 确保你的员工支持联合信息系统（JIS）流程。
- 确保你仔细研究情况，以确定你是否是在某个主题上发言的适合人选。如果你不是，请确保你和你的员工找到合适的人选就正确的问题发言。
- 永远不要说“没有评论”。
- 如果你无法回答某个具体问题，请确保媒体知道你为什么不能回答该问题。例如，原因可能是“我很抱歉，但我们现在根本没有这些信息”，或者可能是“能够回答你问题的人是警察局长琼斯。琼斯局长，请继续，并提供有关此问题的信息”。
- 对待每一台相机和录制设备，就像它和你在一个房间里一直开着一样。
- 你所说的一切都将“记录在案”。
- 确保你想到了你想传达的消息，传达那个消息，当你完成传达消息后离开。
- 了解你将从不同媒体获得的不同类型的问题：

  通常情况下，无线电广播会录制你的声音，进行实况转播，并提供细节——但可能是一个非常短的“声音咬合”。

  通常情况下，电视将需要事件的图片或视频。

  通常，报纸需要更多的描述性语言和更多关于事件的细节。

  不要忘记，你会在人群中遇见新的“记者”——“博主”。
- 在与媒体打交道时，最重要的是诚实！

我希望这些点会有帮助。

应急管理人员

图 C.3　公职人员的备忘单

参考文献

Audit Bureau of Circulation. 2009. US Newspapers, Search Results. http://abcas3.accessabc.com/ecirc/newstitlesearchus.asp (accessed April 15, 2010).

Baron, G. R. 2006. Now Is Too Late 2: Survival in an Era of Instant News. Bellingham, WA: Edens Veil Media.

Berners - Lee, T. 1998, May 7. "The World Wide Web: A Very Short Personal History." World WideWebConsortium (W3C). http://www.w3.org/People/Berners - Lee/Short History (accessed April 23, 2010).

Blatner, A. (2009, June 29). "About Nonverbal Communications." http://www.blatner.com/adam/level2/nverb1.htm (accessed April 21, 2010).

Bogart, L. 1958. The Age of Television. New York: F. Unger.

Boyd, D. M. 2007. "Social Network Sites: Definition, History, and Scholarship." Journal of Computer - Mediated Communication 13 (1), article11, http://jcmc.indiana.edu/vol13/ issue1/boyd.ellison.html (accessed April 21, 2010).

Federal Emergency Management Agency (FEMA). 2009. G290 Basic Public Information Officer Training. Washington, DC: Federal Emergency Management Agency.

Federal Emergency Management Agency (FEMA). 2008. "National Incident Management System." http://www.fema.gov/pdf/emergency/nims/NIMS_core.pdf (accessed April 23, 2010).

Library of Congress. (2009). "Eighteenth - Century American Newspapers in the Library of Congress." http://www.loc.gov/rr/news/18th/200.html (accessed April 15, 2010).

Massachusetts Historical Society. 2004. "Premier Issue of the Boston News - Letter." http://masshist.org/objects/2004.april.cfm (accessed April 15, 2010).

National Humanities Center. 2006. Publick Occurrences Both Forreign and Domestick. http://nationalhumanitiescenter.org/pds/amerbegin/power/text5/Publick Occurrences.pdf (accessed April 15, 2010).

Public Broadcasting System. 1998a. “KDKA Begins to Broadcast 1920.” A ScienceOdyssey: PeopleandDiscoveries. http://www.pbs.org/wgbh/aso/databank/entries/dt20ra.html (accessed April 16, 2010).

Public Broadcasting System. 1998b. “Marconi Receives Radio Signal over Atlantic 1901.” A Science Odyssey: People and Discoveries. http://www.pbs.org/wgbh/aso/databank/entries/dt01ma.html (accessed April 16, 2010).

Scanlon, C. (2008). “The Inverted Pyramid Structure.” Purdue Online Writing Lab: http://owl.english.purdue.edu/owl/resource/735/04/ (accessed April 16, 2010).

Smithsonian Institution. (2010). “History Wired: A Few of Our Favorite Things.” National Museum of American History, Smithsonian Institution: http://historywired.si.edu/detail.cfm? ID=324 (accessed April 16, 2010).

“What Television Offers You.” 1928. Popular Mechanics 50 (5): 820-824.